Im Dienste Burgunds

Volker Himmelseher

Im Dienste Burgunds

Karl der Kühne
Aufstieg und Fall

Ein Roman aus der Renaissance-Zeit

Bibliografische Information der Deutschen Nationalbibliothek
Die Deutsche Nationalbibliothek verzeichnet diese Publikation
in der Deutschen Nationalbibliografie; detaillierte bibliografische
Daten sind im Internet über http://dnb.d-nb.de abrufbar.

© 2015 Volker Himmelseher
Umschlagbild: © bumann Fotolia.com
Umschlagdesign, Satz, Herstellung und Verlag:
BoD - Books on Demand
ISBN 978-3-7392-9560-2

Vorbemerkung des Autors

Der Roman nimmt seinen Beginn in Flandern.
Von hier aus machte Karl der Kühne das Herzogtum Burgund zu einer bedeutenden Kraft Europas. Exquisite Hofhaltung, prächtige Kleidung, höfisches Zeremoniell und ausgeprägte Festkultur setzten neue Maßstäbe. Strenges Turnierwesen, hohe Kriegskunst und straffes Militärwesen förderten den Aufstieg des Herzogs. Sein späterer Niedergang verlief nicht minder aufsehenerregend. Die neue Kriegsführung der Schweizer Eidgenossen lehrte Karls Ritterheer das Fürchten und Verlieren. Die Lebensschicksale des Herzogs, seiner Verwandten, Verbündeten und Feinde finden sich in diversen Aufzeichnungen und bestimmen mit spannenden Ereignissen den Handlungsstrang des Romans.
Fiktive Personen wie die der Familie van der Weyden ergänzen das Bild um die Freuden und Sorgen der Untertanen.

Geschichtliche Ausgangslage

Man schrieb das Jahr 1468. Das christliche Europa stand noch ganz unter dem Eindruck der pompösen Hochzeitsfeierlichkeiten des Burgunderherzogs Karl und seiner Frau Margarete von York. Die Schwester des englischen Königs Edward IV. sollte durch ihre Ehe mit dem Herzog das Waffenbündnis der beiden mächtigen Männer festigen. Der Duc de Bourgogne hatte während der prächtigen Festwoche der Vermählung seine ganze Herrlichkeit zur Schau gestellt und seinen Machtanspruch in Europa deutlich gemacht. Mit einer atemberaubenden Hochzeitsschau in der reichen Hansestadt Brügge hatte er alles bisher Dagewesene übertroffen und nicht nur sein frisch angetrautes Eheweib beeindruckt. Das europäische Machtgefüge, das sein Vater, der friedliebende Herzog Philipp, akzeptiert und behutsam gepflegt hatte, schien mit einem Male ins Wanken zu geraten. Philipp hatte über lange Zeit den Ausgleich mit dem französischen Herrscherhaus gesucht und mit seinem französischen Lehnsherrn und Verwandten Frieden gehalten. Er hatte sogar dem nun amtierenden König vor dem Zorn des Vaters Asyl gewährt. Zum Dank dafür durfte er ihm nach dem Tode des Vaters die Königskrone aufsetzen und wurde zu seinem mächtigsten Vasal. Herzog Karl hielt nichts von Wohlverhalten gegenüber Frankreich. Er war sich sicher, dass König Ludwig einstmals sogar Meuchelmörder auf ihn angesetzt hatte, um nach dem Tode Philipps dessen Herrschaftsgebiet zu vereinnahmen. Der König bestritt dies zwar vehement, aber der Burgunder glaubte daran und provozierte ihn permanent, nicht erst durch die frisch geknüpften ehelichen Bande zum englischen Königshaus. Ludwig lebte mit England in Fehde! Schon kurz nachdem er die Nachfolge seines Vaters angetreten hatte, ließ Karl keinen Zweifel darüber aufkommen, wie sehr er den Franzosenkönig verabscheute. Die beiden Herrscher wurden schnell zu Gegenspielern auf der Bühne der Macht. Dabei scherte sie nicht, vom selben Geblüt zu sein. Das Haus Valois hatte sowohl französische Könige als auch burgundische Herzöge hervorgebracht. Vom Charakter und dem Einsatz der Mittel her waren die beiden Potentaten sehr verschieden. Herzog Karl war einer der letzten Ritter, König Ludwig eher ein Intrigant und Ränkeschmied. Herzog Karl kämpfte meist mit offenem Visier, König Ludwig eher aus dem Hinterhalt. Der frisch gekürte Burgunderherzog schwor bald öffentlich, er wolle König Ludwig, wo immer möglich, als Lehnsherren »verlieren«. Ein Bonmot machte am burgundischen Hof schnell die Runde: »Unser Duc liebt Frankreich so sehr, dass er ihm an Stelle eines Königs deren sechs von Ludwigs Sorte wünscht!« König Ludwig verbarg als Leisetreter, anders als sein Blutsverwandter, wie sehr ihm dessen Stolz und Machtanspruch missfielen. Des Ducs aufbrausende, herrische Art passte ihm zwar gar nicht, aber er schwor sich zunächst nur insgeheim, Karl gefügig zu machen und aufs rechte Maß zusammenzustutzen. Zu Beginn unterliefen ihm bei seinem Bemühen allerdings viele Fehler. Die machte sich sein Rivale zu Nutze. Die Entmachtung aller Räte seines Vaters war Ludwigs unglücklichster Beschluss. Er stand fortan im eigenen Land vor einer unüberwindbaren Wand von Gegnern.

Auch das Einfordern immer höherer Steuern trug dazu bei, dass sich in der »*Ligue du Bien public*« seiner Vasallen tiefste Unzufriedenheit ausbreitete. So konnte sich Karl an die Spitze dieser Koalition der großen Feudalherren stellen und sie gegen seinen Erzfeind einschwören. Zusammen mit König Ludwigs Bruder Charles, Herzog von Berry und Herzog Franz II. der Bretagne machte der Burgunderfürst dem Regenten Frankreichs mit großem Vergnügen das Leben schwer. Kriegerische Aktionen scheute Karl dabei nicht. Nach einer unentschiedenen Schlacht bei Monthery, in der er schwer verwundet wurde, demütigten er und seine Verbündeten den König regelrecht. Ludwig musste sich in den Verträgen von Conflans und Saint-Maur der Verpflichtung unterwerfen, die einst Herzog Philipp abgekauften Somme-Städte entschädigungslos an Herzog Karl zurückzugeben. Auch die Verbündeten

Karls erhielten beachtliche Gebiete zugesprochen. Der König konnte in seiner Zwangslage dem Knebelvertrag nur zustimmen. Er zögerte aber die Umsetzung der Zusagen immer wieder hinaus. Zuletzt rief er im Hochzeitsjahr des Herzogs eine Ständeversammlung ein und ließ von ihr die Rückgabe der Städte verweigern. Es gärte also heftig zwischen den beiden Herrschern. Karl war, ähnlich wie sein Gegenspieler, mit seinem Vater bis zu dessen Tode oft überquer gewesen. Aber er hatte von ihm die Verwirklichung eines burgundischen Großreiches als Herzenswunsch übernommen. Er träumte von einem neuen Land Brabant, wie es einst unter dem mächtigen Lothar aus dem karolingischen Mittelreich Lotharingien entstanden war.

Er sehnte sich nach einem unabhängigen Königreich, dem zusätzlich zu seinen bisherigen Ländereien, Geldern, Kleve, Jülich, Berg, Bar, Lothringen, die Grafschaften Mark, Moers und Vaudémont angehören sollten. Er wollte also seine oberen und niederen Lande ergänzen und durch eine Landbrücke verbinden. Ein Lothringen unter seiner Führung sollte das Bindeglied zwischen »Oben« und »Unten« werden.

Herzog Karls wahres Herrschaftsgebiet präsentierte sich vorerst noch als Flickenteppich einzelner Ländereien.

Zeit, dies zu ändern, blieb dem Fürsten zunächst nicht.

Seine ganze Kraft wurde vom feindlichen Frankreich gebunden. Weil die Führer der einzelnen Gebiete verspürten, wie sehr der Herzog von Ludwig gefordert war, suchten sie mit ihrem Lehnsherrn Karl immer wieder die Machtprobe, um weitere Privilegien oder gar die Unabhängigkeit zu erlangen. Die unruhigen Zeiten ließen dem frisch vermählten Paar keinen Raum für Flitterwochen. Schnell mussten die Eheleute getrennte Wege gehen. Herzogin Margarete blieb zudem das Herz ihres Gemahls verschlossen. Das hatte seine zu früh verstorbene Frau Isabella vereinnahmt und über den Tod hinaus nicht losgelassen. Margarete gewann allerdings über die Jahre Karls Wertschätzung und Treue.

Die Ehe blieb trotzdem vordergründig eine politische Liaison. Auf ihren Wappen und Siegeln beschrieben die Eheleute das eingegangene Zweckbündnis: *»Je l'ai emprins.«* Ich habe es gewagt, stand in Herzog Karls

Wappen und Siegel. Herzogin Margarete hatte als Antwort darauf: »*Bien en aviengne.*« Möge Gutes daraus erwachsen.

Die Herzogin wurde keine glückliche Gattin, aber für ihre Stieftochter Maria eine gute Freundin und Ersatzmutter. Für die Außenwelt stand sie loyal zu ihrem Gatten. Wenn sie mit der zierlichen Halskette spielte, die sie, mit den Rosen des Hauses York und einem güldenen Anhänger aus den Buchstaben M und C auf schwarzroter Emaille-Arbeit verziert, am Halse trug, zeigte sie für alle sichtbar gelebte Einigkeit mit »ihrem Carolus«!

1

Es wurde Nacht. Der Herzog stand im Schloss von Brügge am Fenster seines Schlafgemachs. Bald würde die Wache zur Nacht aufziehen. Er besah sich das Spektakel gern, denn es erfolgte nach festem, von ihm selbst vorgegebenem Protokoll. Da kamen die Soldaten auch schon um die Ecke marschiert. Diesen Abend führte Seigneur de Semply das Kommando, stellte der Duc fest. Er kannte alle seine wichtigen Leute beim Namen. Der Kommandeur ließ die Männer in Reihe und Glied antreten. Bewaffnete zu Fuß, Bogenschützen aus der Picardie und dem Hainaut sowie ein Fahnenträger mit der herzoglichen Standarte in den Fäusten platzierten sich im Karree. De Semply ergriff die Parole. Er übergab die Standarte an einen Berittenen, der von zwei Fackelträgern begleitet wurde. Der kleine Zug setzte sich langsam in Bewegung, stracks auf das Fenster des Herzogs zu. Trompeten und Hörner bliesen einen letzten Gruß zur Nacht. Der Herzog zeigte sich gnädig hinter den trüben Scheiben. Er entblößte sein Haupt und winkte huldvoll hinab. Er wusste sich sicher für die kurze Nachtruhe, die ihm nun gegönnt war. Die Männer würden bis zum Hahnenschrei ihre Pflicht tun. Schon in aller Frühe, am zweiten Tag nach der Hochzeitswoche, wollte er Richtung Holland aufbrechen. Er beabsichtigte dort die Abordnungen von 57 Städten zu empfangen und sich von ihnen als Lehnsherrn huldigen zu lassen.

Am frühen Morgen ließ Herzog Karl seine Garde antreten.
Seine Leibwache bestand aus stattlichen Männern, die wie er den Kampf nicht scheuten. Verächtlich dachte er an den Pomp, mit dem sein Vater sich einst umgeben hatte. Der hatte in seiner Umgebung eine Vorliebe für Türken gezeigt. Mit Seidenturbanen, vor Juwelen blitzend, mussten

sie sich als herausgeputzte Schutzschilde um ihn aufpflanzen und Soldat »spielen«. Philipp hatte sie für viel Geld meist direkt in Istanbul angeworben. In großen Wannen ließ er sie zwangstaufen. Danach waren sie Christen für ihn, wie es der Kodex der herzoglichen Garde verlangte. Dem Duc war es hernach ziemlich egal, ob sie immer noch ihr Angesicht gegen Mekka wandten und Allah anbeteten. Hauptsache, der Kodex war eingehalten, und die Kerle gaben was her!

Für solche Eskapaden hatte sein Sohn nichts übrig.

Der brauchte für seine Pläne echte Kämpfer! Es war ein kühler, nebeliger Morgen, als sie aufbrachen. Die Berittenen trugen Kesselhauben mit vorkragendem Visier, das sich öffnen und schließen ließ. Die Hauben waren größtenteils in Mailand gefertigt und hatten Eisenkoller, die auch die Schultern schützten. Die Helme waren mit Lederfutter versehen und hatten eine Innenkappe, gleichfalls aus Leder.

An der Qualität der Panzerhandschuhe ließ sich der Wohlstand der Kämpfer erkennen. Die höchstwertigen Handschuhe waren aus versilbertem Stahlnetz mit weichem Ziegenlederfutter gefertigt. Sie waren sehr haltbar und lagen angenehm auf der Haut. Ein kleiner Trupp Fußsoldaten stand fröstelnd neben dem Reiterzug. Er würde den Berittenen im Eilmarsch folgen. Diese Männer trugen zum Schutz ihrer Schädel nur randlose Eisenkappen. Als Brustschutz hatten sie lediglich kurzärmlige Kettenhemden am Leib. Das Leben des kleinen Mannes war eben nicht so viel wert wie das eines Edelmanns! Die Truppen setzten sich bald in Bewegung. Die hochgewachsenen Männer der Garde erregten überall Aufmerksamkeit und Bewunderung. Ihnen schlug aber keine Sympathie entgegen. Die meisten Untertanen führten ein viel zu freudloses Leben dafür. Wie sollte man bei so trostlosem Leben diese Kerle mögen, die den Herzog so viele Taler kosteten! Die von den Bürgern abgepressten Militärsteuern und Abgaben waren inzwischen kaum noch aufzubringen. Von einem Stück saftigen Fleisches oder einer Scheibe fetten Käses bei Tisch konnten viele nur noch träumen. Oftmals mussten fromme Bibelsprüche die warme Mahlzeit ersetzen. Die Älteren lebten ständig in der Angst, dass ihre Söhne von Herzog Karls Häschern in den Soldatenrock gezwungen würden. Sie waren doch ihre einzige Garantie für einen auskömmlichen Lebensabend. Ohne sie würden ihre Äcker verwaisen und bald der Hungerstod folgen! Der Herzog und seine Eskorte ritten an vielen feindlich geschlossenen Fensterläden vorbei. Der stickige Geruch von Armut und Schmutz drang ihnen aus altem Mauerwerk wie ein stiller Vorwurf entgegen. Die Reiter bemerkten das nicht einmal! Nach vier Tagen erreichte die wehrhafte Schar Zeeland. Ihre Brustpanzer und Hellebarden glänzten silbrig im letzten Sonnenlicht. Die Fahne Burgunds flatterte stolz im Wind und forderte Huldigung. Die goldenen Lilien auf blauem Grund bezeugten die Abstammung aus dem französischen Königshaus. Goldene und blaue Schrägstreifen in rotem Rahmen repräsentierten das burgundische Kerngebiet. Der stehende rot gekrönte Löwe auf Weiß herrschte über Limburg, der goldene auf Schwarz über Brabant! Herzog Karl blieb über Nacht und ließ sich am nächsten Morgen von der Bevölkerung Treue geloben. Vor der beeindruckenden Schar der Bewaffneten tat man dies zumindest als Lippenbekenntnis. Rastlos stürmte der Zug weiter. Die nächste Station war Den Haag. In dieser Stadt übertünchte der bürgerliche Wohlstand die Armut der Unterschicht. Karl wurde von den Reichen mit Begeisterung begrüßt. Die Abgeordneten der Städte, die im prächtigen Stadthaus auf ihn warteten, bedachten ihn ebenfalls mit Jubel. Ihre Gesichter wurden jedoch merklich länger, als Herzog Karl seine Beschlüsse verkündete. Er gab die Höhe seines »Gesuchs« bekannt, welches die Untertanen in den nächsten sieben Jahren aufbringen sollten. Der Herzog wollte sich mit ihrer Hilfe für den nächsten Waffengang gegen König Ludwig rüsten ...

Sensibel verspürte er die kaum unterdrückte Feindseligkeit, die ihm nun entgegenschlug. Sie bereitete ihm Verdruss, doch er ließ sich nichts anmerken. »*Oderint dum metuant*«. – Mögen sie mich hassen, solange sie mich fürchten, dachte er, wie bei den alten Römern gelesen. Er verachtete diese Kleingeister. Wichtig waren ihm nur seine hochgesteckten Ziele. Die Begründungen für sein Fordern waren eindeutig: »Ich bin mir sicher, dass der Franzosenkönig nicht ruhen wird, bevor er Burgund vernichtet hat. Dem muss ich zuvorkommen! Solange der König seine Intrigen spinnt, wird Burgund keinen Frieden finden und erst recht nicht zu dem Reich anwachsen, das ich schon lange vor meinem inneren Auge sehe.« Der Téméraire, der Kühne, wie seine Untertanen ihn respektvoll nannten, wollte ein ständig unter Waffen stehendes Heer aufbauen. Bezahlte Söldner und eine starke Artillerie sollten den Kern dieser Heerschar bilden. Seine Artillerie musste mindestens verdoppelt werden. Es war mühselig und teuer, neue Kanonen zu gießen. Auch ein streitbares Heer würde Unsummen verschlingen, und die prachtvolle Hochzeitsfeier hatte gerade erst den Staatssäckel stark strapaziert! Nochmals beschwor er die Menge: »Ludwig, die listige Schlange, wird nicht ruhig auf dem Hintern sitzen bleiben, bis sich meine Schatztruhen wieder von selbst gefüllt haben. Es bedarf dafür eines besonderen Kraftakts. Mein Verlangen an Euch ist also gerecht!« Sein Vortrag war so entschieden und die Machtentfaltung so überzeugend gewesen, dass die Ratsherren ihre Verbitterung verbargen und den Vorstellungen des Landesvaters entsprachen. Sogar ein lautes »Es lebe Burgund« rauschte durch den Saal. Herzog Karl war versöhnt und schon wieder ungeduldig bedacht, weiterzureisen. Der Abend brachte noch eine eindrückliche Bestätigung seiner Befürchtungen. Ein übermüdeter Kurier, verschwitzt und vom strammen Ritt verdreckt, wurde an die Tafel vorgelassen. Er hatte den Staub der Straße geschmeckt und war völlig erschöpft. Mühsam niederkniend überreichte er dem Herzog zwei Briefe. Der Duc öffnete, von schlimmer Vorahnung getrieben, den ersten Umschlag. Auf dem Schreiben prangte das Siegel des Herzogs der Normandie. Schnell las er die Zeilen, sein Gesicht färbte sich rot vor Zorn, und es kostete ihn Mühe, nicht in einen seiner gefürchteten Wutausbrüche zu verfallen. König Ludwig hatte seine Abwesenheit aus den Stammlanden genutzt, um seinen Verbündeten zu überfallen! Der rief nun nach Hilfe! »Die sollst du haben«, brüllte der Herzog erbost und griff nach dem zweiten Schreiben. Das machte die Schreckensmeldungen komplett. König Ludwigs Heerscharen waren auch in die Bretagne eingedrungen. Von dort erreichte den Burgunder nun ebenfalls ein drängender Hilferuf. Der Herzog konnte die ganze Nacht keinen Schlaf finden. Voll Ungeduld erwartete er den nächsten Morgen. Bevor er mit seinem Gefolge weiterritt, befahl er den Ratsherren, frische Truppen für einen Vergeltungsschlag gegen Ludwig auszuheben. Im Gewaltritt ging es zurück nach Brüssel. Auch dort gönnte sich der Fürst keine Pause. Er benötigte schnellstens Soldaten für eine Strafaktion gegen König Ludwig. Überall im Land ließ er waffenfähige, junge Männer einziehen. Für viele Eltern trat nun das ein, was sie schon lange als Schlimmstes befürchtet hatten …

2

Ende August 1468 hatte Herzog Karl 15.000 Mann unter Waffen. Weitere Verstärkung aus Holland sollte bald eintreffen. Darauf wollte der Duc jedoch nicht warten. Er fühlte sich mit den vorhandenen Truppen stark genug und machte sich auf den Weg zu den Somme-Städten. Dort vermutete er nämlich Ludwigs nächsten Angriff. Schnell ließ er in der Nähe von Péronne ein befestigtes Lager ausheben und sah dem Feind voll Ungeduld entgegen. Schon bald erreichten ihn ungünstige Nachrichten. Der Herzog der Bretagne war unter König Ludwigs Druck zu Frankreich übergelaufen. »*Amicus certus in re incerta cernitur.*« – Den wahren Freund erkennt man in der Not, dachte Karl bitter, wobei er automatisch in sein geliebtes Latein verfiel. Der feige Bretone hätte sicher noch etwas ausharren können! Auch der Herzog der Normandie habe sich Ludwig unterworfen, erreichte Karls Ohr zuerst nur als Gerücht und wurde bald zur Gewissheit! Der Burgunderherzog rief seine Heeresführer zusammen, um die Lage zu beratschlagen. Es sah sehr danach aus, als wäre sein Heer, trotz aller Eilmärsche, zu spät gekommen! Der rachsüchtige Fürst konnte jedenfalls nicht mehr mit Verstärkung durch die Verbündeten rechnen. Allein wollte der Téméraire jedoch trotz aller Wut keinen Angriff auf die Franzosen wagen. König Ludwig hatte sich mittlerweile mit seinem starken Heer bei Noyon verschanzt. Herzog Karls Kriegsrat beschloss abzuwarten, wie sich die Dinge entwickelten. Bald tat sich etwas. Nach einigen Tagen begehrte eine französische Abordnung Einlass im burgundischen Lager. Unter der Führung des Grafen von Saint-Pol und des Kardinals La Balue wünschte sie den burgundischen Herzog zu sprechen. Ein junger Gardeoffizier brachte die Edelleute zum Zelt des Duc. Der erwartete ihr Eintreten mit eisigem Gesichtsausdruck. Wütend ertrug er ihre leeren Begrüßungsphrasen. Seine Miene blieb teilnahmslos. Ich komme ihnen kein Stück entgegen, hatte er sich vorgenommen. Endlich kamen die Franzosen auf den Grund ihres Besuches zu sprechen: König Ludwig bot Herzog Karl Friedensverhandlungen an! Der alte Angsthase will einen Waffengang mit mir vermeiden, dachte der Duc selbstzufrieden. »Unser Herr ist bereit, für die Kosten aufzukommen, die Euer Aufmarsch und der Aufbau des Lagers vor Péronne verschlungen haben«, ergänzte der Kardinal mit sanfter Stimme. »Unser König denkt an 120.000 Kronen«, fügte Saint-Pol schnell hinzu. Herzog Karl schwollen die Adern an seinem kräftigen Hals merklich an. Er ließ den angehaltenen Atem aufgebracht zwischen seinen Zähnen entweichen. »Als würde das genügen«, stieß er erbost hervor. Unter den burgundischen Edelmännern setzte Unruhe ein. Der Duc verlangte von ihnen mit einer rüden Bewegung seiner Rechten, Ruhe zu bewahren. In seinem Kopf überschlug er das Angebot und zur Überraschung seiner Getreuen stimmte er zu. »Die holländische Verstärkung hat mein Lager noch nicht erreicht. Auf bretonische und normannische Unterstützung kann ich nicht zählen. Vielleicht stehen deren Truppen inzwischen sogar schon auf der Seite des Gegners. Meine Soldaten sind den Franzosen zahlenmäßig unterlegen. Der angebotene Betrag ist für viele Kanonen, Kugeln und Pulver gut. Meine Ehre wird durch eine Zustimmung nicht beschädigt. Es wird sich schnell herumsprechen, wer für den Frieden bezahlt hat, dafür werde ich sorgen! Aufgeschoben ist nicht aufgehoben. Ich werde mir Ludwig schon später kaufen«, sagte er sich. Diese Gedankenkette war durch das Hirn des Fürsten gerast und hatte zu der Entscheidung geführt, die alle Anwesenden so sehr überraschte. Besonders die Burgunder hatten ihren Herrn als uneinsichtiger und streitbarer eingeschätzt. Die Franzosen zeigten sich erleichtert und schieden, ohne eine förmliche Essenseinladung zu erhalten.

Als König Ludwig bei ihrer Rückkehr das Ergebnis erfuhr, stieg Misstrauen in ihm auf. »*Nihil fit sine causa.*« Nichts geschieht ohne Grund. Wieso hat Karl nicht reagiert, wie es seinem Charakter entspricht?, fragte er sich. Der König hatte fest mit der Ablehnung seines Vorschlags gerechnet und einem unbedachten Angriff seines Gegners. Lässt sich der Burgunder wirklich mit einem Trinkgeld abspeisen? Ist Burgund vielleicht gar nicht so stark, wie ich immer befürchtet habe? Je länger der König die Lage bedachte, umso mehr kam er zu der Überzeugung, sich nur durch ein persönliches Zusammentreffen mit dem Herzog ein richtiges Bild machen zu können. Gegen alle Mahnungen seiner Ratsherren sandte er eine zweite Abordnung zum Hof des Burgunders und bot ihm ein Vieraugengespräch an. Er erklärte sich dafür sogar bereit, zu Herzog Karl hinzureisen. Seine Berater warnten ihn eindringlich davor. »Es ist fahrlässig, Sire, sich dem Burgunder ohne Not in die Hände zu geben.« Doch der König hörte nicht auf sie. Am 8. Oktober traf ein Geleitbrief des Burgunders bei ihm ein. Der Herzog schlug ein Treffen in Péronne vor und gewährte König Ludwig freies Geleit durch sein Gebiet. Er versprach ihm Sicherheit und Schutz gegen jegliche Angriffe. König Ludwig war zufrieden. Sein Plan schien aufzugehen. Einen letzten Versuch des edlen Saint-Pols, ihn abzuhalten: »Stellt Euch vor, mein König, der Herzog bricht sein Wort!«, schüttelte er wie eine lästige Fliege ab. Er ließ keine Zeit verstreichen und machte sich auf den Weg ins Lager von Péronne. Er reiste mit kleiner Eskorte und schlug auch den nächsten Vorschlag seiner Räte aus, wenigstens mit starkem Heer bei Herzog Karl zu erscheinen. Nur 50 Herren galoppierten mit ihm, darunter der Herzog von Bourbon, sein Bruder, der inzwischen Kardinal-Bischof von Lyon geworden war, und Saint-Pol. Die zwei Brüder Isabelles, der verstorbenen Ehefrau des kühnen Karls, stellten sich an die Spitze der Delegation. Sie konnten trotz ihrer engen Familienbande zum Burgunderherzog ihre Feindschaft zu ihm nicht verhehlen. Herzog Karl ging im großen Saal des alten Kastells von Péronne nervös auf und ab und debattierte mit sich selbst. Zehn Schritte herauf, zehn wieder hinab hallten die Sohlen seiner Lederstiefel. Er erwartete seinen Erzfeind mit Ungeduld. Das Kastell war als Unterkunft für den königlichen Gast nicht zu gebrauchen gewesen. Neben dem Turm existierte nur ein schäbiges Wohngebäude. Der Herzog hatte deshalb für ihn das gediegene Palais des örtlichen Steuereinnehmers herrichten lassen. Schritte näherten sich, und der Duc erwartete die Meldung von König

Ludwigs Eintreffen. Es war jedoch nicht die Ankunft des Königs, die man ihm meldete. Man benachrichtigte ihn vielmehr, dass die Bürger von Lüttich einen Aufstand gegen ihn angezettelt hätten. Mit dem Ruf »*Vive le roi!*« hatten sie sich mit einem Bekenntnis zu Frankreich in offener Revolte gegen Burgund erhoben. Das war wirklich schlimm! Lütticher Truppen hatten den schon von Herzog Philipp eingesetzten Fürstbischof Ludwig von Bourbon, dessen Neffen, sowie den burgundischen Gouverneur, Guy de Brimeu in Tongern gefangen gesetzt! Der Bischof von Philipps Gnaden war von Anfang an in Lüttich ungeliebt gewesen. Als 17-Jähriger war er ohne priesterliche Vorbildung in das geistliche Amt erhöht worden. Er wurde aber nie ein Mann der Kirche. Er frönte stattdessen zum Ärger der Bürger allen weltlichen Vergnügen, besonders den Tafelfreuden.

Als Herzog Karl von dem Kampfruf der Aufständischen vernahm und erfuhr, dass bei der Feindseligkeit gegen den Bischof sogar zwei französische Gesandte zugegen gewesen waren, zählte er schnell eins und eins zusammen. Die Lütticher hatten seit seiner letzten Strafaktion gegen sie stets engen Kontakt zu König Ludwig gehalten. Das wusste er. Ludwig hatte bei diesem Aufstand nun bestimmt seine schmutzigen Finger im Spiel. Die giftige Spinne versuchte es wohl mit einem Doppelspiel. »*Ut sementem feceris, ita metes.*« Was du gesät hast, wirst du ernten, knirschte Karl wütend durch seine Zähne. »Ich werde alles tun, um dich in den Staub zu zwingen.« »Alles auf Erden ist nichts in der Welt, bleibt bescheiden«, versuchte ihn sein Hofkaplan zu beschwichtigen. Doch der Herzog war nicht zu besänftigen.

Schließlich kam der französische König doch noch in Péronne an. Sein Empfang fiel eisig aus. Das geplante Jubelfest hatte der Duc längst abgesagt. Das vorgesehene Festmahl mit Saucen, Brühen und Farcen aus wertvollen Zutaten, wie Gold und Edelsteinen, blieb ungekocht. Der Herzog ließ den Gästen lediglich die Zimmer zuweisen. Bald bemerkten sie sorgenvoll, dass vor ihren Räumen Soldaten Wache schoben. Sie standen unter Arrest!

König Ludwig schickte einen seiner Höflinge auf den Gang hinaus, um zu sehen, was geschähe. Dem armen Mann wurde der Durchgang verwehrt! Er kam mit schreckensbleichem Gesicht zurück. Ein burgundischer Edelmann hatte süffisant durchblicken lassen, was in Lüttich geschehen war und was der Herzog daraus folgerte. Jetzt machte sich der König wirklich Sorgen. »Wie können meine Leute einen Aufstand so zur Unzeit anzetteln?«, fragte er sich. Er empfand keinerlei Gefühl eigener Schuld! Dabei hatte er kurz vor seiner Abreise die Agenten nach Lüttich in Marsch gesetzt! Dass sie so unüberlegt und zur falschen Zeit intrigieren würden, hatte er allerdings nicht bedacht …

Herzog Karl ließ den König einige Tage in seiner Kammer schmoren und verweigerte ihm jedes Gespräch. In Ludwig wuchs die Angst. »Haben mich meine Ratgeber doch zu Recht davor gewarnt, mich schutzlos in Karls Hände zu begeben?« Vergeblich versuchte er, die Wachen mit Geld zu bestechen. Schließlich blieb ihm nur das Gebet. Der Duc wurde langsam ebenfalls unruhig. Er war ein Mann von Ehre. Er hatte dem König Sicherheit und freies Geleit versprochen. Er konnte ihn nun nicht festsetzen oder gar töten, so gern er das auch getan hätte. Eine andere Lösung musste her. Eine Strafe aber sollte Ludwig treffen, und sie musste bitter schmecken! Als Herzog Karl seine Rachegelüste wieder im Zaume hatte, begann er mit zwei seiner Vertrauten einen harten Friedensvertrag auszuarbeiten. Den sollte Ludwig ohne »Wenn und Aber« unterzeichnen. Im Vertragstext wurden Burgund alle Gebietsgewinne seit 1465 bestätigt. Außerdem sollten neue Einkünfte aus der Picardie, dem Gebiet von Mortagne, und Steuern aus Amiens als dauerhafte Verpflichtungen hinzukommen. Weitere Zugeständnisse wollte der Herzog verlangen. Am wichtigsten war ihm die Befreiung Burgunds von jeglicher Dienstleistungspflicht an das französische Königshaus. Seine Lehnspflicht gegenüber Ludwig musste enden! Der Duc war fest entschlossen, dem Franzosen zu all diesen Punkten ein »Ja« abzutrotzen. Am dritten Tag nach Beginn des Arrestes suchte Karl den König in dessen beengten Räumlichkeiten auf. König Ludwig versuchte ihn sofort wieder, in gewohnt verlogener Art einzuwickeln. Er nannte ihn Bruder, versprach alles und nichts, beteuerte seine Unschuld am Lütticher Aufstand und beschwor seine unerschütterliche Freundschaft zu Burgund. Der Herzog blieb davon unberührt, frostig und unerbittlich. Er legte seinem Intimfeind den Vertragstext vor und verlangte zu allen Klauseln dessen Unterschrift vor Zeugen. Der König war erschüttert über das, was er las, aber da er in seiner verzweifelten Lage keinen Ausweg sah, gab er die Zustimmung zu allen Punkten. Er wagte nicht einmal, irgendeine Änderung vorzuschlagen. Schließlich ließ der Duc zwei Reliquien, die der König, wie er wusste, immer mit sich führte, in den Verhandlungsraum bringen. Es waren ein Arm des in Frankreich hoch verehrten Saint-Leu und ein Stück des heiligen Kreuzes, das aus dem Besitz Karl des Großen stammte. Auf Drängen des Herzogs beschworen die beiden Herrscher ihren Pakt auf diese Heiligtümer. Selbst das war Herzog Karl noch nicht genug. Er hatte sich ganz spontan noch eine weitere Demütigung für den König ausgedacht: »Ich bin in Eile. Lüttich ist in Aufruhr, und ich muss die Stadt aufs Schärfste bestrafen. Ich gehe davon aus, dass Ihr mich mit Euren Leuten auf meiner Strafexpedition begleitet, lieber Bruder«, äffte er den König nach. »Besser könnt Ihr Eure Freundschaft zu mir nicht beweisen«, fügte er mit einem grausamen Lächeln hinzu. Auch diese Kröte schluckte Ludwig, wenn auch nur schwer. Nach einem opulenten Versöhnungsmahl befestigten er und seine Leute sogar das burgundische Andreaskreuz auf den Waffenröcken und setzten sich gemeinsam mit Herzog Karls Soldaten gen Lüttich in Marsch. »Mit diesem Zeichen will ich vor den Aufständischen dokumentieren, wie sehr ich auf Eurer Seite stehe«, versuchte der König dem Herzog zu schmeicheln und wies auf das Kreuz Burgunds auf seiner Brust. Insgeheim hoffte er jedoch, in diesem Habit von den Lüttichern nicht als König der Franzosen erkannt zu werden. Schließlich verband ihn mit der Stadt ein Waffenbündnis auch gegen Karl!

3

Am 26. Oktober standen Burgunder und Franzosen vor den Mauern der Stadt. Die Aufständischen wussten genau, dass sie mit keiner Gnade rechnen konnten. Sie waren deshalb entschlossen, sich bis zum letzten Atemzug zu verteidigen. Ihre große Hoffnung setzten sie auf einen verwegenen Plan von 600 Kämpfern aus Franchimont. Goes van Strailhe, ihr Anführer, hatte ihn den Stadtoberen nahegebracht. Die Männer wussten durch Späher, dass Herzog Karl und König Ludwig in einem kleinen Häuschen in der bereits eingenommenen Vorstadt logierten. Der Eigentümer des Häuschens gehörte zu den tapferen Kämpen und die kannten einen geheimen Weg dorthin. Den Geheimgang wollten die Männer für einen nächtlichen Ausfall nutzen und die beiden Herrscher dabei gefangen nehmen. Mit ihnen als Geiseln würde sich das Kriegsglück wenden, dessen waren sie sich sicher! In der Nacht zum 29. Oktober machten sie sich auf den Weg. Die Wetterverhältnisse waren günstig. Es regnete in Strömen, und der Himmel war rabenschwarz. Ihr Führer lotse die Schar durch eine Schlucht, die als unpassierbar galt. Die Burgunder hatten deshalb dort auch keine Wachen aufgestellt. Erst am Ende der Schlucht trafen die Rebellen auf einen feindlichen Wachposten. Der konnte keinen Alarm schlagen. Er wurde von ihnen vorher überwältigt und erstochen. Vorsichtig ging der Trupp weiter vor. Bald war die Grenze des burgundischen Lagers überschritten. Trotz ihrer beachtlichen Anzahl wurden die Männer von niemandem entdeckt oder gar aufgehalten. Die Belagerer schliefen im Vertrauen auf ihre Stärke alle fest. Die Eindringlinge schafften es unentdeckt bis vor das Haus, in dem Herzog und König nächtigten. Im Garten trafen sie dann doch noch auf eine Wachmannschaft. Auch diese Wachen wurden niedergestreckt. Einer der Männer konnte jedoch vor seinem Tod noch einen Warnruf ausstoßen. Das blieb nicht ohne Folgen. Bald wimmelte es überall von burgundischen Soldaten. Das Burgunderlager erwachte! Die Eindringlinge wurden umzingelt und starben einer nach dem anderen unter den Klingen ihrer wütenden Gegner. 600 weitere Tote hatte Lüttich zu beklagen! Der Überfall auf seine Unterkunft erboste Karl so sehr, dass er am nächsten Morgen die Stadt ohne Rücksicht auf Verluste stürmen ließ. König Ludwig ritt an seiner Seite und rief, um seine Freundschaft zu beteuern, mit Falschheit im Herzen: »*Vive Bourgogne!*« Ein Großteil der Bevölkerung Lüttichs war mittlerweile in die Ardennen geflüchtet. Die Geistlichen hatten ihnen, aus Angst vor Karls Zorn, selbst Asyl in den Kirchen verweigert. »Lüttich muss von der Landkarte verschwinden«, feuerte Herzog Karl seine Soldaten an. Die teilten die Stadt in vier Zonen unter sich auf, plünderten gründlich und verwüsteten alle Gebäude und Anlagen. Eine große Anzahl der Bewohner wurde mit Waffengewalt getötet, andere wie junge Katzen in der Maas ersäuft. Wo man König Ludwig erkannte, folgten ihm Blicke voller Hass. Schmährufe wurden laut. Der König fühlte sich schrecklich in seiner Haut und trachtete danach, so schnell als möglich aus Karls Gewalt zu kommen. Doch Herzog Karl quälte ihn noch einige Zeit. Bei einem gemeinsamen Essen im bischöflichen Palast fragte er ihn: »Mein Bruder, was meint Ihr, was der Stadt gebührt?« König Ludwig antwortete ihm aus der Angst geboren ohne Rücksicht auf seine früheren Bundesgenossen: »Sie gehört dem Boden gleichgemacht!« Mit diesem Ziel ging die Bestrafung Lüttichs am 3. November weiter. Wer sich nicht gegen hohes Lösegeld freikaufen konnte, wurde getötet. Alle weltlichen Gebäude wurden angezündet. Nur Kirchen wurden auf Geheiß des Herzogs verschont. Nach diesen Gräueltaten ließ der Duc den König endlich ziehen. Mit einer hämischen Geste vermeintlicher Courtoisie geleitete er ihn bis an die Grenze seines Reichs und verabschiedete ihn förmlich. Erst am 9. November zog sich der Fürst selbst mit seinen Truppen aus der verwüsteten Gegend zurück. Noch sechs Wochen stiegen aus den Ruinen Rauchschwaden auf. Als König Ludwig endlich wieder sicher in seinem Palast angekommen war, fiel er nieder und küsste den Boden seines Audienzzimmers. Dann rief er vor all seinen Edelleuten aus: »Karl von Burgund, das wirst du mir bezahlen!« Von da ab spann er noch viel eifriger ein Netz der Intrige gegen den Herzog. Von Tag zu Tag wurde es engmaschiger! ...

Auch an einer anderen Stelle Europas wüteten derweilen Unruhen, die in absehbarer Zeit für das mächtige Burgund bedeutsam werden sollten. Zu dieser Zeit standen große Teile im Elsass unter habsburgischer Herrschaft und damit unter dem Einfluss von Herzog Sigmund von Tirol. Sigmund hatte um 1457 die Vorlande übernommen, die habsburgischen Besitzungen im Elsass, im Schwarzwald und die vier Waldstädte am Oberrhein. Ihm standen nun Probleme ins Haus. Die freie Reichsstadt Mülhausen lebte schon seit längerem mit dem österreichischen Adel und den Bauern im Konflikt. Allzu arg kamen der stolzen Stadt deren Steuerforderungen hoch. Gestützt auf ein Bündnis mit Solothurn und Bern warf sie Herzog Sigmund den Fehdehandschuh hin. Die Verbündeten schlossen sich ihr bereitwillig an. Die Eidgenossen hatten schon lange ein Auge auf die Gebiete geworfen. Die Mühlhauser verbrannten als Fanal ihres Aufstands das Dorf Sausheim. Der Habsburger Adel ließ sich das nicht bieten und schlug zurück. Er schloss mit einem stattlichen Heer die Reichsstadt ein. Mit über 8.000 Mann Fußvolk und 400 Reitern kam jedoch ein Heer aus Bernern, Neuenburgern, Freiburgern, Bielern und Solothurnern unter Leitung des Berner Schultheiß Adrian von Bubenberg Mülhausen zur Hilfe. Schon im Sundgau wüteten diese Truppen. Sie zündeten Häuser an und verschonten nicht einmal Kirchen. In ihrer Wut vernichteten sie die gerade eingefahrene Ernte und meuchelten große Teile der Bevölkerung hin. Sie zogen sengend und brennend durch das Elsass bis zu den Vogesen. Am Schluss waren 16 Burgen und 160 Dörfer zerstört. Herzog Sigmund hielt sich von den Kampfplätzen ängstlich zurück, er war kein tapferer Krieger! Das war sein Glück, denn ohne ihn als Gegner zogen die Berner bald wieder heimwärts und hinterließen nur ein blutiges Desaster. Ihr leichter Erfolg weckte jedoch die Begierde anderer. Die übrigen Eidgenossen zogen vor die Stadt Waldshut und belagerten sie ebenfalls. Das ließ die Berner Union ihre Pläne wieder ändern. Auch sie zog gegen die Stadt. Man hoffte, durch einen gemeinsamen Sieg den Aargau endlich aus den Fängen der Habsburger zu befreien. Die Waldshuter verteidigten sich jedoch mit großem Erfolg und konnten dem Ansturm der Belagerer standhalten. Zähneknirschend mussten sie Friedensverhandlungen zustimmen. Die wurden für den Tiroler Herzog recht schmerzhaft. Sigmund musste sich verpflichten, eine Ablösesumme von 10.000 Gulden an die Eidgenossen zu zahlen. Waldshut und der Schwarzwald wurden bis zum Begleichen der Schuld von ihnen zum Pfand genommen. Alle Belagerer bis auf Bern waren mit diesem Ergebnis zufrieden. Die Berner hätten anstelle des Geldes lieber den Aargau für sich bekommen. Fürs Erste hatte der blutige Streit ein Ende. Doch durch diese kriegerischen Taten war auch in dieser Region der Boden für die Expansionsgelüste des kühnen Karl bereitet, wie sich bald zeigen sollte.

4

Die Bestrafung Lüttichs machte Herzog Karl klar, dass er gegen alle aufmüpfigen flämischen Städte mit harter Hand vorgehen musste, wenn er den ambitiösen Plan eines großen, gesamtburgundischen Reichs verwirklichen wollte. Er brauchte in seinem Herrschaftsgebiet Ruhe, um außerhalb erfolgreich agieren zu können. Das reiche Gent war immer die widerborstigste aller Städte gewesen. Karls Geschichtsschreiber hatten die Schmach aufgeschrieben, die er vor gut einem Jahr dort erleiden musste. Sie stand Karl stets vor Augen und wartete noch auf Sühne:

»Für den 28. Juni 1467 hatte sich »*notre très redoubté et souverain seigneur*«, unser Herr in Gent angesagt. Seine Ankündigung brachte den Rat der Stadt vor große Probleme. Seit Jahr und Tag gingen die 52 Gilden an diesem Tag auf Pilgerfahrt nach Houtem, um Sint-Lieven zu feiern. Der herzogliche Besuch würde sich also mit dem Auszug aus der Stadt überschneiden. Der Abzug der Bürger gerade bei Ankunft des Herzogs wäre aber mehr als ein Affront gegen ihn gewesen! Das Fest abzusagen war unmöglich. Das hätte unter der Bevölkerung zu einem Aufruhr geführt. Die Ratsherren überlegten, was zu tun war. Plötzlich hatte einer von ihnen eine Idee. »Wir lassen das Fest einen Tag länger andauern. Keiner der Gläubigen wird dagegen murren, schon einen Tag früher auf Pilgerfahrt zu gehen.« Gesagt, getan. Der Besuch des Herzogs schien also doch noch geordnet ablaufen zu können. Als unser Herr in die Stadt einzog, war es verständlicherweise sehr ruhig auf den Straßen. Fast unbeachtet zog der Téméraire mit seinem Gefolge an der imposanten Wasserburg Gravensteen vorbei. Rund um das Gemäuer flatterten Burgunds Fahnen im Wind. Im Wasser aus Leie und Live schwammen schwarze Schwäne mit roten Schnäbeln. Alles war friedlich wirkte nur recht menschenleer. Unser Fürst zeigte sich zufrieden, so problemlos aufgenommen zu werden. Da war er anderes von der aufmüpfigen Stadt gewohnt! Zurzeit rumorte es im gesamten Flandernland und ein ruhiger Empfang war schon ein Geschenk. Unser Herzog freute sich, seine Tochter Maria wiederzusehen. Die Genter hatten sich schon früh von ihm ausbedungen, Maria unter ihre Obhut zu nehmen. So war der Prinsenhof, der Hof Ten Walle, in dem einstmals die Burgvögte der Stadt residierten, für Maria prächtig ausgebaut worden. Unser Herzog musterte den Bau äußerst interessiert: Im Südosten und Südwesten lagen durch eine hohe Mauer umfriedet ausgedehnte Parkanlagen.

Dahinter bildete, vom Fluss Lieve gespeist, ein tiefer Wassergraben eine weitere Sicherungsbarriere. Nördlich des Schlosses lief der Fluss in einem Teich aus. In ihm war eine sechseckige Insel angelegt, auf der ein herrlicher Garten blühte. Der Wohntrakt des Palais hatte 300 Gemächer. Eine eigene Schlosskapelle für die täglichen Messen war vorhanden. An Komfort fehlte es also nicht und unser Herzog konnte sich wohlfühlen. Am nächsten Nachmittag kamen die Pilger in die Stadt zurück. Johlend zogen sie an der Sint-Jan-Kirche vorbei, deren Westturm noch eingerüstet und unvollendet in den Himmel ragte. Zwei Tage hatten die Gläubigen ein ausgelassenes Fest gefeiert. An den heißen Junitagen war viel Alkohol durch die durstigen Kehlen gelaufen. Die Pilger waren beschwingt und sangen fröhliche Lieder, als sie mit der Statue des Heiligen am Kornmarkt anlangten. Alles sah danach aus, als könne der Duc mit einer grandiosen Huldigung rechnen. Doch dann verflog die Idylle. Einem der Anführer stieß das kleine Zollhaus am Rande des Platzes mächtig auf. In dem waren an den Markttagen Steuern zu entrichten. Der angetrunkene Mann wiegelte die Menge auf: »Sint-Lieven geht hier durch, ohne zu zahlen. Ein Heiliger zahlt keine Steuern!« Die Menge brüllte ausgelassen ihre Zustimmung. Bald war das Zollhäuschen kurz und klein geschlagen. Plötzlich tauchten aus dem Nichts alte Banner auf, die an die Demütigungen der Stadt durch unseres Herzogs Vater vor anderthalb Jahrzehnten erinnerten. Die Prozessionsteilnehmer begannen, auf diese Weise aufgestachelt, mit Stöcken und Eisenstangen zu wüten. Unser Fürst befand sich im Zimmer seiner Tochter, als das Gelärme durch die Scheiben drang. »Das hört sich nach Aufruhr an. Führt jemand etwas gegen mich im Schilde?« Herzog Karl eilte ans Fenster. Als er die Zusammenrottung sah, war er nicht mehr zu halten. Er rannte in den Hof, bestieg sein Pferd und ritt mitten auf den Platz. Das geschah so überraschend, dass ihm nur wenige seiner Getreuen folgen konnten. Herr van Gruuthuse war unter ihnen, ein besonnener und loyaler Edelmann aus Brügge. Als die Menge unseren Herzog erkannte, trat für einen Moment Ruhe ein. Doch dann wiegelte ein großer Kerl die weinselige Schar erst richtig auf. Mit einer großen Axt schlug er erneut auf das Zollhaus ein und rief: »Auch wir zahlen keine Steuern mehr. Wir wollen unsere Privilegien zurück!« Er meinte die Privilegien, die ihnen des Herzogs Vater 14 Jahre zuvor nach der Schlacht von Gavere genommen hatte. Mit seiner Forderung traf der Mann die Stimmung der Versammelten. Das Volk machte sich den Ruf des Aufwieglers zu eigen. Unser hochmächtiger Fürst lief vor Zorn rot an. All seine Sinne drängten danach, in die Aufrührer zu reiten, um es ihnen so richtig zu geben. So geht man mit seinem Herzog nicht um, dachte er! Seine Lippen wurden bleich und sein Blick starr. Er holte mit seiner Rechten aus und schlug dem Anführer mitten ins Gesicht. Für einen Moment trat tödliche Ruhe ein, und es sah so aus, als wollte der Mob den Duc anfallen. Da war es an Mijnheer Gruuthuse, einzuschreiten. Vermittelnd legte er seinen Arm auf den des Fürsten. »Schlagt nicht mehr zu, mein Fürst, wenn Ihr ein Blutbad vermeiden wollt. Das Volk wird nicht zu bändigen sein, und wir sind viel zu wenige, um uns zu wehren.« Johann IV. Graf von Nassau trat dem Brügger Edelmann zur Seite. Mit großer Bestimmtheit drängte er den Herzog zurück in den Palast. Inzwischen wurde es dunkel. Es brannten Fackeln und der Tumult wurde immer bedrohlicher. Als der Lärm auf dem Platz nicht nachließ, überzeugte van Gruuthuse seinen Regenten, sich der Menge noch einmal auf dem Balkon zu zeigen. Wieder bewies der edle Mann große Besonnenheit. Er trat neben den Herzog und übernahm es, für ihn zu sprechen. Seine Worte waren so vage, dass sie dem Volk zwar genügten, aber das Wesentliche offen ließen. »Bürger von

Gent«, rief er. »Der Herzog verzeiht euch. Alles, was ihr fordert, wird mit großem Wohlwollen bedacht. Der Magistrat wird danach beschließen. Geht nun friedlich nach Hause!« Die Leute hörten, was sie hören wollten, und großer Jubel brach aus. Die Gefahr eines Aufstandes war überwunden. Am nächsten Tag setzte der Fürst seine Reise fort. Ihm war klar, dass diese Stadt noch ihren gerechten Lohn erhalten müsse. Er schwor sich, dass ihm die erlittene Schmach nie mehr aus dem Kopf gehen sollte. Nie wieder wollte er vor dem Pöbel auf solch erniedrigende Weise wie ein feiger Hund den Schwanz einziehen!« …

Herzog Karls Entschluss stand fest. Er richtete nun sein Augenmerk auf Gent. Mich ärgert maßlos, wie aufmüpfig sich diese Stadt noch immer gebärdet, dachte er. Bestimmt fühlt sie sich als größte Stadt nördlich von Paris besonders stark. Das wollen wir ändern! Die Bürger von Gent waren alles andere als dumm. Sie erkannten nach der Strafaktion von Lüttich die aufziehende Gefahr auch für sich. Anfang 1469 machte sich deshalb bei Eis und Schnee eine Delegation auf den Weg nach Brüssel zum Herzog, um ihn um Verzeihung zu bitten. »Bei uns wurden schlimme Elemente von französischer Seite aufgeheizt«, versuchten sie eine Rechtfertigung, die ihnen für die Ohren des Fürsten passend erschien. Das klang auch einleuchtend, doch der Duc blieb unzugänglich. Er war fest entschlossen, an Gent endlich Rache zu nehmen. Für Sonntag den 15. Januar rief er mitten in Brüssel auf dem großen Platz eine Feierlichkeit aus. Die Genter bestellte er für den Morgen des Tages vor den Palast. Der Tag kam heran. Es war kalt und schneite dicke Flocken aus grauem Himmel. Die Genter waren gehorsam und pünktlich angereist. Der Duc ließ ihre Abordnung mehrere Stunden in der Kälte frieren. Als die Halberfrorenen endlich in den Audienzsaal geführt wurden, trafen sie auf einen ungnädigen Herrn. Der erwartete sie auf einem hoch über ihnen aufgebauten Thron mit abweisend arrogantem Gesichtsausdruck. Um ihn herum saßen, genauso feindselig blickend, die Ritter des Ordens vom Goldenen Vlies in ihren rot leuchtenden fußlangen Gewändern. Auf den weißen Tellerkragen blitzten ihre Ordensketten so gefährlich wie ihre Augen. Die Bittsteller fielen vor dem Regenten nieder und richteten ihre Entschuldigungen nochmals persönlich an ihn. Der Herzog antwortete überhaupt nicht darauf. Schließlich begann ein Herold auf seinen Fingerzeig hin am Fuß des Podestes das »große Privileg« zu verlesen. Gent hatte viele Jahre dafür gekämpft, es zu erhalten. Karls Vater Philipp hatte es gegenüber der schon damals starrköpfigen Stadt unter dem Druck der Umstände zugestehen müssen. Als die Schrift verlesen war, fragte der burgundische Kanzler den Herzog: »Was soll mit den Privilegien nunmehr geschehen?« »Sie werden eingezogen«, antwortete der kurz angebunden. Den Gentern wurde angst und bange bei diesen Worten. Ein Schreiber nahm die Urkunde in Empfang und schnitt sie bedächtig in kleine Stücke. Damit war sie auch symbolisch außer Kraft gesetzt. Nun belegte der Herzog die Sünder noch mit einer hohen Geldstrafe. 36.000 Gulden wurden festgesetzt. Danach verwies er die Abordnung grußlos des Saales. Die Genter fühlten sich zwar schlimm abgestraft, waren aber trotzdem nicht ganz unglücklich. Immerhin hatten sie ein besseres Los gezogen als die Lütticher! Und die Zeit konnte Änderungen mit sich bringen. Des Herzogs Härte sprach sich in Windeseile herum und wurde schon bald von Barden besungen:

Ich sah den Kessel um das hochmütige Dinant.
Eine stets speziell aufmüpfige Stadt.
Der kühne Löwe hat sie für ihre
Große Arroganz hart bestraft und eingeäschert.

Ich sah die Mauern von Lüttich
Zerstört und zerschlagen.
Die Freitreppe verschwunden,
Die Aufrührer überwunden!
Selbst der französische König
Rief »vive Bourgogne«
Und trug schamlos das Andreaskreuz!

5

Herzog Karl suchte nach einer kurzen Verschnaufpause in seiner Lieblingsresidenz Gorkum in der Grafschaft Holland weiter nach Wegen, seine Macht abzusichern und auszubauen. Für einen starken Bündnispartner war er sogar bereit, die Hand seiner Tochter Maria herzugeben. Das Heiratskarussell für die blutjunge Schöne begann sich auf sein Betreiben hin zu drehen. Zwischen Dezember 1468 und April 1469 hielt sich Maria zur Abwechslung einmal bei ihm im Versailles Burgunds, Schloss Hesdin, auf. Dort besuchte Herzog Sigmund zur gleichen Zeit den Duc. Herzog Sigmund spekulierte auf die Heirat mit Karls Tochter. Der Österreicher hatte drängende Geldsorgen. Die in der Friedensvereinbarung mit den Schweizern zugesagte Pfandsumme wurde zum 22. Juni des Jahres fällig. Er hatte sich verpflichtet, 10.000 Gulden zu zahlen, sonst gingen der Schwarzwald und Waldshut an die Eidgenossen. Der Termin rückte näher und das Geld war nicht da. Sigmunds Schulden hatten sich höher und höher aufgetürmt, denn der Fürst lebte in verschwenderischer Freigebigkeit und verpraßte die Goldstücke, die er noch besaß, mit der Damenwelt. Ein schwerreicher Schwiegervater oder wenigstens geliehenes Geld musste her! Die kleine Maria ahnte nichts von ihrem »Glück«. Den freundlichen Onkel aus dem fernen Österreich behielt sie jedoch auch später in guter Erinnerung. Er hatte ihr einen wunderbaren bunten Papagei als Geschenk mitgebracht. Der war eine echte Bereicherung für ihre kleine Menagerie, zu der schon Hunde, Affen und Vögel gehörten. Maria entwickelte sich in den Wochen des Besuches mit Sigmunds Hilfe zu einer passionierten Reiterin. Bald war sie auf dem Pferderücken so sicher, dass sie sich sogar der Falkenjagd und der Reiherbeize zuwenden konnte. Mit dem Tiroler als Lehrer und dem Lehrbuch »*Über die Kunst mit Vögel zu jagen*« lernte sie schnell, worauf es ankam: Ihre Greifvögel mussten ihre Stimme von anderen unterscheiden lernen und selbst in höchstem Jagdfieber auf sie gehorchen. Auch auf ihr Mienenspiel mussten ihre Lieblinge dressiert sein. Bei der Jagd galt es, ein festes Ritual zu beachten: Wenn die Beute geschlagen und zu ihr gebracht worden war, hatte sie den Beutetieren gnädigst die Freiheit zurückzugeben, wenn sie die Attacke der Greifvögel unbeschadet überlebt hatten. Nur ein paar Federn durfte sie als Trophäe behalten. Bald konnte Maria mit Stolz ein großes Bündel gezupfter Reiherfedern vorweisen. Für ihre Raubvögel war die Beiz nicht ohne Risiko. Wenn der Reiher zur Abwehr seines Jägers in der Luft den Hals auf den Rücken legte, den Schnabel in die Höhe streckte und der Raubvogel sich voll Gier und ohne Vorsicht im Sturzflug auf ihn stürzte, wurde der manchmal aufgespießt. Wenn einer von Marias unerfahrenen Räubern so zu Tode kam, weinte die Prinzessin und trauerte dem toten Kameraden nach. Für so ein kindlich naives Mädchen wurden schon Heiratspläne gesponnen!

Herzog Sigmund war Maria auch für herrliche Scherze gut: Das Mädchen liebte die mechanischen Lustbarkeiten in der berühmten Bibliothek ihres Vaters. In der gab es fingierte Bücher, für die sie den lieben Onkel gern als Opfer missbrauchte. Am Rücken des obersten Buches im Stapel machte man sich die Hände schwarz. Schlug man den Deckel auf, spritzte Wasser aus den Seiten heraus. Gelangte man zu einem Spiegel zwischen den Seiten, bestäubte der den Beschauer mit Mehl. Herzog Sigmund ließ diese Scherze geduldig über sich ergehen. Er hatte schließlich lebenswichtige Ziele! ...

An Sigmund als Schwiegersohn dachte Herzog Karl nicht. Zu sehr schwamm er mittlerweile auf der Woge des Erfolges. Er wollte eine Königskrone, vorzugsweise vom deutschen Kaiser, und hatte deshalb Maximilian, den Sohn Kaiser Friedrichs, als Mann für Maria im Sinn. Hierbei konnte ihm Sigmund aber vielleicht helfen. Fürs Erste drehten sich deshalb die Verhandlungen mit dem verschwenderischen Tiroler nur ums Geld. Der Duc half ihm aus der Bredouille, doch das nicht ohne Selbstzweck. Am 9. Mai schlossen die beiden Männer in St. Omer einen Vertrag. Herzog Sigmund trat ins Schutz- und Dienstverhältnis zu Burgund. Für 50.000 Gulden verpfändete Sigmund die vier Waldstädte – Waldshut, Lauffenburg, Rheinfelden und Säckingen –, die Grafschaft Pfirt, die Landgrafschaft Oberelsass und den Schwarzwald an den Burgunderfürsten. Der Duc verpflichtet sich dafür, ihn vor den Schweizern zu schützen. Er war nun Lehnsherr über diese Gebiete und berechtigt, Steuern einzutreiben.

Der Tiroler stimmte darüber hinaus zu, dass Karl die bereits an Dritte verpfändeten Gebiete auslösen durfte. Diese Zusage kostete Herzog Karl weitere 180.000 Gulden. Sigmund räumte ihm auch noch das Recht ein, später die verpfändeten Gebiete zu erwerben. Dieses Arrangement brachte Karl ohne jeglichen Kampf dem Ziel eines burgundischen Großreichs näher. Durch die neuen Gebiete konnte er nun Herrschaft in der Savoyischen Schweiz ausüben, ohne fremdes Territorium zu durchqueren. Da der Duc den Lebensstil Herzog Sigmunds kannte, erschien es ihm so gut wie sicher, dass dieser die 50.000 Gulden nie zurückzahlen konnte. Nach dem Wortlaut der Vereinbarung musste der bei einer Auslösung auch noch die bis dahin angefallenen Kosten der Verwaltung ersetzen, mithin ein Mehrfaches der Pfandsumme selbst! Damit waren auf Dauer Fakten geschaffen! Herzog Karl beglich aus der Darlehenssumme zunächst Herzog Sigmunds Verpflichtung gegenüber den Eidgenossen, denn ihm lag trotz des Schutzversprechens an Sigmund daran, sich mit den Eidgenossen nicht zu überwerfen. Immerhin verband ihn auch mit ihnen ein Bündnisvertrag! Aus dieser Sicht der Dinge sollten zwischen den beiden Fürsten von Anfang an Meinungsverschiedenheiten entstehen. Sigmund versprach sich von seinem neuen Bündnis mit Karl ebengerade die Chance, mit dessen Waffenhilfe die verlorenen Stammlande von den Eidgenossen zurückzugewinnen. Der Duc wollte, wenn überhaupt, nur bei neuen Angriffen der Eidgenossen sein Schutzversprechen erfüllen. Nach der Einigung mit Herzog Sigmund fragte er sich in einer nachdenklichen Minute, ob ihm vielleicht der arglistige Ludwig den Tiroler in den Pelz gesetzt habe, um Unfrieden zwischen ihm und den Schweizern anzuzetteln. Herzog Karl lag mit dieser Mutmaßung nicht falsch. Sigmund war wirklich zunächst bei König Ludwig vorstellig geworden. Der König hatte ihn jedoch nicht einmal empfangen, sondern direkt an den Burgunderfürsten verwiesen. Ludwigs böser Hintersinn dabei entsprach voll und ganz Herzog Karls Befürchtungen. Der französische König war dann auch der Erste, der den Bernern die Nachricht vom Bündnis zwischen dem Duc und Herzog Sigmund steckte. Er zeigte ihnen auf, dass der Burgunder nun die Möglichkeit besaß, mit seinen Truppen viele Schweizer Städte in Ritten von nur ein bis zwei Tagen zu erreichen. Die Berner wurden nachdenklich, als sie das hörten. Sie mussten also von da ab einen mächtigen Nachbarn im Norden fürchten. Dessen Angriff konnte täglich erfolgen! Sollte Herzog Karl auch noch ein Bündnis mit dem verhassten Österreich eingehen, würde die Lage für sie sogar höchst bedrohlich. Herzog Karl setzte seinen Vertrauten, Peter von Hagenbach, als Vogt und Steuereintreiber in den Pfandlanden ein. Das hatte fatale Auswirkungen. Der Vogt führte sein Amt sehr willkürlich aus. Widersprach ihm jemand, so ließ er ihn hinrichten. Wenn Steuern ausblieben, ließ er an den Ecken des Marktplatzes zur Abschreckung je einen Steuersäumigen erhängen. Unter der Bevölkerung wuchs schnell unbändiger Zorn gegen ihn. Die Schweizer hegten ebenfalls Groll. Immer wieder wurden ihre Handelsreisenden von Räubern überfallen und ausgeraubt. Hagenbach bot den Räubern sogar Schutz in seiner Burg, anstatt für Ordnung und sicheres Geleit zu sorgen! Das konnten die Eidgenossen auf Dauer nicht tatenlos hinnehmen.

Die günstige Bündnissituation mit England entwickelte sich für Herzog Karl zum Schlechten. Zwischen Sir Warwick, dem englischen Königsmacher, und Karls Schwager, König Edward, kam es zum Zerwürfnis. Warwicks Plan, zwischen England und Frankreich dadurch Frieden zu schaffen, dass Edward eine französische Prinzessin heiratete, scheiterte. Edward hatte nämlich bereits heimlich eine Bürgerliche geheiratet. Elizabeth Woodville war ihr Name, und der verliebte Edward ließ sich fortan von deren Familienmitgliedern anstatt von Warwick beraten. Warwick, immer noch Freund der Franzosen und erklärter Gegner Karls, fasste darauf den Entschluss, seinen König zu entmachten. Er ging mit dessen Bruder George eine Allianz ein. Die beiden schlugen Edward im Juli in der Schlacht von Edgecote Moor und setzten ihn im Tower gefangen. Einige Monate regierten sie in seinem Namen. Das Verhältnis zu Burgund kühlte auf einen Tiefpunkt ab.

Auch die burgundisch-pfälzischen Beziehungen begannen sich kontinuierlich zu trüben. Dabei war die Pfalz stets Karls treuester Verbündeter im Deutschen Reich gewesen. Der Grund für die Entfremdung war Karls Erwerb der österreichischen Vorlande von Herzog Sigmund. Die Reichsstadt Mülhausen bildete eine Enklave darin, und der Pfalzgraf war als Reichslandvogt Schirmherr dieser Stadt. Interessenkonflikte mit Burgund waren unausweichlich.

6

Ungerührt von diesen Querelen verfolgte der Duc seine Pläne. Er wandte sich zunächst Geldern zu, das ihm schon lange in der Nase stach. Er entschied sich zur offenen Parteinahme für den jungen Herzog Adolf, der seinem Vater Arnold die Herrschaft streitig machte. Adolf hatte den Vater schon länger gefangen genommen und auf Schloss Bühren festgesetzt. Herzog Karl hatte das geduldet, was in den Augen der Anrainer einer Zustimmung zum Vorgehen Adolfs gleichkam. Nun strebte der Duc im zweiten Schritt die burgundische Beherrschung Gelderns an. Der dort herrschende Unfrieden gab ihm Grund genug, einzuschreiten. Er musste schließlich mit einem Angriff Warwicks im Bündnis mit den Franzosen rechnen und wollte keinen zusätzlichen Krisenherd in Geldern. Herzog Adolf sollte nach seiner Vorstellung nur noch die nominelle Regentschaft über Geldern behalten, während er der wahre Machthaber war. Als Adolf des Herzogs Plan erkannte, trat ein Wandel in seiner Gesinnung ein. Er schwang sich zum Anführer der antiburgundischen Partei im Lande auf. Herzog Karl reagierte sofort. Von nun an wurde der alte Herzog Arnold zu seinem Schützling. Der Duc stellte sich damit für Kleve überraschend auf die Klevesche Seite. Herzog Karls Vertrauter, Herzog Johann II. von Kleve, hatte nämlich schon immer verlangt, dass Adolf seinen Vater freiließe und hatte sogar gegen den Willen Burgunds die Fehde gegen den uneinsichtigen Sohn ausgerufen. Am 11. Juli übernahm der Duc in Gent voller Berechnung eine nicht ganz unparteiische Schiedsrichterrolle in dem Konflikt zwischen Kleve und Geldern. In Anwesenheit von Herzog Johann, Adolf von Geldern und dem Grafen von Moers ordnete er zwischen Konfliktparteien Waffenruhe an. Die wurde auch eingehalten, und so hatte Karl mit dem kriegslüsternen Frankreich im Rücken wenigstens an dieser Landesgrenze vorerst Frieden! Herzog Johann bat er um Waffenhilfe gegen König Ludwig, sollte der wirklich angreifen. Herzog Adolf brachte er an seinem Hof als »Gast« unter seine Kontrolle ...

Im November und Dezember ließ der Duc Johann IV. von Nassau mit seinem Onkel Adolf Erzbischof von Mainz ihn wegen der Vermählung von Maria erneut Verhandlungen führen. Johann versprach dem Kirchenfürsten im Namen Karls eine große Summe Geldes, sollte der zum römischen König gewählt werden. Erzbischof Adolf sagte zu, sich beim Kaiser für Karls Erhöhung zu verwenden.

Die Wahl von Hagenbach zum Vogt des Elsass warf bald unübersehbare Probleme auf. Anfang 1470 reiste der Berner Schultheiß Adrian von Bubenberg zum burgundischen Hof, um Klage über den Vogt zu führen. Die Eidgenossen trauerten Rudolf von Baden-Hachberg nach, der bis zum Amtsantritt Hagenbachs die Pfandlande verwaltet hatte. Die Familie Bubenberg genoss beim Herzog zwar Ansehen und Respekt, er zeigte sich trotzdem uneinsichtig. Erbost reiste der Berner nach nur kurzem Treffen wieder ab. Herzog Karl gab ihm rüde mit auf den Weg: »Ich will einen Vogt, der mir gefällt, und nicht einen, der meinen Nachbarn zu Diensten ist. Aber Kriegsgelüste gegen die Eidgenossen verspüre ich nicht!« Das war kein Lippenbekenntnis. Kurz darauf tauchte eine Gesandtschaft aus Österreich an seinem Hof auf und drängte ihn, endlich gegen die Schweizer in den Krieg zu ziehen. Der Herzog lehnte ihr Anliegen ab. Die Eidgenossen hatten keine Reichtümer zu vergeben, dort gab es für ihn nichts zu gewinnen. Sie waren nur Bauern. Schlug er sich mit ihnen, gab es nicht einmal ritterliche Anerkennung als Lohn. Ihr Weideland, das er erobern konnte, brauchte er wirklich nicht! Bubenberg erfuhr über seine Agenten vom Ansinnen der Habsburger Abgesandten. Die abschätzige Antwort des Herzogs an ihn und dessen gleichzeitige Verhandlung mit Habsburg verletzten ihn in seiner Eitelkeit. Schon am 10. Mai berichtete er dem zentralen Bundesorgan der Schweiz, wie er von Karl abgespeist worden war, und dass der Duc und Herzog Sigmund offensichtlich Kriegsvorbereitungen gegen sie träfen. Er ließ nichts aus, die Stimmung der Delegierten in seinem Sinne zu manipulieren, und verschwieg des Herzogs Zusicherung, keine Kriegshandlungen gegen die Schweizer vorzunehmen. Falsch informiert, schickte die Tagsatzung am 13. August Niklaus von Diesbach an den französischen Hof, um die Situation zu besprechen und Hilfe zu suchen.

Diesbach kam nicht mit leeren Händen zurück. Frankreich hatte versprochen, die Eidgenossen bei einem Angriff Burgunds zu unterstützen!

7

Im Frühsommer 1470 herrschte eine milde Wärme über Flandern. In der Hansestadt Brügge verlief das Leben ruhig. Die Stadt war nach den prächtigen Hochzeitsfeierlichkeiten des Herzogs wieder aus dem Dunstkreis seiner Machtentfaltung geraten. Dies bedeutete nicht, dass sein ganzer Hofstaat mit ihm weggezogen war. Das Schloss blieb mit Bediensteten wohl bestückt zurück. Die Bibliothek, die höfischen Werkstätten und Einrichtungen arbeiteten auf herzogliches Geheiß fleißig weiter. Für den Hofbibliothekar Pieter van der Weyden bedeutete die Abreise der herzoglichen Familie keinen Müßiggang. Der junge Mann hatte eine schlimme Zeit hinter sich, die sich erst langsam wieder zum Guten wendete. Sein Zwillingsbruder Jan war vom Scharfrichter des Herzogs als Mörder hingerichtet worden. Zu Recht, wie Pieter wusste. Sein Vater Cornelis war aus Kummer darüber gestorben.

Er war Pieter bis zuletzt mit offenem Hass begegnet. Seine Frau war wegen Pieters Steißlage tot im Kindbett geblieben. Der Sohn war für den Alten stets »der Mörder« seiner Mutter gewesen. Mijnheer Cornelis verließ ohne eine Geste der Versöhnung diese Welt. Johann de Worde, zu Lebzeiten Cornelis größter Geschäftsrivale, verweigerte Pieter zunächst aus Antipathie gegen dessen Familie die Heirat mit seiner Tochter Anna. Erst mit Jans und Cornelis Tod hatte Pieters Schicksal, so schrecklich das klang, eine positive Wendung genommen. Johann de Worde stimmte auf einmal unter dem Flehen seiner Tochter der Vermählung zu. Auch Vernunftgründe ließen ihn einlenken. Pieter erbte schließlich das Handelskontor van der Weyden und das gesamte väterliche Vermögen. Dies ließ sich mit dem Besitz der de Wordes bestens vereinen. Pieters Förderer, Sir William Caxton, selbst Oberhofbibliothekar des Herzogs, hatte dann auch noch für seinen Schützling eine verantwortungsvolle Aufgabe in der berühmten Bibliothek gefunden. Für Pieter sah die Welt auf einmal wieder ganz anders aus.

Ein neuer Junitag begann. Auf den Asphaltsteinen der Straße klopften die Holzräder der Wagen und Handkarren. Pferdehufe klangen, und Menschen lärmten geschäftig. Die Glocken auf den Brügger Kirchtürmen begrüßten den Tag. Das frühe Licht kroch durch die Ritzen der Holzladen am Hause van der Weyden und fing sich in zarten Strahlen auf den Dielen des Schlafzimmerbodens. Der Schlaf der Eheleute wurde unruhig. Ihr Bett mit Bettvorhängen und Baldachin war zwar abgeschirmt gegen das Licht, aber nicht gegen den Straßenlärm. Die Geräusche von draußen ließen Anna und Pieter fast zur gleichen Zeit die Augen aufschlagen. Pieter suchte das Gesicht seiner Frau im Dunkeln und küsste sie noch halb verschlafen auf die Wange. Dann streichelte er sanft über ihren runden Leib. Anna war schwanger. »Ich habe in Herzog Karls Bibliothek in einer medizinischen Schrift etwas gelesen, was für dich wichtig ist. – Eine Schwangere soll täglich eine kleine Prise Pulver von Galläpfeln in ein Schlückchen Wein gemischt zu sich nehmen. Wie unser Herr Christus die Welt vom Bösen befreite, soll dieses Mittel werdende Mütter vom Geburtsschmerz befreien und verspricht eine sanfte Niederkunft. Du solltest es also bei Zeiten einnehmen!« Annas warme Hand ging suchend zu Pieter hinüber und legte sich leicht auf seine Brust. »Wann hörst du endlich auf, dir Sorgen um mich zu machen? Nicht jede Mutter muss das grausame Schicksal deiner Mutter erleiden und im Kindbett bleiben. Dich trifft auch keine Schuld an ihrem Tod. Die eingetretenen Komplikationen waren Gottes unerklärlicher Wille. Mach dir keine bösen Gedanken. Ich werde dir schon einen gesunden Sohn schenken«, flüsterte sie mit weicher Stimme. »Weshalb meinst du, ein Knabe sei für mich ein besonderes Glück? Wenn Gott ein Mädchen lieber ist, so werde auch ich es lieber mögen«, meinte Pieter. »Glaubst du wirklich, Gott hat Zeit, bei uns Geburtshelfer zu spielen? Ich bleibe dabei, du ziehst einen Knaben vor. Sei ehrlich.« »Bestimmt nicht, mein

Schatz, ein Knabe ist von Natur aus weder höherwertig noch tüchtiger. Er lebt nicht länger. Er bleibt genauso wenig von Krankheiten verschont. Nun ja, er übertrifft ein Mädchen vielleicht an Körperstärke«, sinnierte Pieter vor sich hin. »Darin werden die Knaben dann wieder von Kamelen übertroffen«, kicherte Anna belustigt.

Die Neckerei ging noch eine Weile hin und her, dann zwangen sich die beiden, endlich aufzustehen. Die Holzladen wurden aufgerissen. Frische Luft strömte in die Schlafkammer. Das Tageslicht gab die Sicht auf die gediegene Einrichtung frei. Vor dem Bett stand ein kleiner runder Tisch mit zwei Hockern. Er trug ein Tablett mit einem Kanten Brot und einen Krug voll Rheinwein. Dieses erste Frühstück hatte der Hausarzt dem Paar verordnet. Es sollte die beiden vor allen Zipperlein bis hin zur gerade wieder grassierenden Pest bewahren und sie für ihr Tagwerk stärken. Bevor Anna und Pieter etwas zu sich nahmen, knieten sie vor dem kleinen Schrein mit dem Bild ihres Schutzheiligen und verrichteten ihr Morgengebet. Das Morgenmahl währte nicht lange. Pieter beendete es mit der Erklärung: »Ich muss mich sputen. Heute kommt Sir William aus Gent zurück. Ich möchte pünktlich sein. Mein Gönner steht, wie du weißt, hoch in Herzogin Margaretes Gunst. Er übersetzt für sie französische Literatur, meist alte Mythen, in ihre Muttersprache Englisch. Er ließ es sich nicht nehmen, der Fürstin den ersten Teil seiner Arbeit persönlich nach Gent zu bringen. Margarete besucht dort zurzeit ihre Stieftochter Maria. Sir William wollte bei seinem Besuch auch ein gutes Wort für mich einlegen. Ich hoffe auf einen sicheren Arbeitsplatz und möchte schnellstens wissen, ob ihm gelungen ist, etwas für mich zu bewirken. Das entscheidet darüber, was uns die Zukunft bringt. Die Hofbeamten in Brügge werden schließlich immer weniger. Mein Arbeitsplatz ist ohne Protektion nicht sicher. Ich bin gespannt wie ein Bogen!« Anna hatte ihm aufmerksam zugehört und nickte. »Es wird sich schon alles zum Guten wenden. Warum sollte sich unser Glück denn trüben?« Ihr Mann wünschte sich, dass sie recht behielte, wusch sich, kleidete sich an und verschwand mit einem Abschiedskuss die Treppe hinab.

Sir William Caxton war schon anwesend, als Pieter den großen Büchersaal betrat. Er war über sein Schreibpult gebeugt, über dem ein Konkavspiegel hing. Der war so angebracht, dass er das Tageslicht auf die Tischplatte reflektierte. In diesem Licht arbeitete der Engländer konzentriert an seiner Übersetzung. Als er Pieters Schritte vernahm, blickte er auf. Ein Lächeln huschte über sein gutes Gesicht. »Die Jungverliebten konnten sich wohl wieder nicht trennen?« Pieter errötete, er fühlte sich ertappt. »Ich freue mich, dass Ihr wohlbehalten zurückgekehrt seid, und hoffe, Ihr habt gute Neuigkeiten für mich«, wechselte er abrupt das Thema. Er war wie von selbst in die englische Sprache übergegangen und genoss es, seine Fertigkeit darin zu beweisen. Sir William ging sofort auf den Sprachwechsel ein und freute sich, wie echt Pieters Wiedersehensfreude war. Aber er entschloss sich trotzdem, den jungen Mann noch etwas zappeln zu lassen, bevor er mit den ersehnten Nachrichten herausrückte. »Gent hat sich in den letzten Jahren wunderbar entwickelt. Es kann sich mit Brügge durchaus messen. Der Hof Ten Walle ist bestimmt so schön wie das hiesige Palais und bietet Fürstin Maria ein würdiges Zuhause. Wie herrlich die weitläufigen Gartenanlagen zurzeit blühen, kannst du dir gar nicht vorstellen. Pieter gelang es nur schwer, seine Ungeduld zu zügeln, doch er nickte artig und stellte sogar einige Fragen, die Sir Caxton zu seinem Leidwesen wortreich beantwortete. Dann kam der Bibliothekar auch noch auf den berühmten Altar von Meister van Eyck zu sprechen. Er schilderte ausführlich dessen einzelne Bildtafeln, lobte ihre Qualität und Farbenpracht und legte Pieter ans Herz, sie bald einmal selbst zu besichtigen. Das versprach der junge Mann bereitwillig, wiederum in der Hoffnung, so schneller an die Neuigkeiten zu kommen, die ihn wirklich interessierten. Sir Caxton ließ es sich aber nicht nehmen, auch noch von Herzogin Margaretes Freude über seine Arbeit zu berichten. Doch dann erbarmte er sich endlich des jungen Mannes. »Nun, mein lieber Freund, ich will dich nicht länger auf die Folter spannen. Die Herzogin hat große Dinge mit dir vor, so viel vorab. Ich konnte ihr ja auch nur Gutes von dir berichten. Sie erinnerte sich noch genau an unseren gemeinsamen Aufenthalt in England, als es ihre Hochzeit mit Herzog Karl vorzubereiten galt. Dein angenehmes Wesen, dein flüssiges Englisch, alles war ihr noch präsent.« Pieter protestierte schwach: »Übertreibt nicht!« »Lass mich nur, ich sagte nichts als die Wahrheit! Auch deine Hilfe bei meinen Übersetzungen blieb von mir natürlich nicht unerwähnt. Herzogin Margarete war begeistert, und schnell wuchs eine Idee in ihr. Herzog Karl wird in nächster Zeit viel reisen. Die Herzogin hat nicht vor, mit ihm umherzuziehen. Aber sie möchte weiter Anteil nehmen an seinem Tun. Die beiden Eheleute beraten sich nämlich gern. Selbst wenn es nur aus der Entfernung sein kann, soll das so bleiben. Die Herzogin schätzt deinen wachen Geist. Du sollst nach ihrem Willen den Herzog begleiten und seine Taten und Pläne verfolgen und ihr berichten. Du sollst sie aufschreiben, sie werden schließlich Geschichte! Mit Herzog Karl ist diese Idee bereits besprochen. Sie fand seine Billigung. ›Burgund schreibt Geschichte‹, ist ein geflügeltes Wort des Téméraire.« Pieter war ganz verwirrt. Die Neuigkeiten wirbelten durch seinen Kopf. »Dann muss ich ja von Brügge fort, fort von Anna«, warf er ein. »Nun ja, das lässt sich wohl nicht vermeiden. Aber ihr beiden habt ja noch viele Jahre vor euch. Ihr seid doch noch so jung!«, beschwichtigte ihn Sir Caxton. So schnell war Pieter nicht überzeugt. Seine Gegenargumente sprudelten wie ein Wasserfall: »Anna ist schwanger, ich kann sie doch nicht allein lassen!« »Pieter, bleib ehrlich mit dir selbst. Was können wir Männer bei dieser wunderbaren Sache der Natur nach dem Liebesakt denn noch beitragen? Anna ist in eurem Freundeskreis, in der Familie und unter der Fürsorge eurer Bediensteten auch ohne dich wohl aufgehoben!« »Auch die von meinem Vater ererbten Geschäfte halten mich in der Stadt zurück«, argumentierte Pieter weiter, wenn auch schon zögerlicher. »Du hast in deinem Schwiegervater den besten Verwalter eures Kontors, den du dir wünschen kannst«, widersprach ihm Sir William. »Aber keinen echten Freund«, fiel ihm Pieter ins Wort. Er erinnerte sich immer noch daran, wie lange Johann de Worde alle Hebel in Bewegung gesetzt hatte, um seine Hochzeit mit Anna zu verhindern. Doch schon als ihm die Worte kamen, wurde ihm klar, wie sehr er seinem Schwiegervater heute Unrecht tat. Inzwischen war der stolz auf die junge Familie. »Habt bitte Verständnis, dass ich dies nicht alleine entscheiden mag. Ich werde

Johann de Worde aufsuchen und mich mit ihm beraten«, lenkte er ein. »Das ist eine gute Idee«, bestärkte ihn Sir William. »Aber vergiss nicht, es ist ein herzoglicher Wunsch, und der kommt einem Befehl gleich! Nimm dir heute frei und regle, was zu regeln ist. Die Zeit läuft gegen dich! Am meisten bedaure ich, dass du die prächtige Stadt Gent dabei zunächst nicht sehen wirst. Der Herzog befindet sich nämlich zurzeit auf Schloss Hesdin.« Pieter nahm diesen Satz einfach hin, zu sehr schwirrte es in seinem Kopf. Benommen machte er sich auf den Weg nach draußen und strebte dem Geschäft seines Schwiegervaters entgegen.

Kaufmann Johann arbeitete wie immer fleißig in seinem Kontor. Er ging in seinem Laden auf und ab. Seine Augen machten sorgsam Inventur, denn er musste befinden, was auf der kommenden Messe geordert werden sollte. Neben Tuch, Seide, Samt, Tischdecken, Servietten und Schleiern ging es auch um alle anderen Artikel, die bei ihm zum Verkauf angeboten wurden. Dazu gehörten Scheren, Nadeln, Faden, Hämmer und Seifen. Mijnheer Johann öffnete den großen, mit Silbernägeln beschlagenen Kasten, der mitten im Raum stand. Darin wurden die wertvollsten Stoffe aufbewahrt. Bunte Seidenstoffe aus Coma brauchte er, stellte er fest. Die Servietten aus Cremona mussten ebenfalls ergänzt werden. Dann ging er langsam an den roh gezimmerten Wandbänkchen vorbei, auf denen die weniger wertvollen Waren lagerten. Er setzte sich für einen Moment auf den Hocker vor dem kleinen Tisch, an dem er Kunden seine Schätze präsentierte, und machte sich einige Notizen. Immer wieder kletterte er auf die Leiter, damit er auch die oberen Regale inspizieren konnte. Weil er schon einmal auf dem Kontrollgang war, guckte er noch in den abgeteilten Winkel, in dem der Buchhalter vor dem Schrank saß und mit den Handelsbüchern und dem Rechenbrett arbeitete. Johanns prüfender Blick sah nach, ob die Messelle gut weggeschlossen war. Allzu häufig wurde sie von der Gewerbepolizei auf richtige Länge hin kontrolliert und durfte deshalb nicht beschädigt sein. Hohe Strafen wurden sonst fällig. Ganz hinten im Raum stand ein leichtes Bettgestell mit zwei Matratzen, Kissen und Decken. Hier musste nach den neusten Vorschriften des Rats einer der Dienstleute über Nacht bleiben und Wache halten.

Johann ging weiter in sein Privatkontor. Dort errechnete er nun sehr sorgfältig den Verkaufspreis für neu eingetroffene Ware aus den Einzelkosten und der Gewinnspanne: 15,5 % für Rohmaterial, 1 % Einkaufsnebenkosten (Abholen und Verladen), 5,5 % Frachtkosten, 3,5 % Verpackungskosten, 6 % Versicherungsprämie, 1 % Stapelgebühr, 10,5 % Steuern und Abgaben, 3 % Verkaufsnebenkosten, 44 % Herstellungskosten für das Tuch, machten 100 %. Darauf kamen 35 % Gewinnaufschlag. Die Aufschläge hatte er alle im Kopf! Als er damit fertig war, wartete schon die nächste Aufgabe auf ihn. Er überzeugte sich, dass alle Säcke im hinteren Raum mit seinem Warenzeichen versehen waren. Sie waren für die Verschiffung bestimmt. Seine Kunden sollten die Ware bei der Ankunft in ihren Städten schnell und zweifelsfrei als von ihm kommend erkennen.

Zufrieden sah Mijnheer Johann, dass alles richtig ausgezeichnet war. Er hatte auf drei Lastschiffen nach Porto Pisano Lagerraum gebucht. Nach langem Gefeilsche hatte er sich mit dem Reeder auf fünf Gulden Fracht pro Sack Wolle und sieben Gulden pro Sack Tuch geeinigt. Die Kosten für Armbrustschützen, Wachposten und Lotsen würden noch zusätzlich auf die verschiffenden Parteien umgelegt werden. Das lässt mir alles in allem einen guten Profit, dachte der Kaufmann zufrieden. Wenn nur nicht unser Herzog wieder eine neue Kriegssteuer erheben lässt! Auch sein eigenes Schiff war in den letzten Tagen mit Ware beladen worden. Es dümpelte schon mit den Gütern an Bord zur Abfahrt bereit an der Reede. Mijnheer Johann wollte sich heute noch kundig machen, ob mehrere Schiffe mit seinem gemeinsam den Hafen Richtung Italien verließen.

In einem kleinen Flottenverband geborgen, glaubte er seine Habe vor Freibeutern so sicher, dass er auf eine Versicherung über das Haus Medici verzichten wollte. Als die Klingel der Kontortüre anschlug, reagierte der Kaufmann unwirsch. Wie er jedoch aufsah und Pieter vor ihm stand, wurde sein Gesicht freundlicher: »Was machst du hier? Treibst du Müßiggang, wenn andere Männer ihre Pflicht tun?«, fragte er den jungen Mann. Bevor der antworten konnte, hatte Meister Johann ihn bereits untergehakt und zog ihn durch den Raum. Voll Stolz führte er dabei seine Neuerwerbungen vor. Bald saßen die Männer zusammen, und der jüngere berichtete von der Entwicklung, die sein Familienleben so sehr berühren würde. Zu seiner großen Überraschung zeigte sich sein Schwiegervater aufgeschlossen und der Sache gegenüber durchaus wohlmeinend. »Was glaubst du, wie oft ich von zuhause fern war, als es galt, mein Kontor aufzubauen. Auch ich habe Annas Geburt nicht miterlebt. Das ist das Schicksal von uns Vätern!« Pieter schob eine gewichtige Sorge nach: »Du müsstest dann auch über das Kontor meines Vaters Obacht halten. Wird das nicht zu viel für dich?« Johann lachte und schüttelte den Kopf: »Ich tue es doch heute schon, auch wenn ich mir das niemals im Leben vorgestellt hatte. Außerdem arbeiten da tüchtige Leute, und ich muss nur nochmals Entscheidungen fällen, die ich in meinem Geschäft sowieso treffe. Die Summe Geldes, die sich dabei umschlägt, wird eben nur größer.« Dagegen gab es nichts einzuwenden. So bestärkt sah Pieter die Zukunft schon etwas rosiger. Bald berieten die beiden Männer nur noch, wie die Neuigkeit Anna beizubringen war. »Erzähl ihr nur alles frei von der Leber weg und beteure dabei deine Liebe. Anna ist wie ihre Mutter, sie wird dich verstehen«, schlug Johann seinem Schwiegersohn vor. Pieter war dankbar für diesen Rat. Wie sehr lag ihm daran, seiner Liebsten Kummer und Sorgen zu ersparen. Ihm wurde nach den Aufmunterungen seines Schwiegervaters leichter ums Herz. Er bedankte sich bei ihm, und als er ging, wusste er, was er zu tun hatte. Anna hatte den Tag nicht unnütz verstreichen lassen. Zurzeit befand sie sich in der Küche. Sie hatte von ihrer Freundin, Frau Dantini, ein Rezept für eine Hühnerbrühe erhalten. Mit dieser Köstlichkeit wollte sie Pieter am Abend überraschen. Sie hatte ein Hühnchen gekauft und gekocht.

Nun schälte sie Mandeln, malte sie und vermischte sie mit dem Kochsud, mit Rosenwasser und Essig. Dann nahm sie Ingwer, Zimt und Nelken, die Hälfte davon gerieben, die andere Hälfte sehr fein geschnitten. Auch diese Zutaten rührte sie in die Flüssigkeit und kochte alles zusammen auf. Jetzt hatte die Küchenmagd nur noch, kurz bevor es am Abend zu Tische ging, angebratene Fleischstücke in die Brühe zu legen und darauf zu achten, dass sie gut durchzogen und heiß wurden. Vor dem Servieren musste noch eine letzte Prise Zucker über das Gericht gestreut werden.

Das behielt sich Anna selbst vor. Zufrieden hatte sie vor Augen, wie Pieter ihre Arbeit mit seinem stets glänzenden Appetit belohnen würde. Anna wusste genau, wie gern er zum Schluss eines Mahles etwas Süßes naschte. Am liebsten mochte er Quittenbrot. Dem galten ihre nächsten Vorbereitungen. Sie ließ Quittengelee so lange in der Sonne trocknen, bis es so fest war, dass man es mit dem Messer schneiden konnte. Die Masse verfeinerte sie sodann mit zerhackten Pinienkernen. Darauf wollte sie vor dem Verzehr noch frisch geschlagene Sahne geben. Als Pieter nach Hause kam, fand er Anna im Freien. Die Abendsonne schien mit ihren wenigen Strahlen über die niedrigen Dächer der Nachbarhäuser in den ummauerten Garten hinein und schimmerte golden auf dem leichten Kräuseln des Wassers. Annas gewölbter Leib zeigte sich gegen die Abendsonne als Schattenriss. Sie drehte sich erst zu ihm um, als sie seine Schritte hörte. »Du siehst müde aus«, sagte sie. »Ja«, antwortete er, »es war ein ereignisreicher Tag, und ich habe dir viel zu erzählen.« »Komm mit ins Haus und stärke dich erst einmal, ich habe uns etwas Gutes vorbereitet. Du darfst auch mit vollem Mund sprechen«, fügte sie mit einem Lächeln hinzu. Pieter folgte ihr bereitwillig. Als er durch die Türe trat, schwebte ihm aus der Küche der köstliche Geruch von Ingwer und Zimt entgegen. Das zog ihm das Wasser im Mund zusammen. Bald saß sich das junge Paar am Esstisch gegenüber und speiste voll Lust. Das Gericht schmeckte so köstlich, wie es gerochen hatte. Pieter widmete ihm trotzdem nicht seine ganze Aufmerksamkeit, zu bewegend waren die Neuigkeiten, die er in sich trug. Bald sprudelten sie aus ihm heraus. Mit aufgerissenen Augen hörte Anna ihm zu. Seine Nachrichten erregten sie genauso wie ihn. Ihre Hände griffen aufgeregt in die Fransen der Tischdecke oder spielten am Schlüsselbund, der an ihrem Gürtel hing. Als Pieter zu Ende war, konnte sie ihre Trauer nicht verbergen. Pieter erkannte das beklommen. »Mein Schatz, du musst begreifen, der Wunsch der Herzogin kommt für mich einem Befehl gleich. Mir wird nichts anderes übrig bleiben, als ihn zu befolgen«, erklärte er ihr. Man sah, wie die Schwangere ihre Gedanken hinter der Stirn ordnete. Dann passierte, was ihr Vater vorhergesagt hatte. Anna brachte das gleiche Verständnis auf, wie seinerzeit ihre Mutter: »Ich

bin froh, dass Vater sich so geändert hat. Früher hat er das Geld mehr gestreichelt als meine liebe Mutter und mich. Heute ist er glücklich mit unserer Familie. Mach dir keine Sorgen, Pieter, er wird mir mit Mutter, wie alle unsere Freunde und Bekannten, eine Stütze sein. Ich werde dich schmerzlich vermissen, aber zu sorgen brauchst du dich nicht um mich.«
Annas Worte machten Pieters Herz leichter. Die zwei saßen noch lange beisammen und besprachen gründlich die Einzelheiten. Der nächste Tag sollte bereits ihr Abschiedstag werden. Am Morgen darauf wollte sich nämlich ein Trupp herzoglicher Kuriere auf den Weg nach Schloss Hesdin machen. Pieter sollte in ihrem Geleit mitreisen. Der letzte Tag verging viel zu schnell unter den vielen Reisevorbereitungen und ließ den Liebenden keine weitere Zeit für Traurigkeit.

8

An einem späten Nachmittag erreichten die Reiter Schloss Hesdin. Je näher sie ihrem Ziel kamen, umso nervöser wurde Pieter. Er fühlte leichte Krämpfe in seinen Schultern und die aufgescheuerten Stellen an seinen Schenkeln schmerzten teuflisch. Das lange Reiten war für ihn völlig ungewohnt gewesen. Wie würde er empfangen? Was kam auf ihn zu? Pieters Herz pochte vor Aufregung bis zum Hals, als sich ihr Trupp dem Palasttor näherte. Das Hufklappern der Ankömmlinge weckte die Torwache aus dem Schlaf und veranlasste sie zu einem mürrischen »Wer da?«. Als der Offizier schneidend Antwort gab, ließ man sie unverzüglich ein. Schlamm bespritzt stiegen die Männer von ihren Pferden und traten mit schmerzenden Gliedern auf den steinernen Hofboden. Sie übergaben ihre Pferde zur Versorgung an die Knechte und dachten nur noch an ihr eigenes Wohl. Nun trennten sich die Wege der Reisegefährten. Pieter verabschiedete sich von den Kurieren mit Dank für das Schutzgeleit und wurde vor den Major Domus gebracht. Pieters Eintreffen am heutigen Tag war ihm bekannt, und er ließ ihm ein Zimmer zuweisen. Zwei Diener halfen Pieter mit dem Gepäck.

Das Zimmer war kärglich, aber sauber, kein Vergleich mit dem gediegenen Wohlstand zuhause! Pieter vermisste den Zierrat, mit dem Anna ihr Heim auszuschmücken verstand. Es sah danach aus, als würde er in dieser vorgerückten Stunde nicht mehr vor die Herrschaft befohlen. Er beschloss, sein Nachtmahl einzunehmen und früh zu Bett zu gehen. Er bestellte sich zum Essen einen heißen Würzwein und hoffte, danach gut schlafen zu können. Zurück in seinem Zimmer fand er auf einem kleinen Beistelltisch eine Nachricht vor. Er hatte am nächsten Morgen Schlag neun vor der Herzogin zu erscheinen. Pieter war zu müde, um seine Kleidung ganz auszuziehen, und warf sich halb angezogen auf das Bett. Seine letzten Gedanken gingen zu Anna nach Brügge. Trotz der Entfernung war sie ihm ganz nah. Er glaubte, ihren schönen, blutwarmen Körper zu spüren …

Als die Herzogin Pieter empfing, war sie gerade aus der Schlosskapelle zurückgekehrt, wo sie ihr Morgengebet verrichtet hatte. Sie ist eine stattliche Frau, dachte Pieter, vermied es jedoch, sie allzu sehr anzusehen. Stattdessen vollführte er eine tiefe Verbeugung. Margarete sprach zu ihm: »Ihr habt gut daran getan, Euch zu sputen. Ich stehe vor der Abreise nach Gent. Nun können wir noch besprechen, was mir wichtig ist.« Pieter machte eine weitere Verbeugung. »Lord Caxton hat Euch empfohlen. Ich brauche jemanden, dem ich vertrauen kann. Traut ihr Euch zu, was mir vorschwebt? Sagt frei und offen, was Ihr denkt!«

Pieter antwortete mit fester Stimme: »Hoheit, ich werde alles tun, um Euch nicht zu enttäuschen.« Margarete nickte und erläuterte ihre Vorstellungen: »Ich hatte eigentlich gedacht, mein Gemahl sei unerschütterlich auf dem Höhepunkt seiner Macht, und es wäre leicht, die zu erhalten. Aber weit gefehlt, nun wird offenkundig, dass Gott nach jeder Höhe ein Wellental folgen lässt. Das möchte ich abmildern helfen, so gut es in meinen Kräften steht. Schon im September vorigen Jahres verlor unser *»souverain seigneur«* einen wichtigen Verbündeten. König Ludwig gelang eine Aussöhnung mit seinem Bruder, dem Duc de Berry. Hierbei benutzte die listige Schlange auf dem französischen Thron wieder einmal ihren Reichtum für intrigante Winkelzüge. Im Frieden von Péronne hatte de Berry nur die Champagne zugesprochen bekommen. Nun gab ihm Ludwig stattdessen die viel bedeutendere Provinz Guyenne zum Lehen. Das brachte den Berry auf Ludwigs Seite. Weiteres Unheil braute sich zusammen. Am meisten betrübt mich, dass ein Edelmann und Landsmann von mir an diesen aufziehenden Problemen Mitschuld trägt.« Pieter hatte schon bei Margaretes Anrede für ihren Gatten aufgemerkt. »*Absoluter Fürst*« stand eigentlich nur dem französischen König zu! Nun fragte er schnell: »Sprecht Ihr von Richard Neville, dem Earl of Warwick?« »Ihr zeigt Euch wohl informiert. Sir William hat nicht übertrieben. Aber es ist mir daran gelegen, die Lage mit Euch genauer zu erörtern«, nahm die Herzogin wieder das Wort. Pieter hörte ihren Erklärungen mit großer Aufmerksamkeit zu. »Sir Warwick hat Ludwig schon vor Jahren am Hofe meines Schwiegervaters kennengelernt, als der König noch Kronprinz war. Er und Warwick wurden Freunde. Die beiden hielten es wie mein Schwiegervater mit meinem Stamm, den Yorkisten. Ganz anders sah das damals noch mein Gemahl. Der fühlte sich dem Hause Lancaster verbunden, von dem er über seine Mutter abstammte.« »Das dürfte sich aber mit Eurer Vermählung geändert haben«, antwortete Pieter überzeugt. »Gewiss, aber die Sache liegt nicht ganz einfach. Der andauernde Wettstreit zwischen Karl und Ludwig ist Euch bekannt?« Das konnte Pieter bestätigen. »Ende April 1469 traf Neville mit meinem Gatten heimlich in St. Omer zusammen«, fuhr die Herzogin fort. »Mein Gemahl ließ ihn wegen dessen Verbundenheit zu König Ludwig nur tiefste Abneigung spüren. Dabei suchte Sir Warwick damals wohl wirklich seine Nähe. Er saß in England zwischen den Stühlen. Mein Bruder hatte ohne sein Wissen schon 1464 heimlich Regis Elisabeth Woodville, Witwe eines Lancaster-Ritters, geehelicht. Recht schnell wurden ihre Verwandten zu Edwards Beratern und ersetzten Warwick in seiner gewohnten Rolle. Der Earl fühlte sich von meinem Bruder ausgebootet und getäuscht. Er hatte nämlich noch immer für Edward über eine französische Bündnisheirat verhandelt! Eine Entfremdung war zwischen den beiden nun unvermeidlich. Die Woodvilles setzten nun auf Burgund und meinen Gatten Karl.« »Dann wäre es für unseren ›souverain seigneur‹ wohl sinnvoller gewesen, damals auf Sir Warwick einzugehen und ihn für seine Pläne einzuspannen?« Herzogin Margarete registrierte wohlwollend, dass Pieter die von ihr gewählte Anrede für ihren Gatten wiederholte, und nickte. »Das ist wahr, obwohl Neville ohne den Disput mit meinem Bruder sicher auch damals noch ein Bündnis zwischen England und Frankreich vorgezogen hätte, anstatt sich mit Burgund zu einigen. Sir Warwick versucht mittlerweile auf anderem Weg als auf meines Gatten Seite, seine Macht zu erhalten und an meinem Bruder Rache zu nehmen.« »Wie ich vernahm, kehrte er diesen Monat nach England zurück und brachte Euren Bruder in seine Gewalt.« »Nicht nur das! Er will meinen Bruder George, Duke of Clarence, als seinen Lakaien zum König machen und gab ihm seine ältere Tochter Isabella zur Frau.« »Da heißt es, gegenhalten«, antwortete Pieter entrüstet. »Auch das seht Ihr richtig, doch es dürfte nicht einfach sein. Hinter allem sehe ich ein Ränkespiel des französischen Königs. Der jüngste Pakt zwischen Aragón, England und Burgund sowie das Tändeln meines Gatten mit dem Deutschen Reich drängen König Ludwig zu immer giftigeren Gegenschritten!« »Was meint Ihr mit dem Deutschen Reich?« »Die Vereinbarungen mit dem Herzog von Tirol brachten meinem Gatten einen neuen Verbündeten und Habsburg näher. Das traf natürlich nicht auf König Ludwigs Gegenliebe und veranlasste ihn, Widerstand zu schüren. Erste Überwerfungen mit den Eidgenossen scheinen für meinen Gatten auf. Vordergründig heißt es, Landvogt Peter von Hagenbach sei schuld daran. Er soll sich und den Duc mit brutalem und zügellosem Verhalten bei den Elsässern verhasst machen. Das mächtige Bern machte unseren Herrn bereits darauf aufmerksam.« »Wie reagierte unser ›souverain seigneur‹?« »Hagenbach deckte anno 1461 ein Mordkomplott gegen meinen Gatten auf und genießt seither dessen unerschütterliches Vertrauen. Er sitzt trotz aller Warnungen fest im Sattel. Wegen seiner elsässischen Herkunft und der Kenntnis der deutschen Sprache erscheint er auch wirklich bestens geeignet, die Belange Burgunds im südwestlichen Reichsgebiet wahrzunehmen. Unser Fürst schlug also die Gesuche Berns in den Wind und brüskierte die Eidgenossen mit harten Worten. König Ludwig sah die Entfremdung zwischen Burgund und den Schweizern gern und unterstützte deren aufkommenden Unmut sogar mit Gold. Er ließ in Bern 3.000 Livres verteilen, und zwar hauptsächlich an die Familie von Diesbach, die in Bern einen großen Namen hat und ganz auf französischer Seite steht. Er hofft so, die mächtige Stadt für seine Ränkespiele einzunehmen, und ich fürchtete sein Plan wird aufgehen.« »Das ist schlimm. Der Pakt mit Herzog Sigmund hat aber Burgund näher ans Kaiserhaus herangeführt. Könnte das nun hilfreich sein?«, hinterfragte Pieter die Ausführungen der Herzogin. »Ihr sprecht von der angestrebten Hochzeit zwischen Maximilian und Maria? Auch dort steht nicht alles zum Besten. Über den richtigen Gatten für unsere Tochter zeigt sich mein Mann immer noch im Zweifel. Hatte ich mich gerade an den Gedanken gewöhnt, dass ein Spross aus dem Hause York nicht infrage kommt, und stattdessen Kronprinz Maximilian der Favorit ist, so scheint der Herzog nun eine Vermählung Marias mit Karl von Berry zu erwägen. Das würde den Franzosenkönig aufs Neue piesacken. Hat er sich doch gerade erst mit seinem Bruder ausgesöhnt.« »Das schiene mir ein erfolgversprechender Schachzug Eures Gatten zu sein. Der Duc stand seinem Bruder Ludwig schließlich immer kritisch gegenüber. Er dürfte im Sinne Burgunds zu beeinflussen sein. Ein Ehebündnis mit ihm würde den Machtbereich unseres Herrn arrondieren und vergrößern«, urteilte Pieter. »Ihr denkt wie mein Mann, wenig friedliebend«, seufzte Margarete.

»Denkt nichts Falsches von mir, ich konnte Euren Gedanken bisher mit ganzem Herzen folgen«, versuchte Pieter eine Entschuldigung. »Nun gut, so wollen wir es vorerst bei diesem Diskurs bewenden lassen. Mir bleibt in der Eile auch keine andere Wahl. Ich hoffe, Ihr enttäuscht mich nicht. Ab morgen nehmt Ihr an den täglichen Beratungen meines Gatten teil. Seiner Zustimmung seid Ihr gewiss. Wir waren gerade noch zum Gebet beisammen. Der Herzog schätzt meinen Rat, und unser Vertrauen ineinander ist groß. Ihr sollt nun über die Ferne hinweg dazu beitragen, dass es so bleibt. So könnten wir beide hoffentlich viel Gutes bewirken.« »Ich werde mich stets bemühen. ›*Ab imo pectore!*‹ Aus tiefster Brust«, versicherte Pieter. »Schau, Latein beherrscht Ihr auch, famos! ›*Absoluta sententia expositore non indiget!*‹« Vollkommene Worte bedürfen keines Interpreten, ließ Herzogin Margarete ihre profunde Bildung ebenfalls aufblitzen. Danach entließ sie Pieter mit einer freundlichen Geste. Pieters Gedanken waren in Aufruhr. Zu viel hohe Politik auf einmal hatte sein Ohr gehört. Aber er nahm sich vor, der ihm erteilten Aufgabe gerecht zu werden. In seiner Kammer suchte er Zerstreuungen bei einem Brief an Anna. Er hielt dabei alle politischen Probleme von ihr fern und sprach nur über private Dinge. Seine zärtlichen Zeilen schlossen mit den Worten:

Diem perdidi. – Ich habe den Tag verloren, (weil du nicht mit mir warst), schrieb er auf Latein.

Und als er zu seiner Erbauung noch einige Seiten in der Bibel gelesen hatte, fügte er die Wort Moses an, die er fand: *Gott der Herr sprach: es ist nicht gut, dass der Mensch allein sei!* Ich bin glücklich, dass ich es nicht für immer sein werde, kommentierte er den Bibelspruch.

9

Am nächsten Vormittag traf Herzog Karl mit über 30 Edelleuten im großen Sitzungssaal zusammen. Pieter war zum ersten Mal zugegen. Er hielt sich bescheiden im Hintergrund. Unter den Anwesenden erkannte er viele hohe Herren. Da war Anton der große Bastard, Herzog Karls Halbbruder. Er erkannte Jehan de Villiers, Ratsherr, Kapitän und Ritter vom Goldenen Vlies, sowie Pierre Basin, den Kanzler und Kaplan des Herzogs. Einige Edle, die er aus Brügge kannte, grüßte er besonders. Dazu gehörten Adolf van Gruuthuse und Wilhelm van Maldeghen. Das freudige Gerücht machte die Runde, König Edward sei Richard Neville entkommen. Herzog Karl betrat als Letzter den Raum. Die gute Neuigkeit war ihm bereits bekannt, und so zeigte er sich gut gelaunt. »Sir Warwick, dieser üble Franzosenfreund, hat einen Denkzettel bekommen«, sagte er triumphierend. »Er hat nicht mit der Loyalität des englischen Adels zu seinem angestammten König gerechnet. Selbst Edwards jüngerer Bruder Richard sowie Nevilles Bruder John standen zu meinem Schwager. Nach einer blutigen Schlacht befreiten sie ihn, und der Earl wurde statt seiner festgesetzt und als Verräter angeklagt.« Jubel brandete auf. Der Herzog genoss das. In seinem schwarzen Gewand mit der Kette vom Goldenen Vlies um den Hals schaute er sich lachend um. Seine dunklen Augen richteten sich auf Pieter, und er fuhr fort: »Schaut an, wir haben einen Grünschnabel unter uns. Ihr seid bestimmt van der Weyden, den mir die Herzogin ins Nest gelegt hat?« Pieter war erstaunt, dass er, selbst so gut im Hintergrund versteckt, der Aufmerksamkeit des Herzogs nicht entgangen war. Er wurde vor lauter Aufregung bleich und rot zugleich. Dann besann er sich auf seine guten Manieren, machte eine tiefe Verbeugung und sagte mit brüchiger Stimme: »Ja, der bin ich, mein Fürst.« »Dann hört gut zu, schreibt tüchtig mit und denkt, das ist das Wichtigste, damit Ihr selbst bald Ratschläge geben könnt. Persönlichkeit, Intelligenz und eine eigene Meinung sind mir wichtiger als devotes Gehorchen und blinde Schafsköpfigkeit«, wandte sich der Herzog nochmals an ihn. Mehr Aufmerksamkeit wurde Pieter nicht zuteil. Die Neuigkeit des Tages wurde von allen Seiten erörtert und bedacht. Oliver de la Marche, des Herzogs Favorit, warnte vor weiterem Ränkespiel des französischen Königs. Ihn vermutete er hinter allem Übel gegen Burgund und dessen Fürsten. »Ich möchte nicht wissen, was König Ludwig noch in Reserve hält. Ich kann nicht aufhören, ihn irgendwelcher Intrigenspiele zu verdächtigen. Er lechzt nach zusätzlicher Macht und ist voll Rachegefühle gegen Euch. Da heißt es, Stärke zeigen und gerüstet sein. Ich traue ihm nicht, wenn er zu Euch von Bruder spricht. ›*Lupus pilum mutat non mentem.*‹ Der Wolf ändert das Haar, aber nicht den Sinn. Wir kämpfen für eine gute Sache und können deshalb mit des Himmels Unterstützung rechnen.« Diese Worte klangen in Karls Ohren wie Himmelstöne. »Ihr sagt die Wahrheit, mein Freund. Wir brauchen eine gut gerüstete Armee, eine starke Artillerie. Dafür kann keine Kriegssteuer zu hoch sein«, legte Karl das Gehörte aus, wie er es verstehen wollte. Oliver de la Marche bereute schon, dass er den Herzog mit seinen Worten so angestachelt hatte, und versuchte, ihn wieder etwas besonnener zu stimmen: »Hoher Fürst, so erstrebenswert Eure Ziele sind, wir müssen aufpassen, dass die Abgaben Eure Bürger nicht erdrücken. Seit 1466 belaufen sich die jährlichen Belastungen allein in Flandern auf 157.000 Pfund. Das ist bei weitem mehr als in den letzten 10 Regentschaftsjahren Eures Vaters zusammen gesehen.« »Mein Vater wollte auch nicht das stärkste Heer Europas zum Schutze seiner Bürger haben«, konterte der Herzog trotzig. Der zweite Vertraute des Herzogs, Guillaume Clugny, hegte die gleichen Befürchtungen wie de la Marche. Er war für die tägliche Geldversorgung seines Herrn zuständig. Schon die Summe, die für die militärische Aktion gegen Lüttich aufgewendet werden musste, belief sich auf 140.000 Pfund. Solche außerordentlichen Beträge stiegen von Jahr zu Jahr an. Doch der Edelmann beschloss zu schweigen, zu aufgewühlt erschien ihm sein Herr. Pieter konnte dem Wortwechsel der Männer vor

Staunen kaum folgen. Die Feindseligkeit gegen König Ludwig strömte den Anwesenden aus allen Poren. Das erkannte er erschreckt. Dabei galt doch immer noch der Friedensvertrag von Péronne! Keiner im Saal nahm nochmals das Wort. Doch in einigen Köpfen wuchsen nach des Herzogs Fazit die Sorgen um die Zukunft beträchtlich. Steuern und Abgaben waren wirklich schon hoch genug. Die großen Städte stöhnten und murrten bereits. Doch irgendwie mussten die Edlen ihrem Herzog auch recht geben. König Ludwig war kein Friedenskönig! Burgund musste gegen ihn gerüstet sein. Am Ende der Zusammenkunft kündigte Herzog Karl für den Abend ein großes Abschiedsessen an. Seine Frau und seine Tochter Maria wollten am nächsten Morgen nach Gent abreisen. Der Téméraire hatte dafür von seinem Küchenchef das Beste eingefordert. Der hatte sich etwas Besonderes ausgedacht. Es würde neben vielen Köstlichkeiten einen Pfau mit einer Farce aus haschiertem Schweinefleisch geben sowie golden gebratene Kapaune mit Zimt und Muskat in untergehobenem Eischnee. Die Vorbereitungen waren schon angelaufen. Der königliche Vogel war bereits gekocht und gebraten. Gerade wurde er auf eine große Holzplatte gelegt und von geschickten Händen wieder mit seinem Federkleid versehen. Seinen langen Hals hielt ein Eisenspieß von innen aufrecht, so dass er äußerst lebendig wirkte. Das Fest verlief in bester Stimmung, und am nächsten Tag reisten die Edelfrauen in aller Frühe ab. Pieter bekam Herzogin Margarete nicht mehr zu Gesicht.

Endlich brachte ein Kurier die erste Nachricht von Anna aus Brügge mit. Pieter begab sich mit ihr in sein Zimmer. Er wollte sie alleine lesen. Beim Licht der Lampe verschlang er Annas Zeilen. Die folgenden Worte berührten ihn besonders:

Mein Vater ist ständig in Sorge, sein und auch unser Vermögen zu mehren. Viele Schiffe vor unserer Küste werden aber gekapert und ausgeraubt. Auch wenn die meisten Waren, die wir auf ihnen haben, versichert sind, geht dies nie ganz ohne Schaden ab. Ich selbst muss immer wieder an die vielen tüchtigen Menschen denken, denen dabei Böses zustößt. Gott sei ihren armen Seelen gnädig! Ich würde mit frohem Herzen all unseren Besitz den Bedürftigen vermachen, wenn Du dafür nur wieder bei mir wärst. Dabei sage ich mir: Wer viel hat, wird nur viel hinterlassen, weil er ja nichts mitnehmen kann.

Erleichtert las Pieter, dass ihre Schwangerschaft noch immer gut verlief. Sein Herz war voll zärtlicher Gefühle, als er ihr seine Antwort schrieb:

Meine Liebste,
ich erhielt heute Deinen Brief und las ihn mit Freuden. Es macht mich froh und traurig zugleich, wie sehr Du mich vermisst. Doch ich kann meinem größten Wunsch nicht folgen und einfach zu Dir eilen. Der Mensch denkt, Gott lenkt! Manchmal muss man weitertanzen und kann nicht mitten im Stück aufhören. Höhere Pflichten gebieten das. Dass Du wohlauf bist mit unserem Kind im Leib, macht mich glücklich. Ich bin stolz und neugierig auf das, was nun gedeiht, weniger auf meinen Anteil daran. Dir gebührt die größere Bewunderung, bist Du es doch, die unsere wertvolle Last nun monatelang mit sich tragen muss! Halte es mit unserem heimischen Sprichwort: ›Plag Dich noch ein wenig, dann wird es ein Junge!‹ So hast Du es ja selbst vorausgesagt. Gott möge Dich schützen und behüten. Meine Gedanken sind ständig bei Dir.
In großer Liebe, Pieter.

Die nächsten Wochen gingen ins Land, ohne dass sich Großes ereignete. Pieter lernte Herzog Karls spartanische Lebensführung kennen. Der Fürst arbeitete viele Stunden am Tag. Außerdem zeigte er eine bewundernswerte Frömmigkeit. Er nahm mindestens zweimal täglich am Gottesdienst teil und zog sich noch allein zum Beten zurück. Oft lag in seinem Zimmer sein persönliches Gebetbuch auf dem Tisch. Seine besondere Liebe galt der Mutter Gottes. Das Bildnis der Madonna mit dem Jesuskind auf dem Arm vor dem Hintergrund einer reichen burgundischen Stadt lag meistens aufgeschlagen. Nach einer Woche am Hof erhielt Pieter seine erste Aufgabe als Bewährungsprobe. Er musste für den Herzog eine Grußadresse an dessen Schwager Edward aufsetzen und in Englisch übertragen. Herzog Karl, der die Sprache selbst gut beherrschte, zeigte sich mit Pieters Arbeit zufrieden. Pieter lernte dabei das diplomatische Geschick des Fürsten bewundern. Der Herzog beschwor gegenüber König Edward Bündnistreue, vorrangig gegen Frankreich, aber auch gegen innere englische Feinde. Er behauptete, zur Hilfe gegen Richard Neville liebend gerne bereit gewesen zu sein. Dank Gottes Hilfe ist das aber nicht notwendig geworden, fügte er hinzu und war in Wirklichkeit äußerst froh darüber. Wer nichts geben will, verspricht alles, dachte Pieter bei sich. Er wusste, dass der Herzog für seinen Schwager keine Hand gerührt hätte, und das in seiner eigenen, prekären Lage auch gar nicht gekonnt hatte. Zu seines Schwagers Beruhigung verwies der Herzog noch auf den Dreierbund zwischen England, Aragón und Burgund, der gedieh und sich nun in den stärksten Stürmen bewähren müsse. Ein Schritt in die richtige Richtung war schon getan. Mit Gesandten Johanns II. von Aragón war unlängst ein Beistandspakt unterzeichnet worden. Pieter versäumte nicht, die herzoglichen Gedanken noch am gleichen Abend Herzogin Margarete mitzuteilen und mit eigenen Worten optimistisch zu begleiten.

Euer Gatte zwingt allen, denen es vergönnt ist, ihn zu sehen, ehrfurchtsvolle Scheu ab, schrieb er ihr voll Überzeugung. Noch einmal zitierte ihn der Herzog in den nächsten Tagen in seine Nähe. Auch dieses Mal hatte der Fürst ein Anliegen. »Spielt Ihr Schach?«, wandte er sich spontan an ihn. Pieter konnte dies guten Herzens bejahen. Sir William hatte ihm das königliche Spiel nicht nur beigebracht, sondern ihn dabei auch oft genug hart gefordert. »Dann haltet Euch diesen Abend bereit. Ich hoffe für Euch und für mich, Ihr beherrscht das Spiel so gut wie die englische Sprache.« Pieter war das Lob für seine Sprachgewandtheit nicht entgangen. Seigneur de la Marche, der dabeistand, teilte Pieters Freude über die Belobigung. Er warnte ihn jedoch gehörig vor dem kommenden Abend: »Der Herzog ist ein hervorragender Schachspieler. Ihr werdet schon sehen.« Als Pieter zu vorgerückter Stunde bei seinem Herrn vorsprach, hielt sich der Fürst nicht lange mit Vorreden auf. Bald saßen die Männer in Gedanken vertieft am prächtigen Brett. Es war aus Gold, Silber und Emaille gearbeitet und mit Edelsteinen und Perlen eingefasst. Die Figuren waren aus Bergkristall und Rauchtopas geschnitten. So ein herrliches Spiel hatte Pieter noch nie gesehen. Schnell herrschte zwischen den beiden Spielern so tiefe Stille, dass man sie fast fühlen konnte. Der Duc bedachte mit konzentriertem Schweigen seinen nächsten Zug. Pieter beobachtete ihn aufmerksam dabei. Schließlich nahm der Fürst den Springer in seine beringte Rechte und zog ihn als Schutzschild vor seine Dame. Ich muss mich verteidigen, bin nicht auf der Siegerstraße, wie im richtigen Leben, dachte er zerknirscht. Die Schlacht der Gedanken zog sich noch eine Kerzenlänge hin. Die beiden Männer schenkten sich nichts. Die Partie endete remis. Für Pieter war das ein Gewinn. Ich sammle durch mein bewiesenes Geschick sicher weitere Pluspunkte, dachte er und erwartete ein Lob. »Im Kaiserreich China hätte ein Remis nicht passieren dürfen«, sagte der Herzog stattdessen für Pieter unerwartet. »Als einst ein Sklave beim Spiel für ein Remis das Pferd des Erhabenen schlug und darüber frohlockte, wurde er augenblicklich hinausgeschafft und zu Tode geprügelt.« Pieter sah den Fürsten entgeistert an und wusste nicht, wie er reagieren sollte. Das nötigte dem Herzog ein Lachen ab. »Das Spiel mit Euch hat mir Freude gemacht«, lenkte er ein. »Es zeigte mir genauso wie Euer Brief an meine Gemahlin, dass Ihr denken könnt. Sie hat mir schon davon berichtete. Ich habe in einer Hofordonnanz mein Privatgemach als privilegierte Orte des Zugangs zu mir festgelegt. Seht es als einen Gunstbeweis an, dort künftig geduldet zu sein. Ihr seid von nun an zu meinem Levée geladen und dürft an der Morgenmesse in meinem Oratorium teilnehmen. Bei Problemen und Fragen wendet Euch an meinen Türhüter Heinrich von Antwerpen, meinen portugiesischen Arzt Lupo oder meinen Sekretär Jean Coulon«, verabschiedete ihn der Fürst leutselig. Pieter fand vor Stolz nicht einmal Worte des Dankes für diese Auszeichnung. Er ging mit einer tiefen Verbeugung rücklings aus dem Raum und hastete in seine Kammer.

10

In Brügge näherte sich der Tag, an dem Anna niederkommen sollte. Wann immer möglich, war ihre Mutter Katharina um sie. Annas größte Stütze war jedoch die Begine Marguérite, die schon Peters Amme gewesen war. Sie war zwar nicht mehr kräftig genug, um selbst im Haushalt Hand anzulegen, aber sie kommandierte ihn für die Schwangere mit fester Hand. Ihr Haar war inzwischen schlohweiß geworden und ihr Blick ein wenig müde. Für den Tag der Geburt hatte sie eine kräftige, junge Hebamme ausgesucht, die ihr Vertrauen genoss. Am 28. Februar 1470 musste die Hebamme Johanna herbeigerufen werden. Bei Anna hatten die Wehen eingesetzt. Die Schwangere kämpfte auf dem Kindsbett mehr als zwei Stunden wie eine Löwin. Sie presste nach den Weisungen der Amme, doch nichts geschah. Langsam begann die sich Sorgen zu machen. Lag das Kind falsch? Noch einmal holte Anna das Letzte aus sich heraus, und dieses Mal hatte sie Erfolg. Nach einer neuerlichen Presswehe flüsterte die Hebamme aufgeregt: »Mein Gott, ich kann ein Stück seines Köpfchens sehen. Es liegt richtig. Alles wird gut!« Trotz der Geburtsschmerzen rang sich die Wöchnerin ein Lächeln ab und sah zu Marguérite hin, die ihr die ganze Zeit die Hand gehalten hatte. Dann fühlte sie plötzlich, dass Johanna sich zwischen ihren Beinen zu schaffen machte. Die Hebamme hatte die Ärmel hochgekrempelt und sich hingekniet. Ihre roten, abgearbeiteten Hände hatten das Köpfchen umschlossen und halfen bei der nächsten Wehe mit leichtem Ziehen nach. So flutschte das Kind mit einem Schwall von Schleim und Blut auf das Leintuch. »Ein Junge«, rief Johanna nach erster Inspektion. Sie reinigte mit einem Tuch ganz vorsichtig Mund und Nase des Kindes, fasste es an den Beinen und hielt es kopfüber in die Luft. Mit einem Klaps auf den Po entlockte sie ihm den ersten Schrei. Sie legte den Säugling wieder hin und durchtrennte beherzt die Nabelschnur. Als der Kleine gesäubert und warm eingepackt war, gab ihn Johanna in die Arme der überglücklichen Mutter. »Mein Glück wäre vollkommen, wenn Pieter jetzt hier wäre«, flüsterte die zu Marguérite. »Man kann nicht alles haben«, tröstete sie die Alte. Der Junge gedieh prächtig. Recht bald musste er nach christlicher Sitte getauft werden. Auch dieses Mal konnte Pieter nicht dabei sein. Anna beschloss, ihren Sohn Cornelis zu nennen im Gedenken an Pieters verstorbenen Vater. Ihr eigener Vater grollte zunächst ein wenig über dieses Vorhaben, war doch Cornelis zu Lebzeiten sein größter Widersacher gewesen. Schließlich siegte ein weiteres Mal seine Großzügigkeit und Vaterliebe. Er hielt mit Stolz den kleinen Mann über das Taufbecken. »Ich hätte nie gedacht, einmal Cornelis in den Armen zu halten«, schmunzelte er mit der Welt versöhnt. Von Pieter war bis zu diesem Tag noch nicht einmal eine Reaktion auf die Geburt seines Sohnes eingetroffen!

Das schöne Ereignis in Brügge wurde bald von schlechten Nachrichten aus der Welt der Mächtigen getrübt. Auch der Earl of Warwick hatte Freunde. Mit deren Hilfe gelang ihm im März 1470 die Flucht aus seiner Gefangenschaft im Londoner Tower. Der Rebell setzte sich nach Frankreich ab, wo er auf König Ludwigs Hilfe hoffte. In Calais, hier war er lange Zeit Gouverneur gewesen, empfing ihn dieses Mal feindlicher Geschützdonner seiner britischen Landsleute. König Ludwig verweigerte ihm zunächst ein Treffen. Der König hatte genug damit zu tun, Herzog Karl zu beschwichtigen. Der Duc verlangte nämlich von ihm, gegen Warwick unverzüglich vorzugehen, und drohte mit heftigen Sanktionen, wenn das nicht geschähe. König Ludwig versprach einzuschreiten, ließ aber seinen Worten keine Taten folgen. Rasend vor Wut blockierte der Herzog daraufhin mit seinen Schiffen die Seinemündung …

König Ludwig erkannte bald, dass er den Herzog nicht mehr lange hinhalten konnte. Er ersann neue Ränke gegen ihn. Ein wichtiges Ereignis spielte ihm dabei in die Hände. Im Juni wurde ihm Karl VIII. als Sohn geboren. Die Ungewissheit der Thronfolge nach seinem Ableben hatte endlich ein Ende. Herzog Karl hatte immer darauf gehofft, Ludwigs schwachen Bruder dereinst im Kampf um die Krone ausstechen zu können. Der Burgunder musste sich nun von diesem Traum verabschieden. So motiviert und ermutigt empfing der König im Juni doch noch Sir Warwick. Die beiden Männer trafen sich in Amboise. König Ludwig kam auf eine alte Idee zurück. Er wollte Neville und Margarete von Anjou aussöhnen und zu Verbündeten machen. Das war nicht leicht. Sie standen sich als unerbittliche Feinde gegenüber. Margarete, die Gemahlin des abgesetzten englischen Königs Heinrich, war voller Hass auf den Earl. Der hatte schließlich ihren Mann entthront und in den Tower geworfen und sie verdankte ihm ihr schmähliches Asyl in Frankreich. Am 22. Juli gelang König Ludwig in Angres das scheinbar Unmögliche. Er schaffte Frieden zwischen den beiden Todfeinden. Die verbitterte Edelfrau ließ Neville zwar lange auf Knien vor sich schmoren, doch dann vergab sie ihm. In ihr siegte die Vernunft. Nur mit dessen Hilfe sah sie eine realistische Chance, ihren Heinrich freizubekommen und als alte und neue Königin nach England zurückzukehren. Als Zeichen des eingegangenen Zweckbündnisses wurden Sir Warwicks Tochter Anne Neville und Edward Prinz von Wales, Herzogin Margaretes einziger Sohn, in der Kathedrale von Angres getraut. Die Vermählung erfolgte in dem prächtigen Gotteshaus unter Beisein des Königs und zahlreicher hoher französischer Adeliger. Der Großvikar von Bayeux nahm das Eheversprechen entgegen. Sir Warwick hatte sein Ziel erreicht! Er gedachte nun wieder hinter König Heinrich Englands Geschicke zu leiten! Später würde dann seine Tochter sogar als König Edwards Gemahlin Königin von England werden! Er hatte sich allerdings mit diesem Bündnis einen neuen Feind gemacht. Seinem zweiten Schwiegersohn, dem Herzog von Clarence, war schnell klar geworden, dass er bei dieser Entwicklung nie den englischen Thron besteigen würde! Sir Warwick hatte die Pferde gewechselt!

Für Herzog Karl verdüsterten sich die Aussichten, mit dem Deutschen Reich einig zu werden. Herzog Sigmund unterrichtete über die Reaktion des Kaisers auf das Begehren des Burgunders, baldmöglichst ein römisches Königtum zu erwerben. – Kaiser Friedrich hatte dies brüsk abgelehnt. Er sah sich ohne Zustimmung der Kurfürsten und Fürsten des Reichs außer Stande, den Herzog als König einzusetzen oder ihn sogar für die Zeit nach seinem Ableben zu seinem Nachfolger zu bestimmen. Das kam schon deshalb nicht infrage, weil es den Rechten seines eigenen Sohnes Maximilian entgegenstand. Da nutzte auch die Hilfsbereitschaft des Grafen Johann von Nassau nicht, der dem Duc Briefe seines Onkels, des Erzbischofs von Mainz, nach Hesdin überbrachte, die dessen Unterstützung für Karls Traum versprachen. Zu dieser Entwicklung gesellte sich aber auch etwas Erfreuliches: Herzog Karl erhielt im September von Papst Paul II. die Aufforderung, im Streit von Geldern tätig zu werden. Er sollte Herzog Adolf zur Freilassung seines Vaters bewegen. Dem Herzog kam für eine Intervention zupass, dass auch noch Johann von Kleve dem jungen Adolf den Bruch der von Karl im Juli verordneten Waffenruhe zwischen Geldern und Kleve vorwarf. Nun hatte der Burgunderfürst zwei ehrenwerte Gründe, Adolf vor seinen Hof nach Hesdin zu zitieren, um ihn zu kujonieren. Er wollte sich als Hüter der Gerechtigkeit feiern lassen. Ein Künstler aus Montpellier malte ihn unter einem Kruzifix und fügte die Inschrift hinzu: »*Justicia a terris dudum eiecta recessi. Ab Karolo nuper duce vocata veni.*« Gerechtigkeit, lange schon von der Erde vertrieben habe ich mich entfernt. Nun aber von Herzog Karl gerufen, kehre ich zurück!

11

Lord Warwick ließ Herzog Karl wenig Zeit für ungetrübte Freude. Am 9. September setzte er von König Ludwig mit Geld, Lebensmitteln und Schiffen versehen Segel, und vier Tage später landeten seine Schiffe in Dartmouth und Plymouth. Seine Invasion war erfolgreich. In einer stürmischen Nacht überraschte sein mächtig angewachsenes Heer König Edwards Feldlager. Dessen Truppen waren schlaftrunken und überhaupt nicht für eine Schlacht gerüstet. Sie wurden gnadenlos aufgerieben. König Edward blieb nichts anderes übrig, als mit den wenigen verbliebenen Getreuen zu fliehen. Sein jüngerer Bruder Richard war an seiner Seite. So blieben Sir Warwicks Gegner führerlos, und schnell bekam der ganz England unter seine Kontrolle.

Für König Edward fand sich in der Heimat keine sichere Bleibe mehr. Mit seinem kleinen Hofstaat floh er auf einem Fischerboot über den Kanal in das Land seines Schwagers. Im Hafen von Alkmaar kamen die Flüchtlinge völlig erschöpft an Land. Herzog Karl reagierte ungehalten, als man ihm diese Hiobsbotschaft überbrachte. Er hatte so schon genug Sorgen. Der Ausrüstungsstand seiner Truppen hatte sich während der langen Blockade der Seinemündung erheblich verschlechtert. Die Versorgung der Soldaten war nicht mehr gesichert. Der Téméraire war nach unruhigem Schlaf erwacht und nun mit Gott und sich allein in der Kapelle. Das Kirchlein lag im Halbdunkel und strömte ungastliche Kälte aus. Es war ganz still. Das plötzliche Morgentschilpen eines Sperlings hörte sich hinter den Bleiglasfenstern deshalb wie Höllenlärm an. Nur die flackernden Aureolen der Altarkerzen spendeten spärliches Licht. Die bunten Glasfenster waren noch schwarz und dicht in der Dämmerung des frühen Morgens. Der Herzog kniete auf einem Samtkissen und betete vor dem

Kreuz des Gottessohnes und dem Bildnis des heiligen Sankt Andreas, dem Schutzpatron Burgunds. Die Wangen des Duc waren von den vielen Strapazen der letzten Wochen eingefallen, die Lippen geschlossen, und sein Atem ging flach:

»*Domine, exaudi orationem meam. Princeps gloriosissime caelestis militiae defende nos in praelio et colluctatione. Ecce Crucem Domini. Fugite partes adversae!*«

Herr, erhöre mein Gebet. Fürst des himmlischen Heeres verteidige uns im Kampf und Streit. Seht das Kreuz des Herrn. Flieht ihr widerlichen Scharen.

Aber Gott war ihm dieses Mal nicht gnädig. Das Wetter wurde zunehmend unwirsch. Stürme zogen auf. Am 16. September fuhren orkanartige Böen über die Seinemündung. Es regnete ununterbrochen. Bald waren die Zeltplanen des Heerlagers völlig durchweicht. Es tropfte in den Zelten auf die gekrümmten Schultern der Söldner. Wie Nadelstiche bohrte sich die Kälte mit jedem Tropfen durch die wattierten Jacken. Sie verstärkte das Frösteln und hielt die Männer vom Einschlafen ab. Dabei brauchten sie zur Erholung dringend eine Mütze voll Schlaf. Ihre Ration Branntwein hatten sie längst ausgetrunken. Sie konnten sich ihr Elend nicht einmal schönsaufen. Herzog Karl kam zu dem Schluss, dass er sich nur selbst noch helfen konnte. Die Blockade musste wohl oder übel abgebrochen werden! Das scheußliche Wetter, seine erschöpften Soldaten und fehlende Vorräte standen einem erfolgreichen Ende der Strafaktion entgegen. Sir Warwick machte inzwischen den schwachsinnigen Heinrich ganz gegen seine frühere Überzeugung wieder zum König. Er befreite ihn am 6. Oktober aus dem Tower, wo er im Wakefield Turm wie ein Mönch gelebt hatte. Im Gegensatz zu seiner Frau Margarete war Heinrich sehr gealtert. Seine Haut war von der Kerkerluft blass geworden und seine Augen abgestumpft und den hellen Sonnenschein nicht mehr gewöhnt. Margarete von Anjou blieb mit ihrem Sohn noch in Frankreich, konnte aber zu ihrer Befriedigung endlich wieder die lang vermisste Würde einer inthronisierten Herrscherin und ein Leben in Saus und Braus genießen. Sir Warwick dachte bereits weiter. Er wollte seine eigene Macht ausbauen und versuchte König Ludwig davon zu überzeugen, mit ihm zusammen in Burgund einzufallen.

Er prophezeite gemeinsam mit dem französischen Heer einen schnellen Sieg und forderte zum Dank für seine Hilfe die burgundischen Ländereien Zeeland und Holland. Der Duc trieb inzwischen die vom Papst übertragenen Aufgaben in Geldern voran. Schloss Hesdin wurde zum Treffpunkt für unerfreuliche Verhandlungen zwischen Herzog Karl und Herzog Adolf von Geldern. Der war am 21. Oktober mit 60 Begleitern im Schloss eingetroffen. Der Herzog von Somerset und der Graf von Romont empfingen ihn auf Karls Geheiß und überbrachten ihm die Zusage, der Duc würde ihn wie einen Bruder behandeln. Als die Verhandlungen nicht so verliefen, wie Karl es sich wünschte, setzte der sich ohne Zögern über diese Zusage hinweg. Herzog Adolf wurde an der Abreise gehindert und sein Gefangener!

Der abgesetzte König Edward war inzwischen in Brügge angelangt. Er wurde durch Herrn von Gruuthuse, Herzog Karls Gouverneur, von Holland aufgenommen. Dass König Edward Brügge zur Stadt seines Exils wählte, wurde für Pieter zum glücklichen Umstand. Herzogin Margarete überzeugte ihren Gatten, Pieter ihrem Bruder zur Seite zu stellen. Das Plazet des Grand-Duc ließ ein Karussell von Glücksgefühlen in Pieters Kopf rotieren. Ich darf zu Anna. In gut einer Woche werden wir wieder zusammen sein. Wie sehnte er sich nach den Windmühlen, den Kanälen und flachen Wiesen, am meisten jedoch nach seiner Frau und dem Kind! Schnell war das Nötigste gepackt. Er wollte nicht eine Stunde versäumen und bald seine Lieben sehen. Deren waren es inzwischen ja zwei: Anna und Cornelis! Pieter machte sich vor Tau und Tag auf den Weg. Seine Rückreise wurde beschwerlich. Das Wetter war schlecht, es regnete heftig und wilde Herbststürme tobten. Die ersten Etappen fuhr er noch mit der Kutsche. Die Straßen waren vom Dauerregen aufgeweicht. Ständig blieben die Räder des schweren Gefährts im Morast stecken. Langsam wurde Pieter ungeduldig. Die Fahrt dauerte einfach zu lang. An der nächsten Station wählte er ein gutes Pferd für sich aus. Er hoffte, auf ihm schneller voranzukommen. Er musste bei seinem Entschluss an einen Satz seines verstorbenen Vaters denken: »Auf einem schaukelnden Pferderücken ist es viel unangenehmer als auf einem schaukelnden Schiff!« Die schlingernden Bewegungen eines Schiffes kannte Pieter nicht, aber die eines Pferdes sollte er nun wieder leidvoll erfahren! Das scheußliche Wetter zwang ihn, bei der nächsten Kate anzuhalten und um Nachtquartier nachzusuchen. Das fiel ihm nicht leicht. Es stank aus dem Haus bestialisch nach verdorbener Molke. Als Flame wusste er, dass hier tüchtige Hände nach altem Hausrezept Leinenstücke einweichten, um sie zu bleichen. Er wischte sich die tropfende Nase am Ärmel ab und beeilte sich, zum Haus zu kommen. Der Empfang war nicht unfreundlich, doch der Gestank, der Pieter entgegenschlug, vergrätzte seinen Magen so sehr, dass er die ihm dargebotene Abendspeise liegen ließ. Schnell verabschiedete er sich in den Stall. Er bereitete sich im Stroh ein Lager, rollte sich zusammen und schlief sofort ein. Das Dach war nicht dicht, und es tropfte durch. Die Luft blieb trotz der wärmenden Ausdünstung der Tiere klamm und kalt. Es wurde eine scheußliche Nacht. Obwohl Pieter sich gut in seine Decke eingedreht hatte, erwachte er vor Kälte zitternd schon früh vor dem Morgengrauen. Er konnte nicht mehr einschlafen und wartete ungeduldig auf den ersten Hahnenschrei. Endlich hörte er Geräusche aus dem Haus. Seine Wirtsleute waren aufgestanden. Er wusch sein Gesicht am Brunnen im Hof, aß noch hastig in der Küche einen heißen Haferbrei, zahlte seinen Obolus und verabschiedete sich in Eile. Heftig trieb er sein Pferd an. Er wollte nur noch schnell nachhause! Plötzlich rumorte es am Himmel, zunächst noch ganz leise. Es zog ein Gewitter auf! Flammende Keile zuckten über das Firmament. Das Unwetter war noch fern, das Grollen des Donners noch schwach, kam erst viel später als die Blitze. »Dort muss ich hin«, dachte Pieter verzweifelt. Aber er ritt ohne zu zögern in das Unwetter hinein. Nach einer halben Stunde ließ das Unwetter nach. Die Landschaft wurde ihm vertrauter. Er erkannte, dass er sich höchstens noch eine Wegstunde vor Brügge befand. Als das Straßenpflaster Brügges unter den Hufen des Pferdes klang, schlug sein Herz vor Freude. »Endlich zu Hause!« Er war heilfroh, als er durch das heimatliche Tor einbog.

Schnell wurde Pieters Ankunft im Hause bemerkt. Anna, die in ihrem Zimmer beim Sticken gesessen hatte, jubelte auf, ließ Tuch und Nadel fallen und rannte die Stiege hinab. Sie schlüpfte nur in ihre Schuhe, nahm sich nicht einmal Zeit, etwas überzuziehen, und flog nach draußen in die Kälte. Sie sah Pieters Umriss gegen das Licht der Laterne, rannte auf ihn zu, und dann hing sie ihm schon am Hals. Ein Glücksgefühl durchströmte den müden Reiter! Er drückte seine Frau fest an sich und flüsterte ihr neckisch ins Ohr: »Nanu, ist meine kleine Frau zu jedem Mann, der nachts im Dunklen an ihrer Tür klopft, so stürmisch?« Sie lachte hell auf und antwortete vergnügt: »Lass diese Scherze, küss mich lieber!« Er tat es sofort. Pieter war noch längst nicht wunschlos glücklich. »Nun möchte ich meinen Sohn sehen«, rief er erwartungsfroh. »Der Kleine schläft schon, wir können ihn nicht mehr stören«, protestierte Anna. Doch dann nahm sie Pieters Hand und führte ihn die Treppe hinauf. »Aber sei leise«, mahnte sie ihn. Endlich sah er den Kleinen, wie er friedlich schlief. Ein pausbäckiges Flamenköpfchen mit hellblondem Haar lugte unter der Bettdecke hervor und machte von Zeit zu Zeit kleine schmatzende Tönchen. »Morgen wirst du sehen, welch schöne blaue Augen er hat. Die strömen eine Frische aus, wie sonst nur unsere würzige Seeluft«, schwärmte Anna voll Mutterstolz. Pieter sah seine Frau liebevoll an und ergänzte: »Und ich werde ihn zum ersten Mal in meinen Armen halten und davon schon die ganze Nacht träumen!« Die Köchin war inzwischen fleißig gewesen. Im Esszimmer dampfte auf einem Zinnteller ein großes Stück kross gebratener Schweineschinken in dunkler Biersauce auf warmem Kraut. Daneben lag ein Kanten aufgebackenen Kümmelbrots. Duft von warmem Zimtwein schwebte in der Luft. Anna setzte sich ihrem Mann gegenüber und sah mit verliebten Augen zu, wie er hungrig zugriff. Als er fertig war, setzten sich beide eng umschlungen vor den lodernden Kamin. Dann waren seine Fragen an Anna nicht mehr aufzuhalten: »Nun musst du mir genau erzählen, was alles geschehen ist.« Anna erzählte bereitwillig und beantwortete ausführlich Pieters Fragen zur Geburt ihres Sohnes. »Nun aber zu dir«, meinte sie schließlich: »Deine Briefe waren zahlreich und sehr lieb, aber du hast mir gar nichts über deine Arbeit geschrieben. Du lebst doch im

Dunstkreis unseres Herrschers. Gibt es denn nichts Interessantes zu berichten?« Pieter antwortete fast mit einer Entschuldigung: »Ja, das stimmt, ich bin mit vielen wichtigen Dingen konfrontiert worden. Sie waren jedoch meist nicht sehr erfreulich, und ich wollte dich in deinem Zustand nicht mit ihnen belasten, das wirst du verstehen.« »Nun gibt es keinen Grund mehr, sie mir vorzuenthalten. Du weißt doch, alles, was du tust, lässt und erfährst, interessiert mich.« »Gerne sollst du es hören, doch vieles was ich dir erzählen kann, wird inzwischen auf der Straße geplappert. Du wirst es also kennen. Unser Herzog war mit allerlei Üblem beschäftigt. Es bedurfte meiner ganzen Konzentration, an seinen Beratungen teilzunehmen und darüber auch noch der Herzogin zu berichten. Herzog Karls sprichwörtliches Glück hat ihn zurzeit ein wenig verlassen. »*Conversa subito fortuna est.*« Gewendet hat sich plötzlich das Glück! Ludwig schmiedet immer neue Ränke gegen Burgund. Der Earl of Warwick hat in England alles auf den Kopf gestellt. Er hat unseren Verbündeten, König Edward, vertrieben. Du weißt, er ist jetzt hier in Brügge. Auf dem Thron sitzt nun wieder König Heinrich aus dem Hause Lancaster. Der ist ein Franzosenfreund und tut alles, was der Earl von ihm verlangt. Warwick sucht mit ihm und König Ludwig den Schulterschluss gegen unser Land. Es sieht aus, als würde ihm der gelingen. Burgund muss aufrüsten, aber des Herzogs Kassen sind leer. Wir haben endlos darüber debattiert, wie sie wieder gefüllt werden könnten. König Edwards Hiersein verdanke ich, dass ich nach Brügge zurückkehren durfte. Es war Herzogin Margaretes Wunsch, dass ich ihrem Bruder zu Diensten sein soll.« Anna küsste ihn herzhaft auf den Mund und folgerte richtig: »Dann hat die hässliche Geschichte ja doch noch etwas Gutes mit sich gebracht! Ich bin jedenfalls glücklich, dass du hier bist. König Edward soll ja noch lang Gast bei uns in Brügge bleiben! »*Quod Deus bene verdat.*« Gott möge es zum Guten wenden. Der beschwerliche Ritt, der gute Wein, das reichliche Essen und die Aufregung des Wiedersehens taten das ihre, und bald siegte die Bettschwere über ihr Sitzfleisch. Das Paar zog sich in die Schlafkammer zurück. Unter den warmen Daunen, eng umschlungen, erregten sich ihre Sinne noch einmal kurz. Sie liebten sich zärtlich, bevor ihnen die Augen endgültig zufielen.

Am nächsten Morgen wurden sie früh von ihrem Stammhalter geweckt. Cornelis krähte lustige Tönchen aus seiner Wiege. Pieter wusste bei diesen ungewohnten Lauten erst gar nicht, wo er sich befand. Anna eilte zur Wiege und nahm den kleinen Schatz auf ihre Arme. Sie hielt Pieter das strampelnde Paket strahlend entgegen. Unter der Bettenmütze schauten ihn zwei leuchtend blaue Augen forschend an. Anna hatte nicht übertrieben!

Cornelis zeigte keinerlei Scheu, und so drückte ihm Pieter ganz vorsichtig einen Kuss auf die Wange. Anna meldete sich zu Wort: »Ich werde Cornelis jetzt stillen und sauber machen. Dann können wir frühstücken. Wir haben den ganzen Tag für uns. Auf jeden Fall müssen wir bei meinen Eltern vorbeischauen!« Pieter unterbrach ihre Pläne behutsam: »Vergiss nicht, dass ich mich im Hause Gruuthuse zu Diensten König Edwards melden muss. Ich werde das heute Morgen tun. Was mir danach an freier Zeit verbleibt, werden wir sehen. Ich hoffe, ich werde dich nicht enttäuschen müssen.« Anna sah ein, Pieter hatte recht …

12

Nach dem Frühstück machte sich Pieter auf den Weg zum Hause Gruuthuse. Unter den Armen trug er ein gut verschnürtes Bündel. Es war das Geschenk Herzog Karls für den englischen König. Pieter hatte es die ganze Reise über sorgsam gehütet. Er hoffte, man würde ihn nicht sofort vorlassen, sondern auf einen späteren Termin vertrösten. Sollte das passieren, so wollte er schnell nachhause zurück. Aber es kam anders. König Edward nahm sich sofort Zeit für ihn.

Es war schon etwas Besonderes, einem König gegenüberzutreten, wenn der auch zurzeit ohne Reich auskommen musste. König Edward sollte einer der schönsten Fürsten Europas sein. Er galt als Schürzenjäger und Lebemann, der mit Trinkkumpanen heftig zu feiern wusste. Seine Kurtisane, von der man viel sprach, hieß Pfaffe Jane Shore und war die Ehefrau eines wohlhabenden Londoner Schnittwarenhändlers. Pieter blieb nicht viel Zeit, dies alles zu rekapitulieren. Ein Diener kam, um ihn abzuholen. Als er in den Empfangssalon trat, fand er den Herrscher nicht alleine vor. Ein weiterer Mann stand bei ihm, Edwards Bruder, doch der blieb stumm. Der König war schwerlich zu verkennen. Er stand neben einem hohen Sessel, leicht aufgestützt und schaute Pieter neugierig entgegen. Der Regent war prunkvoll gekleidet. Das goldene Stickwerk auf seinem Gewand glänzte im Morgenlicht.

Am meisten überraschte Pieter seine Größe. Er schätzte den König auf über 1,90 Meter. Pieter näherte sich ihm mit einer tiefen Verbeugung und blickte erst wieder auf, als König Edward ihn ansprach: »Nun, gibt es Neuigkeiten von meinem Schwager? Schwer stieß es mir auf, ihn und meine Schwester hier in Brügge nicht anzutreffen.« Pieter überlegte, wie er antworten sollte. Er beschloss, auf die unterschwellige Kritik des Königs gar nicht einzugehen. »Majestät«, setzte er an, »mein Herr ist stark beschäftigt in Eurer Sache. Er hat nichts unversucht gelassen, den Franzosenkönig zu zwingen, Earl Warwick an ihn auszuliefern. Doch König Ludwig zeigte ihm ein übers andere Mal die kalte Schulter und unterstützte Euren Feind. Mein Gebieter versuchte nun Frankreich zu bestrafen und blockierte trotz schlimmsten Wetters mit seinen Schiffen die Seinemündung. Doch lasst meinen Herrn, den Duc, mit eigenen Worten sprechen. Ich habe in meinen Händen eine Botschaft und ein Geschenk für Euch.« Die Züge des Königs hatten sich bei Pieters Bericht weiter verhärtet. »Ja, ja«, sprach er bitter vor sich hin, »nie hätte ich gedacht, dass Neville, mein eigener Cousin, mir das antun würde.« Dann unterbrach er seinen Redefluss und griff nach dem Paket, das Pieter ihm entgegenhielt. Er ging zum Tisch und begann es aufzuschnüren. Erstaunt hielt er eine Standarte in die Höhe und schaute Pieter fragend an. »Dieses Zeichen schmückte eines von Sir Warwicks Schiffen, bevor es Herzog Karls Soldaten aufbrachten. Der Duc schickt Euch die Beute als Beleg seiner Bündnistreue. Leider gelang es meinem Herrn trotz aller Mühen nicht, den Earl von der Rückkehr nach England abzuhalten.« Der König hatte zugehört und gleichzeitig das Siegel erbrochen, das die Nachricht seines Schwagers schützte. Nun wandte er sich dem Licht zu und begann aufmerksam zu lesen. Nachdem er fertig war, richtete er seinen Blick wieder auf den Besucher: »Nun, Ihr habt die Gedanken Eures Herrn richtig vorgetragen. Ihr scheint sein Vertrauen zu genießen, und was für mich mindestens genauso wichtig ist, die Gunst meiner Schwester. Seid mir willkommen und waltet in ihrem Sinne Eures Amtes. Ihr übernehmt ab sofort meinen sämtlichen Schriftverkehr mit Karl und meiner Schwester. Zeigt mir Eure Fähigkeiten und fertigt einen wohlgesetzten Dankesbrief an den Herzog. Die Standarte ist wirklich ein Zeichen seiner Treue. Ich möchte hier in Brügge nicht versauern. Gott hat mich zum Herrschen bestimmt. Ich möchte schnell zurück in mein Land!« Pieter sagte beflissen: »Majestät, das wird Euch sicher bald gelingen! Ein erfolgreicher Gegenschlag erfordert jedoch erhebliche Mittel. Mein Herr tüftelt an einer Finanzverfassung für seine Länder. Um die

Geldprobleme besser in den Griff zu bekommen, will er Transparenz aller Geldströme erreichen. Er hat schon ein Konzept entworfen mit strenger Trennung von Einnahmen und Ausgaben, unterteilt nach außerordentlichen und ordentlichen. Er zögerte nicht einmal, das ungeliebte Frankreich mit seinem zentralistischen Finanzsystem als Vorbild zu nehmen. Unser Gebieter verspricht sich baldigen Erfolg.« »Eure Worte tun mir wohl«, antwortete ihm der König. »Doch sputet Euch und tut, wie Euch geheißen. Ihr seid fürs Erste entlassen.« Pieter verbeugte sich und ging rückwärts auf die Türe zu. Der befohlene Brief würde ihn nicht lange in Anspruch nehmen. Danach blieb noch genug Zeit für seine Familie!

Johann de Worde arbeitete in seinem Kontor, als ein Dienstbote eintraf und ihm mitteilte, dass seine Tochter mit Ehemann Pieter und Söhnchen Cornelis am Nachmittag zu Besuch kommen würden. Ein Strahlen ging über sein Gesicht. Pieter war also nachhause zurückgekehrt! Johann de Worde antwortete dem Botenjungen: »Sag meiner Frau, dass ich komme.« Als er wieder alleine war, überschlugen sich seine Gedanken. Er musste sich zwingen, die Arbeit sinnvoll abzuschließen. Schließlich trug er allein die Verantwortung für die Geschäfte. Sie liefen für diese schweren Zeiten ganz leidlich. Pieter würde er nur Gutes berichten können. Manchmal machte ihm sein Alter zu schaffen. Die Kraft war nicht mehr wie früher vorhanden. Er hatte, Gott sei gedankt, gute Bedienstete, und sein Büroleiter nahm ihm vieles ab. Schon öfter hatte er daran gedacht, den Mann zum Kompagnon zu machen. Schließlich wandten sich seine Gedanken Anna und ihrer Familie zu. Herzog Karl und seine Gemahlin hatten dafür gesorgt, dass sich die frisch verwobenen Lebenslinien der beiden Jungverheirateten fürs Erste trennen mussten. Als Mijnheer Johann nachhause kam, waren die Kinder schon da. Seine Tochter strahlte, wie lange nicht mehr, und der kleine Cornelis krähte vergnügt. Als Pieter ihm dafür dankte, dass Anna ihrem Sohn den Namen Cornelis geben durfte, war er gerührt. »Cornelis und ich waren zwar Rivalen und uns niemals gut gewesen, aber natürlich hat die Pflicht der Kinder Vorrang, den Vater in ehrendem Gedächtnis zu halten«, grummelte er in seinen Bart, um die Rührung zu überspielen. Bald darauf waren die beiden Männer in angeregtem Gespräch vertieft. Mijnheer Johann erkannte rasch, wie viele Einblicke Pieter am Hofe in das politische Geschehen gewann. Politische Neuigkeiten zu erfahren, war gut für sein Geschäft. Besonders die Unruhen in Calais, dem wichtigsten Hauptverteilungsmarkt für englische Wolle, machten ihm schon lange Sorgen. Mit deren Import aus England verdiente er immer noch einen großen Teil ihres Geldes. So freute es ihn, von Pieter zu hören, dass dort bald eine Befriedung zu erwarten war. Als die Eheleute mit ihrem Sohn wieder in ihrem Haus angelangt waren, sagte Pieter aus tiefster Überzeugung: »Es ist wirklich schön, eine richtige Familie zu haben! Ich habe sie schon als Kind schrecklich vermisst und nun auch, als ich fort von dir war.« Annas Stimme drückte Zärtlichkeit aus, als sie Pieter antwortete: »Ich liebe dich für das, was du gerade gesagt hast. Müsste ich nicht unseren Kleinen versorgen, so ließe ich mich von dir sofort ins Schlafzimmer tragen!« Als Cornelis in seinem Bettchen lag, beeilten sich die beiden, unter die Daunendecken zu schlüpfen. Anna kuschelte sich fest an ihren Mann, roch seinen männlichen Duft und fühlte voll Lust seine Wärme. In dieser Nacht wurde ihr zweites Kind gezeugt!

König Edward zu Diensten zu sein, wurde für Pieter nicht allzu schwer. Edward gab sich mit kurzen Informationen zufrieden und hatte nur wenig Schreibarbeit für ihn. Er bevorzugte den Müßiggang und wurde seinem Ruf als Schürzenjäger und Schwerenöter auch in Brügge gerecht. Keine schöne Frau der Stadt war vor ihm sicher, und viele der jungen Dinger waren für eine Liebelei mit ihm gerne zu haben. »Wenn ich das so höre, wie ihr Männer euch fern von zu Hause benehmt, möcht ich dich gar nicht wieder weglassen«, beschwerte sich Anna, als ihr Pieter davon abends erzählte. König Edwards Bruder Richard war anders als der König und wollte über alle Entwicklungen genauestens Bescheid wissen. Er war seinem Bruder treu ergeben, hatte aber zwei Herzen in seiner Brust. Schließlich war er im Hause Warwicks aufgewachsen! Er hatte dort sogar dessen jüngere Tochter Anna lieben gelernt. Nun standen sich die früher eng verbundenen Familien unversöhnlich gegenüber.

Der Herbst war über das Land gekommen. Die typischen Nordseewolken ballten sich täglich wie Fäuste am Himmel zusammen. Regengüsse peitschten das platte Land, und auf Pieters wenigen Schritten zum Asyl des Königs zerrte der Wind an seinen Kleidern. Jeder Schritt vor die Tür war einer zu viel. An diesem Morgen musste Pieter bei König Edward mit einer schlimmen Nachricht vorstellig werden. Anfang November hatte Sir Warwick für König Heinrich einen Friedensvertrag mit Frankreich zu Stande gebracht. Für Herzog Karl wie auch für König Edward war dies ein schwerer Rückschlag. Die neue freundschaftliche Neutralität des bisherigen Gegners stärkte dem Franzosenkönig nun so den Rücken, dass der sich auf offene Feindseligkeiten mit Burgund einlassen konnte. König Ludwig warf dem Duc mit einmal vor, ihn erpresserisch gezwungen zu haben, den Vertrag von Péronne zu unterschreiben. Er beschuldigte ihn, diesen erzwungenen Frieden durch die Blockade der französischen Küste gebrochen zu haben. Er sah sich deshalb berechtigt, von allen Verpflichtungen aus dem Vertrag loszukommen, und ließ nach Zustimmung einer Notabelnversammlung in Tours Herzog Karls sämtliche Güter und Titel konfiszieren. Am 3. Dezember erklärte er im gleichen Atemzug Burgund sogar den Krieg. Er fand dafür Verbündete unter Herzog Karls ehemaligen Freunden. Graf von Saint Pol, jetzt Konnetabel von Frankreich, und Ludwigs Bruder sagten ihm Unterstützung zu. Der König nutzte nun jede Möglichkeit, den Burgunderfürsten zu brüskieren. So verbot er seinen Untertanen die Teilnahme an der Messe von Antwerpen. Er begann einen richtigen Wirtschaftskrieg gegen den Téméraire. König Edward schäumte vor Wut, als Pieter ihm das vortrug. Der abgesetzte englische König war voller Rachegelüste, doch ohne Herzog Karls Hilfe war er nur ein zahnloser Tiger. Seine Hilflosigkeit trieb ihn bald wieder dazu, seinen üblichen Lastern zu frönen. Burgund konnte im zu Ende gehenden Jahr aber auch einen Erfolg verbuchen: Am 4. Dezember teilte Herzog Johann von Kleve dem Duc mit, dass Herzog Adolf unter hartnäckigen Vorhaltungen nachgegeben und seinen Vater endlich freigelassen habe. Der alternde Arnold konnte das Christfest als freier Mann bei Herzog Karl auf Schloss Hesdin feiern! Die Tage bis zum Christfest standen für Pieter unter der Sorge, er könne vielleicht noch vor dem Fest an den Hof zurückgerufen werden. Es verdichteten sich nämlich die Gerüchte, dass kriegerische Auseinandersetzungen mit Frankreich und dem nun feindlichen England kurz bevorstünden. Sein »Gestellungsbefehl« kam auch wirklich vor Heiligabend, ließ ihm aber noch einige Tage mit seiner Familie. Herzogin Margarete wünschte sich Pieter wieder in der Nähe ihres Mannes. »*Per verbum nostrum, ex nostri nominis auctoritate.*« Auf unser Geheiß, mit dem Gewicht unseres Namens, schloss sie ihr Schreiben und ließ Pieter keine andere Wahl, als wieder Abschied zu nehmen. Am Abend des 24. Dezember gingen das Paar und Cornelis mit Annas Eltern in die heilige Messe. Die Frohe Botschaft, die der Pfarrer der Gemeinde verkündete, wollte sie nicht so recht begeistern. Zu nahe stand der Abschied bevor. Cornelis erlebte die Predigt auf Annas Arm schlafend. Die heranrückende Abreise seines Vaters erfasste er gar nicht.

An der Festtafel stocherten die Eheleute lustlos in der prächtig gebratenen Zwingans. Dabei war das ganze Haus so gemütlich mit Bratenduft erfüllt! Nur zweimal am Abend kam etwas Freude auf. Anna freute sich über Pieters Geschenk. Er hatte bei einem Händler ein goldschimmerndes Bernsteinherz erstanden, das von einem Hansekaufmann aus dem Ostseeraum mit nach Brügge gebracht worden war. Es leuchtete wunderschön im Kerzenschein und hatte zwei Einschlüsse, die selbst wie Herzen aussahen. »Das sind unsere beiden Herzen! Sie sind fest zusammen eingeschlossen, und nichts kann sie trennen«, flüsterte Pieter Anna erklärend zu. Noch größer war ihre Freude darüber, wie der kleine Cornelis erstmals die weihnachtliche Pracht mit großen Kinderaugen bestaunte. Anna schmolz hin vor Mutterliebe. Pieter verging vor Stolz über »seinen« Prachtsohn. Noch vor Silvester hieß es dann Abschied nehmen. Pieter ließ Anna in Tränen zurück mit einem völlig verstörten Cornelis auf den Armen. Der Kleine konnte sich die Tränen der Mutter gar nicht erklären. »Pieter, dieses Mal habe ich wirklich Angst um unser Kind. Mich plagen schon seit Tagen schlimme Träume. Ich habe mich so sehr daran gewöhnt, dass du um uns bist und uns beschützt.« »Schweig still, mein Herz! Ihr Frauen habt es doch so viel besser als wir. Ihr müsst euch nie Sorgen machen, dass wir Männer Kinder bekommen«, versuchte Pieter sie aufzumuntern.

13

Im Januar 1471 antwortete Herzog Karl endlich auf das Schreiben Sigmunds vom September des vorigen Jahres. Er nutzte den Umstand, dass sich Dietrich von Rumlang den Winter über am burgundischen Hof aufgehalten hatte, um das Heiratsprojekt zwischen Maximilian und Maria neu anzustoßen. Der Herzog gab Rumlang seine Antwort an Sigmund mit auf den Rückweg. Er zeigte sich dabei als glänzender Taktiker. An dem Vorschlag des Kaisers, ihn wenigstens zum König seiner eigenen Ländereien zu erheben, zeigte er sich scheinbar desinteressiert und erklärte die Heiratsverhandlung fürs Erste als gescheitert. Seine Zustimmung zu Marias Heirat mit Maximilian war aus seiner Sicht mindestens die römische Königswürde wert!

Die Freude Herzog Karls über die Freilassung Herzog Arnolds von Geldern war inzwischen schon wieder verpufft. Dessen Sohn Adolf verschloss sich nämlich halsstarrig jeder weiteren Vermittlung des Burgunderfürsten. Herzog Adolf schlug den Vorschlag aus, selbst zu regieren, aber seinem Vater auf Lebenszeit den Titel zu belassen und ihm die Nutzung von Grave und eine ausreichende Pension auszusetzen. Herzog Karl hielt Adolf daraufhin weiter an seinem Hof fest. Zu allem Unglück nahm der französische König direkt nach den Festtagen die Streitigkeiten mit Burgund wieder auf.

Anfang Januar machte König Ludwig sich trotz schwerster Wetterbedingungen auf den Weg zu seinen Truppen. Die standen bereits nahe der burgundischen Grenze. Er setzte sich rasch mit seinen Soldaten auf Herzog Karls Gebieten fest. Graf von Saint Pol erreichte sogar, dass Saint

Quentin Ludwigs Bewaffneten seine Stadttore öffnete. Damit hatte der König schon ohne jede Kampfmaßnahme die Hand auf eine der Sommestädte gelegt! Amiens, die Hauptstadt der Picardie, folgte dem Beispiel und schlug sich ebenfalls auf die Seite des Königs. Herzog Karl stand den feindlichen Übergriffen zunächst machtlos gegenüber. Seine Truppen waren von der Blockade der Seinemündung noch immer geschwächt und konnten den an Zahl überlegenen Soldaten Frankreichs nichts entgegensetzen. Doch überall im Lande waren schon Werber unterwegs, um seine Truppen aufzufüllen. Hauptleute in blitzendem Kürass stürmten mit ihren Leuten in die Gaststuben. Wehrfähige junge Männer wurden zusammengetrieben, damit sie zum Ruhme des burgundischen Reichs in den Kampf zögen. Das ging meist nicht ohne Gegenwehr ab. Das Volk war kriegsmüde. Doch die Lanzenreiter des Herzogs waren unerbittlich und schleiften gerade die Kerle davon, die sich am heftigsten sträubten und wehrten. »Die sind auch im Kampf wehrhaft«, meinten sie nur. Eine Möglichkeit gab es, den Werbern zu entkommen. Man konnte sich freikaufen. Mit zehn Pfund war der Bürgerpflicht Genüge getan. Aber wer von den Eingefangenen hatte schon so einen Batzen Geld? Bis tief in die Nächte debattierte der Herzog mit seinen Getreuen, wie man den Siegeszug König Ludwigs aufhalten könne, bis das burgundische Heer wieder kampfbereit war. Wilhelm van Maldeghen befand, dass man irgendetwas finden müsse, um König Ludwig zu verunsichern. »Der König ist schließlich als Zauderer bekannt. Irgendetwas muss es doch geben«, sinnierte der Edelmann laut. Oliver de la Marche dachte diesen Gedanken fort und wurde konkreter: »Es wäre schon viel gewonnen, wenn man König Ludwig einreden könnte, mit weiteren Aktionen zu warten, bis Sir Warwick mit seinem Heer zu ihm stößt.« »Das käme Ludwigs Sicherheitsstreben entgegen«, sah van Maldeghen seine Meinung bestätigt. »Das ist kein schlechter Gedanke«, befand der Herzog voll Eifer. »Jehan de Villiers, Eure Aufgabe soll es sein, diesen Ratschlag über einen unserer Agenten an Ludwigs Hof zu lancieren.« Oliver de la Marche wollte sich mit dieser Lösung noch nicht zufriedengeben: »Wir wissen alle, dass König Ludwig Angst vor offenen Kampfhandlungen hat. Er ist eher ein Mann der Intrige.« »Ja, eine richtig giftige Schlange«, wetterte der Duc. »Wir müssen etwas Bedrohliches erfinden, was ihn wieder mal nach einem Friedensvertrag schielen lässt.« »Dazu kommt mir die passende Idee: Saint Pol war einmal unser Mann, und König Ludwigs Bruder Karl war schon immer ein unsicherer Kantonist. Wir müssen Ludwig damit ängstigen, die beiden hegten Gelüste, wieder die Seite zu wechseln.« Der Duc war sofort Feuer und Flamme. Er übernahm diesen Plan als den eigenen und hatte sogar eine Idee, wie er vorgehen wollte: »Ich werde Ludwigs Bruder die Hand meiner Tochter Maria anbieten. Ich bin sicher, er wird darauf eingehen. Saint Pol wird ihm dann zuraten, mit mir zu paktieren.« Der Herzog wandte sich zufrieden an Pieter: »Ihr werdet schnellstens ein entsprechendes Schreiben aufsetzen!« Pieter nickte und wagte stockend, noch einen eigenen Gedanken beizusteuern: »Mein Fürst, ich sehe eine treffliche Möglichkeit, Eure Angebote noch zu verstärken. König Ludwig ist zurzeit nur so kühn, weil ihm aus England keine Gefahr mehr droht. Euer königlicher Schwager Edward wartet in Brügge schon lange ungeduldig darauf, diesen Zustand zu ändern. Gebt ihm die Mittel für Ausrüstung und Soldaten, und er wird alle Anstrengungen unternehmen, England für das Haus York zurückzuerobern. Wenn das gelänge, würde König Ludwig seine Hände mit Sicherheit nach jedem Friedensvorschlag strecken!« »Gut ausgedacht, mein junger Freund. Ihr geht bei Euren Ränkespielen so planvoll vor wie beim Schachspielen!«, lobte ihn Herzog Karl. Ein anerkennendes Lächeln glitt dabei über sein Gesicht. »Ihr wart viele Monate an Edwards Seite und ihm zu Diensten. So macht es Sinn, dass Ihr unsere Botschaft an ihn überbringt und ihn bei seinem Feldzug begleitet. Ich möchte nämlich über dessen Verlauf stets aus erster Hand unterrichtet sein.« Herzog Karl konnte so zwei Fliegen mit einer Klappe erschlagen. Pieter war zum einen ein bewährter Gesandter für England. Seine Wahl kam aber zum anderen auch der finanziellen Situation des Duc entgegen. Der Brügger war bürgerlich und konnte mit weit weniger Aufwand als ein Adeliger reisen! »Ich glaube, wir haben heute genug besprochen«, wandte sich Karl zufrieden an seine Räte. »Ich sehe die Lösung unserer Probleme vor mir. Wir sollten nichts kaputtreden! Van der Weyden, Ihr bleibt hier.

Wir werden die erforderlichen Botschaften gemeinsam aufsetzen. Es eilt!« Pieters Gesicht glühte vor Aufregung. Natürlich schielte er auch freudig auf die Chance, bald nach Brügge zu reisen! Ihre Botschaft an den Herzog von Guyenne hatte den gewünschten Erfolg. Ludwigs Bruder billigte Herzog Karls Vorschlag und war bereit, sich mit ihm zu verbünden. Eine Ehe mit Maria erschien ihm ein lohnenswerter Preis. Sein zustimmendes Antwortschreiben ließ der Duc König Ludwig zuspielen. Der alte Zauderer schluckte den Speck. Seine Ängste erwachten. Er akzeptierte eiligst einen dreimonatigen Waffenstillstand. Schmollend zog er sich an die Loire zurück. Pieter freute sich mit dem Herzog über den Erfolg. Kaum hatte Pieter seinen Landesherrn verlassen, traf den burgundischen Hof ein neues Missgeschick. Adolf von Geldern hatte es geschafft zu fliehen. Herzog Karl befahl, alles daranzusetzen, ihm wieder habhaft zu werden. Am 9. Februar hatte man Adolfs Flucht entdeckt. Schon einen Tag später wurde er in Namur wieder eingefangen. Ein Schiffer erkannte ihn beim Überqueren des Flusses. Dass sich Herzog Karl zu Recht Sorgen über Adolfs Zuverlässigkeit gemacht und in ihm eine Gefahr für Burgunds östliche Grenze gesehen hatte, fand nun seine Bestätigung. Herzog Karls Agenten fingen Briefe ab, die bewiesen, dass Adolf schon vor seinem Fluchtversuch Kontakt mit König Ludwig aufgenommen hatte. Er hatte den Franzosen ohne Umschweife um Hilfe gegen den Duc gebeten! Das bestärkte den erbosten Burgunder in seinem Entschluss, Adolf dauerhaft gefangen zu setzen. Die großen Städte␣Ehmanns und Burgund. Herzog Johann von Kleve versuchte zwischen den Städten und dem Téméraire zu vermitteln. Er stand dabei gleichzeitig Herzog Arnold in seinem Bemühen zur Seite, wieder an die Macht zurückzukehren. Herzog Karls Herrschaftspläne in Geldern waren ihm längst suspekt. Für den war eine friedliche Lösung in Geldern erkennbar nur noch mäßig interessant. Er heuchelte zwar Interesse an Herzog Johanns Vermittlung, hatte aber nur noch die eigene Macht im Sinn. Bald traf in Péronne eine Deputation der geldrischen Städte ein. Sie erreichte immerhin, dass der Duc zwischen Johann, Arnold und Adolf erneut einen Waffenstillstand anordnete. Als Gunstbeweis ließ der Herzog die Deputierten Adolf auf der Burg Lille in seinem Verließ besuchen. Er gab ihnen jedoch mit auf den Weg, dass er die Herrschaft in Geldern so lange selbst verwalten würde, bis dort wieder Ordnung herrschte. In Wirklichkeit sah er Geldern längst als sein Eigen an. Die Stadtvertreter glaubten ihm jedoch und zogen in der Hoffnung ab, die Freilassung ihres Fürsten irgendwie und -wann doch noch zu erreichen. Doch Herzog Karl erfüllte ihnen diese Hoffnung zu seinen Lebzeiten nicht mehr!

14

Pieters Reise verlief viel angenehmer als das letzte Mal. Er reiste schließlich als offizieller Gesandter des Herzogs, und das hatte seine Vorteile. Mit ihm ritt stets eine Gruppe Bewaffneter. Er musste keine Furcht vor Wegelagerern haben. Seinen Begleitern oblag es, für den Begleitschutz zu sorgen. Sie wussten genau, wie sie die Etappen einteilen mussten, und kannten die richtigen Häuser fürs Übernachten und Pferdewechseln. Die Wirtsleute nahmen sie in ihren Uniformen ernst und brachten gezwungenermaßen nur das Beste auf den Tisch. Sie wollten ihre wehrhaften Gäste nicht verärgern. Pieter brauchte sich um nichts zu kümmern, alles wurde ihm abgenommen. Er war warm gekleidet, und die ersten Tage an der frischen Luft machten ihm richtig Spaß. Bald fühlte er aber nach einem ganztägigen Ritt wieder schmerzhaft sein Gesäß. Wenn er dann später auf der Matratze lag, taten ihm alle Glieder weh. Doch lernte er schnell hinzu: Gliederschmerz konnte man mit einer gehörigen Portion Rotwein vor der Nachtruhe herrlich mildern! Die Reise verlief ohne Zwischenfälle. An einem frühen Abend sprengte der kleine Trupp durch eines der Stadttore von Brügge. Pieter war erschöpft, aber voller Erwartung, als er den bronzenen Türklopfer seines Hauses bediente. Er warf einem Knecht die Zügel seines Pferdes zu, rief einige kurze Anweisungen, es gut zu versorgen, und stürmte ins Haus. Im Wohnraum war es schön warm. Zwei mächtige Holzscheite knackten im Kamin. Anna saß in ihrem Lieblingssessel und stickte. Bevor sie richtig gewahr wurde, dass er da war, war er schon über ihr, drückte und küsste sie. Anna hatte mächtig zugelegt. Ihr Leib war schwer und wölbte sich über die Oberschenkel. Sie folgte seinem Blick und ahnte, was er dachte. Deshalb sagte sie: »Unser Kind ist schon kräftig und bewegt sich heftig. Du darfst es heute Nacht fühlen. Es raubt mir manche Stunde Schlaf.«

Am nächsten Vormittag wurde Pieter bei König Edward vorgelassen. Edwards Bruder Richard war anwesend, als Pieter hereingerufen wurde. Die Stimmung im Raum schien gereizt. König Edward empfing ihn mit recht ungnädigen Worten: »Wird mir mein Schwager endlich Unterstützung zusagen? Ich will so schnell wie möglich meinen Thron zurückgewinnen! Es wird mir langsam unerträglich, hier zu sitzen und untätig zuzusehen, wie der dumme Heinrich mein Vaterland zu Grunde richtet. Gott hat mich zum Regieren bestimmt. Was gibt es Neues?« Wie erleichtert war Pieter, dass er ganz im Sinne des Königs antworten konnte: »Eure Majestät, mein Herr hat an nichts anderes gedacht, als Euch so schnell wie möglich zur Seite zu stehen. So ist meine Botschaft für Euch auch ganz in Eurem Sinne.« Mit einer tiefen Verbeugung hielt er dem König die versiegelte Note des Burgunderherzogs hin. Edward riss sie ihm förmlich aus der Hand und erbrach das Siegel. Dann begann er zu lesen. Richard war hinter ihn getreten und las die Zeilen mit. Je weiter die beiden im Text gelangten, umso zufriedener wurden ihre Mienen. Als sie zum Ende kamen sprach König Edward zu Pieter: »Ihr scheint ein Glücksbote zu sein. Die von Karl ausgesetzte Summe Geldes dürfte reichen, um eine schlagkräftige Truppe aufzustellen. Einer erfolgreichen Rückkehr in mein Reich steht nichts mehr entgegen.« Der König wandte sich an seinen Bruder und fuhr fort: »Nun gibt es endlich etwas zu tun. Ich baue auf dich. Stell bitte Überlegungen an, wie viele und welche Soldaten wir brauchen. Schreib die notwendigen Ausrüstungsgegenstände zusammen, und mache dir Gedanken über die benötigte Zahl an Transportschiffen.« Richard nickte und sprach zu Pieter: »Ihr seid uns wieder zur Seite gestellt. Das ist gut so. Ihr habt Euch schon beim ersten Male nicht übel angestellt. Haltet Euch die nächsten Tage zu meiner Verfügung. Wir werden gemeinsam die Bedarfslisten erarbeiten.« Pieter nickte eifrig. Seine Anwesenheit daheim war für einige Zeit gesichert! Einem Gedankenblitz folgend warf er ein: »Vielleicht gewährt Ihr mir die Gunst, auch bei den Beschaffungen behilflich zu sein. Meine Familie führt in der Stadt ein großes Handelskontor. Es ist uns möglich, fast alles für Euch zu besorgen.« »Warum nicht, wenn der Preis stimmt, spricht nichts dagegen. Wir wollen sparsam haushalten mit Karls Geldern. Aber Ihr werdet kaum wagen, Euren eigenen Herrn übers Ohr zu hauen!« Die ganze nächste Woche war mit konzentrierter Arbeit ausgefüllt. Johann de Worde bewies große Erfahrung und Findigkeit bei den Beschaffungsmaßnahmen. Pieter kam abends todmüde nachhause und war keine Freude für seine Frau. Trotz seiner Müdigkeit ließ ihm Anna keine Ruhe. Sie wollte alles erfahren, was tagsüber geschehen und beschlossen worden war. Schließlich hing davon ab, wie lange sie ihren Mann noch um sich hatte. Tief beunruhigt war sie über den Umstand, dass Pieter auf Geheiß des Herzogs König Edward bei dessen Rückkehr nach England begleiten sollte. »Wie kann es unser Herrgott zulassen, dass du in den Waffengang eines fremden Volkes hineingezogen wirst? Ich brauche dich hier als mein Schutzschild, als Schutz für unseren Sohn und unser ungeborenes Kind.« Fast jeden Abend endete ihr Gespräch mit gleichem Lamentieren. Pieter grübelte schon tagsüber nach, wie er Anna am Abend beschwichtigen konnte. »Mein Herzblatt, ich muss zwar mit nach England, doch werde ich nicht zu den Bewaffneten gehören. Ich stehe dem König nur als Berater zur Seite. Deine Sorgen sind also unbegründet«, versuchte er sie zu besänftigen. Doch Anna hatte einen wachen Geist und fand immer wieder Gründe für neue Bedenken: »Schon die Überfahrt auf dem Schiff, gerade jetzt in der Zeit der Stürme ist gefährlich genug. Und was geschieht mit dir, sollten König Edwards Truppen geschlagen werden? Sir Warwick wird keinen Unterschied zwischen Soldaten und Verwaltungsleuten machen!« Pieter wollte nicht zugeben, dass Anna recht hatte. Stattdessen suchte er nach neuen Beschwichtigungen. Annas fortwährende Bedenken trübten ihr Zusammensein, und bald wünschte sich ihr Mann manchmal insgeheim, wieder fort zu sein …

Es dauert bis Anfang März, dann war König Edward für eine kriegerische Rückkehr nach England gerüstet. Sein Bruder hatte dafür mit Pieter hart gearbeitet. Bald hieß es von Brügge Abschied nehmen. Vom Hafen in Vlissingen stach das Heer auf 14 Hanseschiffen Richtung England in See. König Edwards Streitmacht bestand immerhin aus 2.000 Engländern und Burgundern. Er war guten Mutes, dass diese Zahl nach seiner Landung auf der Insel durch heimische Getreue auf mehr als das

Doppelte aufgefüllt werden konnte. Pieter reiste auf dem Führungsschiff des Königs. Die kleine Flotte wurde noch in der ersten Nacht durch einen mächtigen Sturm geteilt. König Edward landete am 14. März mit dem einen Teil stark zerzaust und mit zerrissenen Segeln bei Ravenspur. Die zersprengten Flottenteile fanden jedoch durch glückliche Fügung am helllichten Tag weiter südlich von dieser Landungsstelle wieder zusammen. Der Tag brachte ein gutes Omen mit sich: König Edwards Bruder Georg, Herzog von Clarence, der Neville immer noch gram war, weil der Heinrich statt seiner als König eingesetzt hatte, ritt seinem Bruder mit seinen Mannen entgegen und wechselte auf dessen Seite. König Edward verfügte mit einem Mal über 8.000 Bewaffnete! Die drei vereinten Brüder umarmten sich, und Edward rief vor dem Heer mit fester Stimme: »Mit Clarence gegen Warwick!« Freudig nahmen die Kämpen diesen Ruf auf, und er scholl dem König aus tausenden begeisterten Kehlen entgegen. Sir Warwick erwies sich wieder als gewiefter Taktiker. Er vermied, sich einer Entscheidungsschlacht zu stellen, und verschanzte sich stattdessen in Coventry. Er wollte dort auf das Entsatzheer seiner Königin Margarete warten. Es sollte aus Frankreich kommen. Nach den Meldungen seiner Späher waren Margaretes Ritter bereits auf dem Weg auf die Insel. Erst mit ihrer Unterstützung glaubte sich der Earl stark genug, seinen Gegnern zu trotzen. Margaretes Verstärkung versprach, das Zünglein an der Waage zu werden.

König Edward wurde das aufgezwungene Warten bald leid. Voll Unruhe ging er in seinem Zelt auf und ab. Obwohl Westminster Abbey nur einen kurzen Ritt entfernt war, hatte er Sohn und Ehefrau noch nicht gesehen. Es musste etwas geschehen! Mit seinen beiden Brüdern und einigen Getreuen hielt er die Nacht über Kriegsrat. Pieter war zugegen. Endlich setzte sich ein Plan in den Köpfen der Männer fest, wie Neville doch schon aus seiner Festung gelockt werden könnte. König Edward wollte mit seinen Truppen vor die Hauptstadt ziehen. London zu verlieren, konnte sich Warwick nicht leisten! Kurz vor den Ostertagen standen die drei Brüder mit ihren Soldaten vor London. Trotz Nevilles Drohungen und Beschwörungen tat der Bürgerrat das einzig Richtige für die Stadt. »Edward soll unser König sein«, entschied er und den vergreisten König Heinrich setzte er ab. König Edward war auf der Siegerstraße! Nahe London bei der Stadt Barnet sucht er nun den alles entscheidenden Waffengang, dem sich Sir Warwick nicht mehr entziehen konnte. Aber der hatte eine echte Chance, doch noch die Oberhand zu gewinnen und das Blatt zu seinen Gunsten zu wenden. Er konnte Edwards 8.000 Mann immerhin 12.000 Soldaten entgegenstellen. Am Ostersonntag fiel die Entscheidung. Es war gegen 4 Uhr morgens, noch vor Sonnenaufgang. Prinz Richard stand in seinem Zelt und fror. Sein Harnisch war feucht und kalt. Er hob eine Beinschiene seiner Rüstung gegen das Licht und benutzte sie bei der Rasur als Spiegel. Bald hörte man nur noch das gleichmäßig Schaben seines Rasiermessers. Ein Melder forderte Einlass. Man hatte die Aufstellung von Sir Warwicks Truppen in Erfahrung gebracht. Der Earl hatte sie in zwei Flügeln zu beiden Seiten der St.-Albans-Straße aufziehen lassen. König Edward hatte den Angriff für die frühen Morgenstunden angeordnet. Sein Bruder Richard sollte dabei die Vorhut bilden. Der Prinz ordnete seine Rüstung und trat vor das Zelt. Zufrieden registrierte er, dass seine Männer bereits angetreten waren. Der Nebel waberte bis tief auf den Boden. Er konnte nicht einmal all seine Leute erkennen. Als Richard so vor seinen Truppen stand, trat Stille ein. Mit einem flammenden Aufruf traf er den richtigen Ton: »Männer, wir müssen dem Tod ins Auge schauen. Ein Soldatenleben ist anspruchslos und elendig. Vom Elend zu scheiden fällt nicht schwer. Kämpft also tapfer und ohne Todesfurcht. Wir streiten für eine gute Sache, für Edward unseren König!« »Für Edward unseren König«, schallte es aus vielen Hälsen rau zurück. Nun erklärte der Prinz in knappen Worten, welche Schlachtordnung er plante. An beiden Flügeln seiner Truppe sollten Bogenschützen stehen. Dazwischen wollte er Männer mit Spießen, Streitäxten und Hellebarden aufstellen. Wie zur Bekräftigung seiner Worte klangen Trompetenstöße über das im Dunst verborgene Feld. König Edwards Trompeter hatte zum Angriff geblasen. Der Nebelschleier wurde zum stärksten Verbündeten für Edwards Truppen und verhalf dem Hause York zum Sieg. Prinz Richard gelang es, durch die grauen Schwaden unsichtbar, mit seinen Rittern in den

Rücken des Feindes zu gelangen. Er umging den linken Flügel von Sir Warwicks Heer. So ganz unverhofft in die Zange genommen, wurde der Gegner trotz Überzahl aufgerieben. Der Überraschungsangriff gelang vollständig, kostete aber viel Blut. Als der »Königsmacher« selbst unter tödlichen Schlägen fiel und sich das herumsprach, flohen seine Soldaten in Panik. Sir Warwick starb mit einem Dolch in der Kehle. Vor seinem Erstickungstod musste er noch durch einen Herold erfahren, dass Margarete am Morgen mit ihren Schiffen in der Grafschaft Gloucestershire gelandet war. Einen Tag zu spät, dachte er verbittert und verschied. Was war das für ein unrühmliches Ende dieses ambitiösen Mannes! Pieter hatte nichts Eiligeres zu tun, als die Botschaft sofort an Herzog Karl und die Herzogin zu melden. Auch Anna ließ er wissen, dass er den entscheidenden Waffengang wohlbehalten überstanden hatte. Das Übersetzen der Truppen Margaretes von Anjou war reibungslos verlaufen. Das Meer war während der ganzen Zeit spiegelglatt geblieben. Kein Sturm regte sich. Trotzdem hatte die Königin, mit Seefahrten unerfahren, schlimme Übelkeit befallen. Nach der Landung nahm sie erleichtert am Ostergottesdienst teil und dankte zusammen mit ihrem Sohn dem Schöpfer für das erfolgreiche Ende der Schiffsreise. Ihre Freude währte nicht lang. Ein Berittener sprengte herbei und berichtete, was Sir Warwick geschehen war. Königin Margarete hörte die Nachricht fassungslos. Nun stand sie also allein mit ihrem siebzehnjährigen Sohn an der Spitze eines viel zu kleinen Entsatzheeres! Nur Edmund Beaufort, Herzog von Somerset, war ihr als Heerführer geblieben. Ihm fehlte allerdings die Erfahrung König Edwards oder die Brillanz dessen Bruders Richard, die ihm nun gegenüberstanden. Zunächst gab Herzog Beaufort der Königin jedoch einen sinnvollen Rat: »Ihr müsst kämpfen, Euch bleibt nichts anderes übrig. Ihr müsst alles daransetzen, Euch mit Eurem Schwager, Jasper Tudor, und seinen Truppen zu vereinigen. Nur dann habt Ihr Chancen gegen das Haus York. Dessen Heer wächst auf der Woge des Erfolges ständig weiter an.« Königin Margarete leistete dem Rat Folge. Und wirklich, in Exeter und Tauton schlossen sich ihr viele Anhänger Tudors an. Die Königin versuchte mit ihnen gemeinsam bei Gloucester den Fluss Severn zu überqueren, doch der Gouverneur der Stadt, Sir Richard Beauchamp, ein getreuer Anhänger Yorks, verwehrte ihr den Durchmarsch. Die Stadt zu stürmen war ihr nicht möglich, denn König Edward ruhte sich auf seinen Lorbeeren nicht aus. Er zog schon in Eilmärschen ihren Truppen entgegen. Am 4. Mai trafen die Heere bei Tewkesbury aufeinander. König Edward verfügte mittlerweile über die größere Armee und hatte auch die überlegene Artillerie. Seinem Bruder Richard gelang es erneut, die Flanke des feindlichen Heeres zu attackieren. Schon bald trat der Feind in völliger Auflösung den Rückzug an. Auf einer offenen Fläche, der man später den Namen »Blutwiese« gab, wurde über die Hälfte des Lancasterheeres niedergemacht. Der bedeutendste unter den Toten war der junge Edward, Prince of Wales. Die Verzweiflung seiner Mutter war groß. Seine Frau Anna hingegen war nicht traurig, wieder frei zu sein. Bald lebte ihre alte Liebe zu Prinz Richard neu auf. Die beiden sollten später mit König Edwards Billigung Mann und Frau werden.

Edward der neue, alte König machte Tabula rasa.

Königin Margarete wurde gefangen gesetzt, Herzog von Somerset sowie weitere Heerführer hingerichtet. Der im Tower schmachtende Heinrich wurde in der Nacht vom 21. auf den 22. Mai ermordet. Ganz England fiel in einen Freudentaumel. Die Folgen der dauernden Waffengänge hatten schließlich die kleinen Leute getragen. Endlich konnte Frieden einkehren. Nun hatte man wieder einen tatkräftigen König. König Edward bewies, dass er diese Fähigkeit wirklich besaß. Schnell saßen seine Leute überall in Amt und Würden. Den Friedensvertrag mit König Ludwig kündigte er auf. Er gedachte auch derer, die ihm in schweren Stunden geholfen hatten. So versah er Gouverneur van Gruuthuse zum Dank für die erwiesene Gastfreundschaft mit einem fürstlichen Legat. Er verlieh dem Brügger Edelmann den Titel eines Grafen von Winchester. Pieter hoffte, er würde vom König mit dem Überbringen der Botschaft betraut und hätte so die Möglichkeit, seine Familie wiederzusehen. König Edward hatte aber anderes mit ihm vor. Pieter sollte Herzog Karl ein Angebot überbringen, wie man den von Heinrich ausgesetzten Freundschaftsvertrag zwischen

England und Burgund wieder in Kraft setzen konnte. So wollte Edward dem Duc für die Waffenhilfe gegen Sir Warwick danken. Wieder hieß es für Pieter, Abschied nehmen. Der König fand lobende Worte für seine Dienste. Pieter war immer noch ein wenig traurig über den Auftrag des Königs. Brügge als Reiseziel wäre ihm lieber gewesen. Doch bald siegte sein positives Naturell und er freute sich über des Königs Lob und Vertrauen. Schließlich würde er wieder aufs Festland zurückkehren und Anna und den Seinen schon viel näher sein! König Edward gewährte ihm eine würdige Abschiedsaudienz. Pieter erfuhr dabei die königliche Wertschätzung in Form von erlesenen Geschenken.

Er erhielt prächtige Gegenstände aus Edelmetall. Das waren die üblichen königlichen Gaben für Gesandte. Silbertassen, Pokale und auch Teller konnten die daheim gut in bare Münze umwandeln. Geld konnten die meist mäßig entlohnten Diener des Staates gut gebrauchen! Doch es galt als unedel, ihnen das einfach in die zu Hand geben. Der Umweg über Pretiosen entsprach der höfischen Etikette. Pieter beschloss, von dem Geld als Erstes etwas Schönes für Anna zu kaufen. König Edward überraschte ihn noch mit einem weiteren, kostbareren Geschenk. Er überließ ihm eine wertvolle Armbrust, die in Niederdeutschland gefertigt worden war. »Auch wenn Ihr kein Mann der Waffen seid, so bergen die Wege, die Ihr für mich nun gehen müsst, Gefahren. Diese Waffe hilft präzise gegen jede Art Bedrohung und tötet schnell. Mit ihr werdet Ihr Euch wunderbar schützen können«, verabschiedete ihn der Herrscher sichtlich bewegt. Pieter konnte ebenfalls seine Gefühle nur schwer verbergen.

15

Nach dieser für Frankreich ungünstigen Entwicklung der politischen Lage fügte sich der französische Herrscher verbittert in einen Friedensvertrag, der bis April des Jahres 1472 gelten sollte. Er vergrub sich mit seinem Beichtvater Saint-Francois de Paul in seinem Schloss in Plessin-du-Parc bei Tours, betete, ging auf die Jagd und genoss die Natur, alles Dinge, die ihm wichtiger waren als die höfische Welt.

Pieter setzte, pflichtbewusst wie er war, Herzogin Margarete mit einem langen Bericht über die günstige Entwicklung ins Bild. *Gott sei gelobt und gepriesen. Von ihm kommt alles Weise und Gute!* »Factum ut supra!« Geschehen wie oben geschrieben!, schloss er in Begeisterung seinen Rapport. Er versäumte auch nicht, sich bei Anna zu melden. Die Nachricht an seine Frau war weit weniger sachlich und deckte sein ganzes Gefühlsleben auf:

Meine Liebe,
Du hattest mir gesagt, ich schriebe zu wenig über meine Arbeit. Heute möchte ich Deine Rüge beherzigen. Ich bin allerdings froh, dass Du weit weg in der Heimat bist, denn hier herrschte Tod und Schrecken. Der Sensenmann mit seinem tödlichen Werkzeug machte selbst vor Frauen und Kinder nicht Halt. Ich war mitten im Geschehen, doch mir stets Deiner Mahnungen bewusst. Nunmehr herrscht endlich wieder Frieden. Die gute Sache hat gesiegt. König Edward sitzt fest auf seinem Thron, und seine Untertanen dürfen bessere Zeiten erwarten. Außerdem hat Ludwig mit England wieder einen Feind. Zum Abschied erteilte mir der englische König den Befehl, unserem Herzog seine persönliche Nachricht und Freundschaftsbezeugung zu überbringen und ihm von dem Triumph seiner Truppen zu berichten. So werde ich also bald wieder in unserer Heimat sein, doch leider nicht in

Brügge. Die Chancen dafür standen nicht schlecht. König Edward schickte nämlich auch einen Orden für Adolf van Gruuthuse in unsere Heimatstadt. Meine Order führt mich jedoch sofort nach Brüssel an des Herzogs Hof! Ich vermisse Dich und Cornelis sehr und das Kind, welches Du unter Deinem Herzen trägst. Wie gern würde ich nachts bei Dir liegen und seine Bewegungen fühlen, von denen Du mir schriebst. Gestern las ich den Mythos aus dem alten Griechenland über Phyllis und Demophon. Phyllis verlor ihren Geliebten und wurde vor Kummer zu einem kahlen Mandelbaum, der erst wieder grünte und zur Frau wurde, als ihr Liebster zurückkam und den Baum umarmte. Auch wenn ich mir nicht wünsche, dass du so trauerst wegen unserer Trennung, glaube mir, ich werde Dich bei meiner Rückkehr genauso innig umarmen wie Demophon seine Phyllis.
Noch ist nicht absehbar, wann ich wieder zu euch komme. Jeder Tag früher wäre ein Geschenk! Denke an mich, so wie ich an Dich denke. Bedenke: »Omnia vincit amor!« Die Liebe besiegt alles!
In Liebe Dein Pieter.

Normalerweise wüteten in den Frühlingsmonaten viele Stürme über den Ärmelkanal. Doch bei Pieters Überfahrt von Dover aus war das Meer glatt und friedlich. Er reiste mit dem schnellen Segler St. Mary und landete wohlbehalten im geschäftigen Hafen von Antwerpen. Auch auf dieser Reise machte sich wieder positiv bemerkbar, dass er als königlicher Gesandter unterwegs war. Schnell stand eine Kutsche mit vier Pferden zu seiner Verfügung und vier herzogliche Kuriere gaben ihm Geleitschutz. In den Abendstunden erreichte er bereits Brüssel. Die Zinnen der Burgmauern zeigten sich gegen den dämmrigen Himmel nur noch als scharfe, schwarze Konturen. Er war froh, heil am Ziel angelangt zu sein. Man vertröstete ihn auf das morgendliche Levée und wies ihm ein Zimmer zu. Pieter verzichtete auf ein Abendessen und zog sich sofort zurück. Seine Gedanken ließen noch einmal die letzten Wochen Revue passieren. Er rief sich alles Wichtige in Erinnerung, um die scharfsinnigen Fragen, die der Duc am nächsten Morgen sicherlich stellen würde, korrekt beantworten zu können. Dann flatterten schon seine Augenlider vor Müdigkeit. Erschöpft fiel er auf das Bett und schlief sofort ein. Am Morgen herrschte Hochbetrieb in Herzog Karls Ankleidezimmer. Es schien Pieter, als wäre die Entourage noch zahlreicher geworden. Der ein und andere der Anwesenden erkannte und grüßte ihn freundlich. Herzog Karl saß auf einem Stuhl, und drei Lakaien kleideten ihn an. Der Hauptgesprächsstoff im Raum war König Edwards Sieg über Sir Warwick und das Haus Lancaster. »Mein Volk ist mit mir glücklich«, strahlte der Herzog. »In den Tavernen singen sie Spottlieder auf die Besiegten:

Franzosen miteinander weint
bittere Tränen um euren Held,
denn Warwick, euer guter Freund,
der liegt besiegt und tot im Feld!«

Mit dröhnendem Lachen beschloss er das kleine Gedicht und rieb sich vor Vergnügen die Hände. Pieter schob sich langsam nach vorne in die erste Reihe. Er trug König Edwards Nachricht vor sich her, um deutlich zu machen, warum er sich so aufdringlich benahm. Als der Duc ihn entdeckte, rief er: »Seht an, wir haben einen der Sieger unter uns, und er trägt etwas mit sich, scheinbar für mich und hoffentlich nur Gutes.« Pieter fiel vor dem Fürsten auf die Knie und hielt ihm König Edwards Nachricht entgegen.

»Es dürfte nur Erfreuliches sein«, sagte er dabei. Der Herzog nahm die Botschaft, brach das Siegel und begann zu lesen. Dabei erhellte sich seine Miene zusehends. »Nun wird die Diplomatie wieder zu tun haben«, meinte er. »Ich mag nicht glauben, dass Ludwig so schnell wieder den Krieg mit mir wagt. Zu viele Feinde stehen ihm nun entgegen. Wir werden in den nächsten Tagen diskutieren, wie der Kreis unserer Verbündeten noch ausgebaut werden kann. Mir schwebt so einiges vor.« Nach einigem weiteren Wortgeplänkel wurden die Höflinge entlassen. Pieter zog sich mit Oliver de la Marche zusammen zurück. Oliver wollte von ihm alle Einzelheiten aus England wissen. Pieter erzählte bereitwillig. Er schätzte den freundlichen Höfling am meisten von allen. In den nächsten Wochen offenbarte der Herzog in den Zusammenkünften immer neue Pläne. Eines Morgens, der Herzog lag auf einem Holzgestell und wurde von einem riesigen Mohren massiert, diskutierte er mit seinen Beratern, wie der bürgerliche Laien-Jurist Léonard de Potos in seinen Verhandlungen mit Adolf von Geldern in Arras eine härtere Gangart einlegen könnte. De Potos war aus den burgundischen Stammlanden. Wie die meisten niederen Gesandten war er eigentlich nur für die schriftliche Niederlegung und die technischen Aspekte von Verhandlungen zuständig. Dieses Mal sollte er sich nach dem Willen des Herzogs darin beweisen, Verhandlungen selbst voranzutreiben. Karl scherte bei seinen Vorgaben nicht, dass Adolf von Geldern mit ihm verschwägert war, auch wenn das einige der Höflinge ihm immer wieder in Erinnerung riefen. Adolfs Vater Arnold hatte 1423 Katharina von Kleve, eine Nichte Philipps, also Herzog Karls Vater geehelicht! Der Burgunderherzog wollte Geldern auch formal für sich, Verwandtschaft hin, Verwandtschaft her. Pieter wusste das. Eigentlich sind die Debatten nur Spiegelgefechte und gänzlich überflüssig, dachte er für sich. Aber wenn es dem Herrscher nach einer Debatte war, musste man sie führen! Beim nächsten Zusammentreffen bestimmte Herzog Karl Graf Gerhard von Sayn als burgundischen Gesandten für den Reichstag, der im Juli und August in Regensburg stattfinden sollte. Der Graf bekam den besonderen Auftrag, dort die Gespräche um Herzog Karls Erhöhung und Prinzessin Marias Vermählung wieder anzuschieben. Diplomatische Bemühungen gewannen in diesen Tagen wirklich die Oberhand! Das Heiratskarussell für Maria wurde aber nicht nur von dieser Seite her gedreht. König Ludwig hatte sich ein neues Ränkespiel ausgedacht. Er wollte seit neuestem seinen einjährigen Thronfolger mit der immerhin schon zwölfjährigen Maria verheiraten! Mit dem französischen König verhandelten auf Karls Geheiß Kanzler Hugonet, Philippe de Crèvecoer, Philippe de Croy-Chimay und Ferry de Clugny. Herzog Karl befahl ihnen, den französischen König hinzuhalten. Eine Hochzeit seiner Tochter mit dem Sohn seines Erzfeinds kam für ihn überhaupt nicht infrage! König Ludwigs Bruder Karl meldete für sich selbst auch Heiratsabsichten an. Gérard Vurry gehörte neben Brimeu und Montjeu zu der Delegation, die im Auftrage des Herzogs mit ihm Verhandlungen führte. Dieser wankelmütige Bruder ohne Königskrone war für den Duc erst recht undenkbar. »Hinhalten und ihm schmeicheln«, befahl er lapidar. König Ludwig schätzte den Herzog, trotz des Hochzeitangebotes, richtig ein und arbeitete im Hintergrund daran, für einen nicht zu vermeidenden, entscheidenden Waffengang mit ihm gerüstet zu sein.

Anfang Juli vermittelte Bern für Ludwig in einem Streit zwischen ihm und dem Burgund nahestehenden Savoyen unter seiner widerborstigen Schwester Yolanda. Es war Ludwigs Freund Niklaus von Diesbach mit einigen Verwandten, der dafür mehrfach an den Königshof gereist kam und schließlich erfolgreich half. Die anderen Eidgenossen sahen dies mit Skepsis, sie waren für mehr Neutralität. Bald ermahnte die Tagsatzung die Berner sogar, Diesbach vom französischen Hof wieder nach Hause zurückzurufen. Sie wollte keinen Unfrieden mit Burgund und fragte sich mittlerweile, ob Diesbach nur noch des französischen Königs willenloser Lakai war und nicht der Schultheiß und Interessenvertreter Berns. Ende Juli geschah etwas, das für Pieter wichtig wurde. Bei der herzoglichen Morgenwäsche wandte sich Karl persönlich an ihn: »Ihr habt neben meinem Eheweib Margarete auch in Brügge treue Verbündete, wie mir scheint. Die wollen Euch wieder zu Hause sehen bei Frau und Kind. Sir William Caxton, Euer Mentor, möchte im September nach Köln reisen, um das Druckerhandwerk zu studieren. Er hat jedoch noch einen größeren Übersetzungsauftrag für meine Gemahlin auszuführen und bat sie, Euch an seiner Stelle dafür nach Brügge zu beordern. Die Herzogin hat seine Bitte befürwortet. Was bleibt mir also anders übrig, als Euch nach Brügge zu entlassen?« Für Pieter ging ein lang gehegter Wunsch in Erfüllung. Er würde Anna und seinen Sohn wiedersehen! Herzog Karl bestimmte Ende August für seine Abreise. »Dann habt Ihr noch etwas Zeit, um Euch mit Hilfe von Sir William einzuarbeiten«, meinte der Fürst.

In Brügge war das bevorstehende Ereignis nicht mehr zu übersehen! Annas Körper war mittlerweile rund und schwer geworden. Die meisten

Wege erledigte die Schwangere bereits in der Sänfte. Marguérite war wieder zu ihr gezogen, denn die kundige Frau erwartete Annas Niederkunft täglich. Es machte sie dankbar, dass Gott ihr die Gesundheit schenkte, auch bei der Geburt von Pieters zweitem Kind noch dabei zu sein. Sie hielt ein strenges Auge darauf, dass Anna sich nicht zu viel zumutete. Alle Erfordernisse für eine erfolgreiche Hausgeburt hatte sie immer wieder vor ihrem inneren Auge geprüft. An diesem Morgen befand sich Anna auf dem Weg zu ihrer Lieblingskapelle. Marguérite war das gar nicht recht. Aber sie konnte der werdenden Mutter ja nicht verbieten, für eine glückliche Geburt zu beten. So kniete Anna bald schwerfällig in der kleinen Kapelle und betete zu der Heiligen Mutter Gottes. Aus dem Raum des Kirchenschiffs waberten kalte Weihrauchschwaden. Anna betäubte der schwere Geruch, ihr schwindelte. Für einen Moment verlor sie das Bewusstsein. Als sie wieder zu sich kam, fröstelte sie. Sie wusste gar nicht, wo sie sich befand und was ihr geschehen war. Als ihre Erinnerung zurückkam, fragte sie sich ängstlich: »Ob mir die Heilige Jungfrau wohl ihre Hilfe versagen will?« Mit steifen Gliedern rappelte sie sich auf, watschelte vor die Kirchentür und ließ sich von den Dienstleuten nachhause tragen. Vier Tage später trat das ersehnte Ereignis ein. Vor der Tür war es hässlich und ungemütlich. Anna fror. Sie war froh, wenigstens im Schutz ihres Hauses zu sein. Sie hatte sich in ihre Schlafkammer zurückgezogen, um endlich einmal die Fürsorge Marguérites loszuwerden. Die alte Frau meinte es zwar gut mit ihr, aber Anna fiel das Warten auf das Kind schon ohne deren dauernde Ermahnungen schwer genug. Plötzlich setzten die Wehen ein. Anna kannte das Gefühl von der ersten Geburt. Mit hektischer Stimme rief sie Hilfe herbei und ließ sich langsam auf ihr Bett gleiten. Marguérite kam so schnell heran, als hätte sie vor der Türe gewartet. Die Hebamme Johanna hielt sich an ihrer Seite und lauschte auf die Befehle der Alten. Dabei waren die notwendigen Handgriffe für sie eigentlich Routine. Sie ließ sie ablaufen wie ein Uhrwerk. Hinknien, zufassen, raushelfen! Endlich richtete sie sich zwischen Annas gespreizten Beinen wieder auf. »Es ist ein prächtiges Mädchen und hat Euch bei seiner Ankunft auf Erden ein wenig den Schoß zerrissen«, sagte sie im

Aufstehen. Sie durchtrennte die Nabelschnur. Dann griff sie nach den bereitgelegten Tüchern und wickelte den verschmierten kleinen Leib behutsam ein. Es bedurfte nicht einmal eines Schlags auf das Hinterteil. Der Säugling kündigte ganz von selbst durch kräftiges Krähen seine gesunde Ankunft auf Erden an. Die alte Begine griff nach der Kleinen. Bevor sie das kreischende, blutige Etwas seiner Mutter reichte, tauchte sie den Zipfel eines Lappens in lauwarmes Wasser und wusch das Gesichtchen sorgfältig ab. Als der Säugling die zugekniffenen Augen kreisrund öffnete, ging ein Schauer von Zärtlichkeit durch den Körper seiner Mutter. Gegen alle Unkenrufe hatte sie ein weiteres gesundes Kind auf die Welt gebracht! Annas Glück währte bereits sieben Tage. Sie stillte die Kleine, herzte sie und hatte sie fast immer um sich. Nur Pieter fehlte zum perfekten Glück. Dieses Mal war Anna nicht vorschnell mit der Wahl eines Namens. Sie wollte ihn zusammen mit Pieter aussuchen. Sie hatte allerdings schon heimlich einen Wunsch. Sie wollte das Kind nach ihrer Mutter Katharina nennen. »Katharina« schlief mit ihr im elterlichen Schlafraum in einer kleinen, schön verzierten Holzwiege. Anna hatte Glück, die Kleine schlief brav durch und meldete sich immer erst in den frühen Morgenstunden, dann aber deutlich! Am siebten Morgen wurde Anna, anders als die Tage zuvor, von der Stille im abgedunkelten Raum geweckt. Da eilte sie zum Bettchen ihrer Tochter. Das kleine Mädchen hatte sich wie eine Blütenknospe zum Schlafen zusammengerollt. Keine Bewegung war zu sehen und kein Tönchen zu hören. Anna griff vorsichtig nach dem kleinen Körper. Er fühlte sich kalt und ungewohnt steif an. Es blieb dabei, die Kleine rührte und regte sich nicht. In Anna wuchs die Angst. Sie drückte das kleine Menschenkind leicht, gab ihm einen Klaps und schüttelte es sanft. All ihre Bemühungen blieben vergeblich. Die Kleine reagierte nicht. Als Anna sich nicht mehr zu helfen wusste, schrie sie schrill nach Marguérite. Die Alte tat sich schwer, die Treppe hinaufzueilen, aber Annas verzweifelte Schreie nötigten ihr größte Anstrengung ab. Völlig außer Atem stürzte sie in den Raum und sah die Mutter mit dem kleinen Bündel auf dem Arm. Bei ihrem verzweifelten Anblick schwante Marguérite Fürchterliches.

Nach kurzer Überprüfung kam fast tonlos über ihre Lippen: »Der grausame Kindstod!« Anna wollte es nicht glauben. Immer wieder schrie sie in ihrer Verzweiflung: »Nein, nein, nein!« Doch alles Hadern mit dem Schicksal half nichts. Katharina war tot! Bald ertrug Anna die Anwesenheit Marguérites nicht mehr. Irgendetwas in ihrem Inneren gab der Begine Mitschuld an dem Unglück. Sie forderte sie rüde auf zu gehen. Sie musste mit ihrem Kind und allem Kummer dieser Welt allein sein. Am nächsten Tag sahen Passanten die kleine Urkunde an der Haustüre van der Weyden, die vom Tod eines der Hausbewohner zeugte. Neugierige, die näher traten, um den Anschlag zu lesen, erfuhren:

Gestern in der Nacht starb ungetauft und ohne ihren Vater gesehen zu haben unsere Tochter, die erst vor einer Woche das Licht der Welt erblickte.

Pieter war auf dem Weg nach Brügge, ohne von der Tragödie etwas zu ahnen! Anna nahm in ihrer Verzweiflung nur schwer die üblichen Pflichten wahr, tat aber den christlichen Sitten und Bräuchen Genüge. Die Beerdigung der kleinen Toten wurde vorbereitet. Ein erbärmlich kleines Loch direkt an der Friedhofsmauer wurde für Katharina ausgehoben. Nur hier durften Ungetaufte die letzte Ruhe finden, wenn wenigstens ihre Eltern Christenmenschen waren. Neben Marguérite gingen nur die Eltern mit Anna den traurigen Gang an das armselige Grab. Den kleinen Cornelis hatten sie zu Hause gelassen. Besonders Annas Vater sah man den Kummer an. Er schien um Jahre gealtert. Sein Blick war starr und stumpf, sein Mund zu einem schmalen Strich gepresst und sein großer Kopf wie unter einer schweren Bürde gesenkt. Immer wieder hegte er in seinem verzweifelten Hirn die gleichen Gedanken: Hatte er mit der Zustimmung zu Annas Heirat doch einen Fehler gemacht? War Gott die Verbindung zweier verfeindeter Familien nicht recht gewesen? Brachte er deshalb Unglück ins Leben seiner Tochter? Mijnheer Johann gab sich gehörig Mitschuld an der Tragödie. Die Worte des Geistlichen halfen den Trauernden wenig: »*Der vergänglichen Körper ist doch nichts anderes als eine sterbliche Hülle, ein Gefängnis der Seele Eures Kindes. Seine Seele ist das Eigentliche, und die ist nun bei Gott …*«

Pieter erreichte Brügge in den frühen Abendstunden. Niemand kam ihm zur Begrüßung entgegen. Er wunderte sich. Man hatte ihn im Haus gesehen und gehört, aber keiner wagte sich, ihm die Hiobsbotschaft zu überbringen. Niemand meldete Anna sein Kommen. So band Pieter sein Pferd selbst am Pflock an, eilte über den Hof, schloss die große Eingangstür auf und trat ein. Innen blieb alles ruhig. War niemand zu Hause? Er schritt durch den dämmrigen Flur und kam in den Wohnraum. Da sah er Anna. Sie saß in dem großen Sessel unter dem Erkerfenster. Dessen Vorhänge waren noch nicht zugezogen, doch die Scheiben waren schon dunkel. Die Öllampe an der gegenüberliegenden Wand beleuchtete das Bild spärlich. Anna hatte ihre Beine auf die große Sitzfläche des Sessels gezogen und war trotz der warmen Jahreszeit in eine Felldecke gemummt. Sie zeigte keine Reaktion auf seine lauten Schritte. Ob sie wohl schlief? Nun stand Pieter vor ihr und beugte sich über sie. Nein, sie war wach. Aber mein Gott, wie sah sie aus? Ihr kleines Gesicht wirkte elend. Aus den sonst lustigen Augen sprangen keine Funken von Fröhlichkeit. Sie blickte einfach starr durch Pieter hindurch, als stünde er gar nicht im Raum. Es musste etwas Entsetzliches geschehen sein! Pieter führte seine rechte Hand dorthin, wo er ihre Schulter vermutete, und schüttelte sie leicht. »Was ist mit dir?«, flüsterte er sanft. Etwas wie Erkennen glitt über ihre Züge, doch dann wurden sie wieder leblos und starr. Stattdessen öffnete sich ihr Mund und monoton fügten sich bittere Worte zusammen: »Du, nun bist du da! Sei froh, dass es erst jetzt ist. Du wirst das Glücksgefühl der Geburt unserer Tochter zwar nie kennenlernen, aber auch die Erschütterung beim Entdecken ihres frühen Todes bleibt dir erspart!« Pieter reagierte fassungslos. Was hatten diese Worte zu bedeuten? »Oh lieber Gott, was ist geschehen?«, wiederholte er seine Frage mit anderen Worten. Er wickelte vorsichtig die Felldecke von Annas Körper und versuchte, sie in die Arme zu nehmen. Sie lehnte sich abweisend in den Sessel zurück. Das hatte sie noch nie getan! »Nimm Gott nicht in den Mund. Wenn es ihn überhaupt gibt, so ist er nur grausam und nicht lieb.« »Das darfst du nicht sagen, er hat uns doch zusammengefügt!« »Und wieder getrennt«, kam es als dumpfes Echo zurück. »Wo warst du denn in den dunkelsten Stunden meines Lebens?«

»Jetzt bin ich bei dir«, versuchte Pieter Annas Vorwurf zu mildern. »Das ist für Katharina zu spät«, tönte es bitter zurück. »Was ist mit deiner Mutter?«, fragte Pieter besorgt. Anna zuckte zusammen. Dann begriff sie seine Frage. »Ich rede nicht von meiner Mutter. Es geht um unsere tote Tochter.« Pieter war wie vor den Kopf geschlagen.

»Tochter? Tot?« Er konnte nur einzelne Worte stammeln. Seine Hilflosigkeit war es, die in Anna endlich alle Deiche brechen ließ. Der ganze Kummer wollte aus ihr heraus und suchte Wort für Wort den Weg in Pieters Ohr. Den Fassungslosen trafen die Worte wie Keulenschläge. Als Anna endete, war auch er am Ende seiner Beherrschung. Erschöpft vom harten Gewaltritt und erschlagen von Annas Bericht waren ihm eine Antwort oder gar Worte des Trostes unmöglich. Annas Kräfte schienen hingegen mit seinem Kummer zu wachsen. Ihr Körper neigte sich ihm langsam entgegen. Erst als er ihre Wärme in seinen Armen spürte, kamen Pieters Gefühlsregungen zurück. Beschwörende Worte flossen über seine Lippen: »Glaube an Gott, Anna. Es gibt ihn, und er kann auch gütig sein. Er muss uns Kraft geben, den Kummer und die Traurigkeit zu ertragen. Auch ich habe mir sehnlichst ein zweites Kind gewünscht.« Bald zog sich das Paar in die Schlafkammer zurück. Pieter suchte zwischen Kummer und Verbitterung schwankend vor dem Einschlafen noch Zwiesprache mit Gott und gedachte der toten Tochter. Er las noch ein wenig in der Heiligen Schrift und fand einige Worte des Trostes: »*Der Herr ist nahe denen, die zerbrochenen Herzens sind, und hilft denen, die ein zerschlagenes Gemüt haben.*« (Psalm. 34,19) Der nächste Morgen brachte Pieters gute Vorsätze in Unordnung. Er war sich bewusst, wie sehr er sich eigentlich um Anna kümmern sollte. Aber er musste bei Sir William Caxton vorsprechen! Es galt, die verbleibenden Tage zu nutzen, um sich gemeinsam mit ihm in die Übersetzungen einzuarbeiten. Zunächst wollte er jedoch noch seinen Sohn begrüßen. Marguérite hatte ihn bereits hergerichtet, und Pieter ging erwartungsfroh auf ihn zu. Cornelis fremdelte, erkannte ihn nicht einmal. Pieter war entsetzt, appellierte aber schnell an seine Vernunft. Er hatte den Jungen als Säugling verlassen! Cornelis' Reaktion war also völlig normal. Es gab neben der Fürsorge für Anna noch einen zweiten Grund, alles zu tun, um zu Hause wieder einen Platz zu finden! Er tröstete sich mit der Feststellung, wie prächtig Cornelis geraten war.

Sir William kannte die Tragödie und ersparte Pieter quälende Fragen. In seiner philosophischen Art drückte er einige Gedanken aus, die Pieter trösteten: »Mitten im Leben sind wir vom Tod umfangen! Ihr beiden steht noch am Anfang des Lebens und musstet den Tod schon kennenlernen. Nimm den Tod als etwas Natürliches, Pieter. Aus ihm erwächst wieder neues Leben. Versuche, dir im Unglück deinen Gleichmut zu bewahren. ›*Aequam memento rebus in arduis servare.*‹« »Das will ich beherzigen«, antwortete der junge Mann. »Anna und ich sind noch jung. Viel Zeit liegt noch vor uns. Wir werden bald wieder versuchen, neues Leben zu schaffen.« »Übereil nichts, gib deiner Frau Zeit«, mahnte ihn Sir William. Schon bald saßen die beiden Männer in die Übersetzungen vertieft und rangen um die richtigen Worte. Ganz konnte Pieter den häuslichen Kummer jedoch nicht verdrängen. Die trauernden Mütter im zerstörten Troja erinnerten ihn zu sehr an seine Anna. In Troja waren es die Götter, die ihre Machtkämpfe an den Menschenkindern ausgelassen hatten. Hatte Anna recht und der Gott der Christen nahm auch grausam und willkürlich Einfluss auf ihr Leben? Als Pieter abends nachhause kam, war er still und bedrückt. Alles blieb freudlos bis zum Zubettgehen. Ihr Haus war ein Trauerhaus geworden. Der nächste Tag brachte Bedeutsames mit sich. Als Pieter aufstand, blieb Anna apathisch im Bett liegen. Er wollte sie nicht stören und klaubte seine Sachen zusammen, um leise den Raum zu verlassen. Auf dem Weg zur Tür besann er sich und kehrte noch einmal zum Bett zurück. Ohne einen Zärtlichkeitsbeweis wollte er sie nicht zurücklassen. Er beugte sich über sie, küsste sie auf die Haare und flüsterte: »Wenn auch unsere glückliche Zeit bisher nur recht kurz war, so wünsche ich mir, dass die Erinnerung daran dir die Kraft gibt, deinen Kummer zu überwinden und dich für eine glückliche Zukunft zu öffnen. Gemeinsam schaffen wir das!« Er verließ traurig die Schlafkammer, als Anna überhaupt nicht reagierte.

Das Haus war mittlerweile erwacht. Von unten duftete es nach gebratenem Speck und gebackenen Eiern. Pieter verspürte Appetit. Am Tisch saß Marguérite und fütterte Cornelis. Als die alte Begine Pieter sah, ging ein Leuchten über ihre Züge. »Setz dich zu uns, du hast bestimmt Hunger«, begrüßte sie ihn, als wäre er noch der Knabe aus früheren Zeiten. Pieter empfand ihre Herzlichkeit als wohltuend. Sie war das erste Zeichen dieser Art seit seiner Rückkehr. Cornelis beobachtete neugierig den vertrauten Umgang der beiden Erwachsenen. Er erkannte, dass dieser »Fremde« einen festen Platz im Haus beanspruchen durfte und dass ihn Marguérite mochte. Mit großen Kinderaugen verfolgte er jede Bewegung des Mannes. Pieter fühlte, dass sich eine günstige Gelegenheit bot, seinem Sohn näher zu kommen und dessen Scheu zu überwinden. Mit einem Lächeln wandte er sich an ihn und sprach ihn mit einem leisen »guten Morgen, mein Sohn« an. »Das ist dein Vater. Du musst immer lieb zu ihm sein, mein Schatz«, sagte Marguérite zu dem Kleinen und unterstützte Pieters Annäherungsversuch. Cornelis hob seine Speckärmchen Pieter entgegen und klatschte mit kleinen Brabbellauten seine Händchen vor dessen Gesicht zusammen und versuchte es zu berühren. Sein »Baba« hörte sich fast wie Papa an! Das Eis war gebrochen! »Du willst deinen Kronsohn doch sicherlich drücken«, sagte die Hebamme schelmisch und schob ihn Pieter auffordernd hin. Cornelis hatte nichts einzuwenden und machte es sich auf Pieters Schoß gemütlich. Der riss ein Stückchen Weißes aus einem Brotknust, tunkte es in warme Milch und gab etwas Honig hinzu, dann hielt er es seinem Sohn vor den Mund. Der aß es mit sichtlichem Genuss. »Du hast deine eigenen Vorlieben nicht vergessen«, lachte die Begine. »Und hast sie auf deinen Sohn vererbt«, fügte sie fröhlich hinzu. Das gemeinsame Frühstück wurde zu einem ersten Moment des Glücks, und Pieter verließ das Haus in der festen Überzeugung, dass bald wieder bessere Zeiten anbrechen würden.

Sir William registrierte Pieters verbesserte Stimmung mit stiller Freude. Der junge Mann wollte nun auch mehr wissen über die Pläne seines Gönners in der Hansestadt Köln.

Sir William bewegten die eigenen Zukunftspläne sehr, und er gab ihm bereitwillig Auskunft: »Du kennst meine Vorliebe für Bücher. Mich interessiert neben ihren Inhalten auch ihre Fertigung. Auch wenn handgeschriebene und -gebundene Folianten von besonderer Schönheit sind, haben die neuen Druckerzeugnisse ihnen gegenüber große Vorteile. Viel mehr Menschen können an den Weisheiten der Schriften teilhaben und selbst forschen und studieren. Nur mit dem Buchdruck kann die Zeit der vielen ›*illiterati*‹, der Ungebildeten, ein Ende nehmen.« »Aber warum zieht es Euch dafür von Brügge nach Köln?«, wollte Pieter wissen. »Köln hat sich in den letzten Jahren zu einem Zentrum der Druckkunst entwickelt. Mehr als zehn Druckereien haben dort ihren Sitz. Dort ist der berühmte Drucker Ulrich Zell zu Hause. Der hat seine Ausbildung in Mainz bei einem Gesellen Gutenbergs, Peter Schöffer, erhalten. Er will mich unterrichten. Er hat einige meiner Übersetzungen gedruckt. Außerdem liegt Köln nicht zu weit von Brügge entfernt und ist ohne Erschwernisse zu erreichen. Ich werde vor meiner Abreise natürlich für einen tüchtigen Nachfolger sorgen.« »Das spricht wirklich alles für Eure Entscheidung«, sah Pieter ein. »Trotzdem werde ich Euch sehr vermissen. Euer Rat, Eure Förderung und Eure Freundschaft sind mir sehr wertvoll geworden«, ergänzte er mit deutlicher Trauer in der Stimme. »Die Entfernung muss unsere Beziehungen ja nicht beenden. Ich wertschätze sie genauso sehr wie du«, tröstete ihn Sir William. »Gerade jetzt, wo das Verhältnis unserer Länder wieder in Freundschaft besteht, wäre es schön, Euch in der Stadt zu behalten. Ihr habt viel für diese Freundschaft getan. Auch scheint mir Brügge ein sicherer Platz. Zurzeit sprechen die Diplomaten und nicht das Schwert. Mit dieser Einschätzung des Herzogs habe ich seinen Hofstaat verlassen«, fügte Pieter seinen Gedanken hinzu. Mijnheer Caxton lachte kurz auf und erwiderte: »Wenn du dich da mal nicht irrst! Mir ist gerade zu Ohren gekommen, dass die Diplomaten an einem Waffenbündnis zwischen Burgund, England, Neapel, Kastilien und Aragon arbeiten. Ein solches Bündnis entsteht aber kaum aus Friedensabsichten! ›*Union fait la force*‹, sagt man und das läuft auf eine neue Kraftprobe mit König Ludwig hinaus. ›*Aequalitas non parit bellum.*‹ Kräftegleichheit bringt keinen Krieg hervor, Kräftegleichheit wäre eine bessere Situation.«

»Ich fürchte, Ihr habt recht. Unser Herzog hat viele Aggressionen in sich. Es sind die starken Sterne Mars und Taurus, die seinen Zorn und seine Ambition ins Maßlose fördern.« »Menschen, die meistens recht bekommen, glauben bald, dass sie immer recht haben, und das ist gefährlich«, merkte Sir William an. »Hinzu kommt ein Weiteres. Der Herzog verfolgt das Ziel, den Flickenteppich seiner Länder in ein Ganzes zu verwandeln. Aus seinem Mund hörte ich, wie sich diese Vision erfüllen soll: *Karl von Gottes Gnaden Herzog von Lothringen und Brabant, von Limburg und Luxemburg, Graf von Flandern, Artois und Burgund, Pfalzgraf von Hennegau, Holland, Seeland und Namur, Markgraf des Heiligen Römischen Reichs, Herr von Friesland, Salins und Mecheln* will er werden und danach zu guter Letzt die römische Königskrone erringen. Es scheint mir, als wäre dieser Wunsch in seinem Hirn eingepflanzt und wuchert trotz aller Rückschläge immer drängender weiter. Hoffentlich macht dieser Zwang ihn auf Dauer nicht krank.« Sir Williams eisblaue Augen mit den fast verborgenen schwarzen Pupillen blitzten Pieter belustigt an. In seiner ruhigen Art setzte er den begonnenen Weg durch den Raum fort. »Du weißt deine Worte mit Bedacht zu wählen«, lobte er den jungen Freund. »Aber wer kann schon sagen, ob nicht irgendwann einmal aus der Lust der Aggression ein Todestrieb wird? Wen die Götter lieben, der stirbt jung. ›*Quem dei diligunt, adolescens moritur.*‹« Sir Caxtons Blick schweifte in weite Ferne, als suchte er dort die Antwort für die Zukunft. Pieter wurde der Gesprächsverlauf unheimlich.

»Ich bin Euch dankbar für Eure offenen Worte. Nur bei Euch bin ich mir sicher, dass sie mit all ihrer Brisanz unter uns bleiben«, sagte er. »Meine Lippen sind versiegelt, wie die Brügger Kanäle im Winter«, antwortete sein Gastgeber lächelnd. Nach diesem kleinen Scherz wagte Pieter eine Bitte anzuführen: »Mein Haushalt braucht dringend meine Hilfe. Das gilt für meine Frau genauso wie für meinen Sohn. Mit meinem Schwiegervater muss ich auch noch sprechen und mich über unsere gemeinsamen Geschäfte kundig machen. Deshalb bitte ich Euch, mir in der

Gestaltung meiner Arbeitszeit etwas Freiheit einzuräumen.« Dazu war Sir William sofort bereit. »Wir müssen uns nur ab und zu sehen und deine Übersetzungen besprechen. Und meine zeitlichen Zusagen an die Herzogin müssen natürlich auch eingehalten werden.« Pieter sah darin kein Problem und war erleichtert über die verständnisvollen Reaktionen. Sir William kam noch einmal auf ihr Gespräch zurück: »Eins macht mir bei meiner Kölnreise ein wenig Sorge. Herzog Karl legt sich immer öfter mit dem Deutschen Reich an. Ich hoffe nicht, dass mich der Kölner Erzbischof als ›trojanisches Pferd‹ ansieht, wenn ich in seine Stadt komme. Schließlich bin ich aus Brügge und Landsmann des mit Burgund verbundenen England«, schmunzelte er. »Ich wünsche Euch nur das Beste«, antwortete Pieter und verabschiedete sich für heute. Er wollte bei seinem Schwiegervater vorbeischauen. Er spazierte an den knarrenden Kränen am Minnewaterhafen vorbei und näherte sich dem Kontor. Das Öffnen der Kontortüre ließ eine Glocke anschlagen. Sofort trat ihm aus dem hinteren Raum ein Geselle entgegen. Beim Näherkommen erkannte der ihn und sprach mit einer kleinen Verbeugung: »Seid gegrüßt, ich werde Euch sofort zu Meister Johann führen.« Mijnheer de Worde saß an seinem Schreibtisch und studierte eine Akte. Pieter erschreckte sich ein wenig, als er ihn sah. Sein Schwiegervater war alt geworden. Der Anblick seines schütteren Haares, die vielen Falten im Gesicht und seine von Altersflecken gesprenkelten Hände sprachen Bände. Aber richtig unruhig wurde er, als Meister Johann zu ihm aufsah. An dessen steinernen Miene ersah er sofort, dass der Schwiegervater nicht erpicht war, ihn zu sehen. Wo war die Herzlichkeit geblieben, die ihm noch vor kurzem entgegenschlug? »Du kommst für Anna viel zu spät, hast sie in ihrem Kummer allein gelassen. Vielleicht wäre es besser gewesen, du wärst niemals in ihr Leben getreten. Es scheint ein Fluch auf deiner Familie zu liegen. Die steht immer für Kummer und Leid.« Ein Grußwort blieb Pieter verwehrt. Er öffnete den Mund und schloss ihn gleich wieder, ganz wie ein Fisch auf ungewohntem Land. Es wollte gut überlegt sein, was er seinem Schwiegervater antwortete. »Du tust mir Unrecht, Vater. Du weißt, dass ich meine Zeit nicht selbst einteilen kann. Ich stehe unter dem Befehl des Herzogs. Er bestimmt meinen

Tagesplan. Dass ich mich dabei andauernd nach Annas Nähe sehne, berührt Herzog Karl kaum.«»Du hast dir diese Aufgabe ausgewählt. Als freier Kaufmann hättest du andere Möglichkeiten gehabt. Händler zu werden, stand dir frei«, kam es giftig zurück.»Aber, aber, wie kannst du … Ihr wart doch alle stolz, dass mich die Herzogin ausgewählt hat. Und für unser Geschäft brachte es doch auch Vorteile«, stammelte Pieter erregt. Meister Johann überging seine Antwort mit einem abfälligen Lachen. »Gehen die Geschäfte wenigstens zu deiner Zufriedenheit?«, versuchte Pieter auf günstigeres Terrain zu kommen.»Sie laufen genauso schlecht wie deine Ehe«, knurrte der Alte noch immer voller Zorn.»Der Zwin versandete zusehends. Die Kosten explodieren, weil man stets aufs Neue das Flussbett ausbaggern muss. Die Reie verbindet den Brügger Hafen mit dem Zwin für viele Schiffe nur noch unzureichend. Die Hansekaufleute wandern nach Antwerpen ab, wo auch schon die meisten englischen, portugiesischen und venezianischen Niederlassungen ihren Sitz haben. Das ist schlimm für uns, denn die Hanse hat mehr als zwei Drittel unserer Stoffe abgenommen.« Nun, wo es sich um sein Metier drehte, war der Alte sachlicher geworden. Aber was Pieter zu hören bekam, war nicht gut, und er zeigte sein Mitgefühl. Meister Johann wies die Worte seines Bedauerns jedoch zurück: »Lass gut sein, Pieter. Du kannst hier genauso wenig helfen, wie du es bei dir daheim getan hast. Lass mich in Ruhe. Ich bin nicht im Reinen mit mir und dir. Versuch lieber zu Hause zu retten, was noch zu retten ist. Du wirst mir so lange ein Ärgernis sein, wie Anna sich grämt.« Pieter erkannte, dass jegliche Widerrede unnütz war. Er verabschiedete sich. Er hatte in den letzten Minuten viel verloren, dessen er sich sicher geglaubt hatte. Liebe, Geborgenheit, eine intakte Familie, alles war mit einmal weit weg. Anna hob den Kopf, als er eintrat. Was sie sah, erschreckte sie. Pieters Aussehen war besorgniserregend. Mit dem Schrecken merkte sie, dass sie aus ihrem Jammertal ausgebrochen war und endlich wieder Gefühle für jemand anderen verspürte. Sie machte sich Sorgen um Pieter! In ihr wuchs sogar der Wunsch, sich um ihn zu kümmern. Ihre Anteilnahme tat Pieter gut. Zu gerne redete er sich seinen Kummer aus dem Gespräch mit dem Schwiegervater vom Herzen. Anna war entrüstet. »Wie konnte Vater so was nur sagen«, erregte sie sich. »Er war doch auch bei meiner Geburt auf Reisen und hat nur Glück gehabt, dass mir nichts geschah«, fügte sie wütend hinzu. Pieter versuchte, ihren Zorn etwas einzudämmen: »Geh nicht so hart mit Vater ins Gericht. Ihn drückt der gleiche Kummer wie dich. Du weißt, du bist sein Augenstern, und Katharina hatte er sich so sehr als Enkelchen gewünscht. Er sprach im Zorn und zeigte nicht seine wahren Gefühle«, machte er sich auch selber Hoffnung. »Was man unbeherrscht sagt, ist, was man in Wahrheit denkt«, blieb Anna hart. »Ich werde morgen zu ihm gehen und ihn zur Rede stellen.« Anna rettete den neu gewonnenen Schwung in den nächsten Tag hinein. Sie wollte zwar die Aussprache mit ihrem Vater, doch sie beschloss, sie erst um die Mittagszeit zu suchen. Dann war ihr Vater zu Hause, nahm sein Mittagsmahl ein und hielt danach ein Nickerchen. Ihn schon morgens im Kontor aufzusuchen, hatte sie schnell verworfen. Sie wollte mit ihm Tacheles reden, und das ging nicht vor seinen Angestellten. Voll Ungeduld registrierte sie, dass sie nun den ganzen Vormittag warten musste. Sie nutzte die Zeit, um ihre Lage gründlich zu überdenken. Ihre Gedanken gingen zu der toten Tochter. Sie kam trotz aller Trauer zu dem Schluss, dass es so nicht weitergehen durfte. Sie würde zwar Katharina nie vergessen, wollte aber ihr Leben vernünftig weiterleben. Cornelis hatte ein Anrecht auf ihre Fürsorge. Pieters wusste ebenfalls nicht, wohin mit seinen Sorgen. Sie wollte ihm eine liebevolle Ehefrau sein! Ich werde mich an die vielen schönen Dinge erinnern, die ich mit meiner Familie erlebt habe. Das wird mir helfen, auch die Zukunft positiv zu sehen, beschloss sie. Nach so viel Selbsteinsicht überlegte sie, wie sie mit ihrem Vater umgehen wollte. Er war mit Katharinas Tod ein verbitterter, alter Mann geworden. Anscheinend drückten ihn auch noch andere Sorgen. Sie wusste nicht, wann sie ihn das letzte Mal hatte lachen sehen. Unverständlicher blieb es für sie, wie er sich gegen Pieter verhalten hatte. Das musste sie ansprechen! Nun war sie bereit, mit ihrem Vater zu reden! Sie ließ Cornelis daheim. Er durfte das Streitgespräch mit seinem Großvater nicht mitbekommen. Sie erreichte ihr Elternhaus gegen halb ein Uhr mittags. Sie hatte sich den Zeitpunkt genau überlegt. Ihr Vater würde gerade ge-

gessen haben. Zu dieser Zeit würde er ein wenig träge sein und nicht ganz so streitbar, hoffte sie. Als man sie in den Wohnraum führte, sah sie, dass sie den Moment richtig abgepasst hatte. Ihr Vater lag mehr, als dass er saß, in seinem schweren Sessel und döste vor sich hin. Doch als er sie erkannte, war er sofort hellwach. »Nanu, das ist ja eine Freude. Hat es dich endlich wieder vor die Haustür getrieben?« Als er sie dann so grimmig vor sich stehen sah, schaltete er sofort. Ihm war klar, warum sie zu ihm kam! Er beschloss, zu schweigen und darauf zu warten, dass Anna sprach. Anna war nicht in der Stimmung für ein langes Vorgeplänkel. »Willst du meine Ehe zerstören?«, platzte es aus ihr heraus. Wie sie da breitbeinig mit gekrauster Stirn und hartem Blick steht, hat sie trotz aller Zartheit etwas äußerst Männliches an sich, dachte er. »Wie kommst du darauf?«, antwortete er kurz. Er wollte sie durch die Frage nur bewegen, weiterzureden. »Wenn nur die Hälfte von dem wahr ist, was Pieter mir erzählt hat, so ist deine Frage nicht zu verstehen. Ich empfinde sie sogar als böse, Vater!« Mijnheer Johann hatte sich nicht vorstellen können, dass seine Tochter jemals so gegen ihn vom Leder zöge. Er bemühte sich, ruhig zu bleiben. »Was du Pieter angetan hast, hast du auch mir angetan. Er kam ganz verstört nachhause. Du hast ihn mit deinen Anschuldigungen ins Mark getroffen. Pieter ist dir immer ein guter Schwiegersohn gewesen. Du hattest keinen Grund für eine solche Entgleisung«, ereiferte sie sich. »Wo ist er denn gewesen, als du ihn brauchtest? Nur das habe ich ihm vorgeworfen. Ich wollte dich schützen. Nicht mehr und nicht weniger wollte ich«, verteidigte sich ihr Vater nun doch. »Das ist ja verrückt! Wo warst du denn bei meiner Geburt? Pieter so etwas vorzuwerfen ist unrecht! Welches Unglück hat er in unsere Familie gebracht? Das Vermögen unserer Familie hat er mit seinem Erbe verdoppelt! Welches Unglück haftet seiner Familie an und hat er mir eingeimpft? Wirst du in deinem Alter abergläubisch?« »Was führst du für einen Ton gegenüber deinem Vater? Willst du bestreiten, dass ein böser Schatten über seiner Familie liegt? Mord und Totschlag, Tod der gebärenden Mutter und Bosheit im Geschäftsgebaren!«

»Wie kannst du ihm solche schlimmen Schicksalsschläge ankreiden? Wenn man im Mist wühlt, stinkt es nur. So etwas kann man bedauern, aber solche Unglücksfälle sind doch nicht ansteckend! Mich hat Pieter jedenfalls glücklich gemacht, mich und Cornelis.« Mijnheer Johann war sprachlos, aber er fühlte, dass er einlenken musste, wollte er Anna nicht verlieren. »Um Gottes willen, ich bin doch kein Unhold! Das wollte ich nicht, was ich da angerichtet haben soll«, antwortete er kleinlaut. »Was ich sagte, kam doch nur aus Sorgen um dich über meine Lippen. Du weißt doch, ich liebe dich über alles, mein Kind!« Anna fiel ein Stein vom Herzen. Ihr Vater hatte nur aus Angst um sie so überreagiert. Sie konnte ihm dafür nicht weiter böse sein. Sie musste ebenfalls einlenken. »Dann musst du das auch Pieter sagen. Mach ihm klar, dass wir nach wie vor seine Familie sind und dass er zu uns gehört. Behandle ihn wie einen Sohn.« Ihr Vater nickte und sagte zu Bekräftigung: »Ja, das werde ich tun. Aber du musst mir auch etwas versprechen. Werde wieder meine lebensfrohe Anna.« Mit diesen Worten nahm er sie in seine Arme und drückte sie. Anna hatte sich lange nicht mehr so leicht und beschwingt gefühlt. Erleichtert machte sie sich auf den Heimweg. Daheim sprudelte alles aus ihr heraus. Sie erklärte Pieter mit vielen Worten ihres Vaters Beweggründe und bat ihn um Verständnis für dessen Ressentiments. Pieter ging gern darauf ein. Er war froh, Anna wieder so lebhaft zu sehen. Er versprach, nicht nachtragend zu sein. Die Eheleute beschlossen, die Eltern bald zu besuchen. »Es soll ein Fest der Versöhnung werden«, bekräftigte Pieter dieses Vorhaben.

16

Im Land und an seinen Grenzen gärte es. Den Untertanen waren die Abgaben viel zu hoch geworden und die Nachbarländer muckten gegen die Expansionsgelüste des Herzogs auf. Außerdem verstärkten sich König Ludwigs Intrigen gegen Burgund immer mehr. Sein Verlangen nach Rache war mit jeder Demütigung durch den Herzog gewachsen. In Anna wuchs derweilen der Wunsch nach Intimität und Nähe zu ihrem Mann. Ein zweites Kind, womöglich eine Tochter, wünschte sie sich zunächst nur heimlich. Mein Anliegen ist in den unruhigen Zeiten Burgunds wenig patriotisch, dachte sie. Unser Herzog sähe es bestimmt viel lieber, wenn wir die Söhne des Landes mehrten! Aber sie wollte nicht für den Kriegsdienst gebären. Sir Williams Abschied rückte nun schnell näher. Pieter hatte sich in die Materie so eingearbeitet, dass er den Vorstellungen der Herzogin alleine gerecht werden konnte. Sir William reiste deshalb beruhigt nach Köln und versprach Pieter, schriftlich Kontakt zu halten.

Dann kam der Herbst mit Macht. Ihr Familienleben verlagerte sich immer mehr ins Haus. Draußen war es zu kalt und garstig geworden. Die tiefen Herbstnebel konnten die Aktivitäten des Herzogs nicht überdecken. Francesco Bertini, der Vertraute König Ferrantes von Neapel, handelte ein Bündnis zwischen Burgund und Neapel aus, welches nach Karls Billigung am 1. November in St. Omer unterzeichnet wurde. Bertini verblieb danach als Vertreter seines Herrn am burgundischen Hof. Dort verband ihn bald eine Freundschaft mit des Herzogs Vertrauten und Gouverneur, Guy de Brimeu. Beide Männer schmiedeten Pläne gegen den französischen König. Der Vertrag von St. Omer wurde schnell zum Bund von fünf Staaten. England, Aragon und Kastilien schlossen sich an. Herzog Karls gestärktes Bündnissystem bot nunmehr günstigste Voraussetzungen für weitere kriegerische Überlegungen. Der Herzog hatte nun keine Hemmungen mehr, seine Pläne in Geldern voranzutreiben. Er bedrängte den alten Arnold in seinem Sinne und kam am 1. Dezember zu einem Teilerfolg. Ihm wurde von Arnold die hohe Gerichtsbarkeit im Land übertragen. Viele konfiszierte Güter der Gegner Arnolds gingen in seinen Besitz über. Die Stadtvertreter nahmen dies nicht ohne Widerstand hin. Sie wandten sich mit einer Petition an den deutschen Kaiser. Schließlich war Geldern eines seiner Lande. Ihre Petition ans Reich trug nur magere Früchte. Protestnoten gingen nach Burgund und trübten das Verhältnis. Herzog Karl fühlte sich jedoch mittlerweile stark genug, an zwei Fronten zwei Herrschern zu trotzen …

Pieter ließen diese Entwicklungen nicht kalt. Er grämte und sorgte sich. Sir Williams pessimistische Vorhersagen waren Wahrheit geworden. Es würde wieder Krieg geben. Doch zum Jahresende kam es noch nicht dazu. Am 15. Dezember musste Herzog Karl in aller Eile zum Schloss Motte-au-Bois, um von seiner sterbenden Mutter Isabelle Abschied zu nehmen. Seine Tochter Maria war an seiner Seite. Maria war herangewachsen und eine Schönheit geworden. Obwohl Karl das Leid um die Mutter tief bewegte, überdachte er sofort Marias Situation. In seinem Kopf festigte sich der Entschluss, diese Tochter wirklich nur gegen eine Königskrone wegzugeben. »Herzog Karl die Königskrone«, war seine Devise! Dieser Wunsch wurde so mächtig, dass es ihn drängte, den Satz immer wieder zu hören. Er brachte ihn seinem Papagei in lateinischer Sprache bei: »*Carolo Duci corona regia!*«

Pieter konnte über die Festtage in Brügge bleiben und Anna wurde zu beider Freude erneut schwanger.

Den elsässischen Landvogt Hagenbach schickte der Duc zum Jahreswechsel nach Wien, um Kaiser Friedrichs Sohn Maximilian zu begutachten. Auch er war inzwischen herangewachsen. Den Duc interessierten sein Wuchs, sein Charakter und seine sonstigen Eigenschaften. Wenn alles passte, würde man für eine Hochzeit schon die rechte Lösung finden! Herzog Sigmunds Hoffnung, er könne den Téméraire endlich doch für einen Waffengang gegen die Schweizer gewinnen, bekam neue Nahrung. Papst Sixtus IV. schrieb zum Weihnachtsfest an den Duc, Burgund möge den Tiroler gegen dessen Feinde unterstützen. Damit konnten nur die Eidgenossen gemeint sein! …

Im Frühjahr 1472 versuchten die Wittelsbacher Fürsten, Herzog Karl im Sinne der Stadtvertreter Gelderns milde zu stimmen. Der arretierte Herzog Adolf tat das Seine hinzu und versprach dem Duc, ihn als Herrn anzuerkennen, sollte er ihn freilassen. Herzog Karl blieb jedoch hart. Er fühlte sich stark genug, den Wittelsbachern die Bitte abzuschlagen, obwohl er ihre Zustimmung für die Königskrone und Marias Vermählung mit Maximilians gut gebrauchen konnte. Von April bis Mai fand sich eine kaiserliche Gesandtschaft am Hof in Brügge ein, um die abgebrochenen Gespräche zwischen Kaiser Friedrich und Herzog Karl wieder in Gang zu bringen. Pieters Übersetzungsarbeiten für die Herzogin neigten sich zwar dem Ende zu, aber durch das Eintreffen der kaiserlichen Gesandtschaft erhielt seine Abreise von Brügge einen neuerlichen Aufschub. Herzog Karl gab ihm die Order, Adolf van Gruuthuse bei der Vorbereitung der Verhandlungen zur Seite zu stehen. Johann Espach war als Deutscher unter den Gesandten des Herzogs. So konnte manchmal im vertraulichen Austausch die Diplomatensprache »Latein« verlassen werden. Pieter bemühte sich, wenigstens Grundzüge der deutschen Sprache zu erlernen. Die Verhandlungen verliefen eingebettet in höfischem Prunk, aber blieben zähflüssig und vage. Keine der Parteien bewegte sich so recht. Bei Herzog Karl war es das Vertrauen auf seine Stärke, das keine Kompromisse zuließ. Die Order des Kaisers für seine Gesandten war hingegen von der Angst geprägt, durch zu große Zugeständnisse an den Burgunder die Reichsfürsten zu vergrätzen. Bei der Verabschiedung der Gäste war alles noch offen. Herzog Karl zeigte sich verärgert, als man ihm berichtete. Für Pieter verblieb nun in Brügge nur noch ein kurzer Aufenthalt bis nach dem Osterfest. Zunächst ahnte Anna nur, dass Ostern Pieters Abschied einläuten sollte. Gewissheit brachte der Brief, mit dem er seine Übersetzung an die Herzogin sandte und offenbarte, dass ihn der Herzog angefordert hatte:

Hoch wohl geborene Herzogin, meine gnädigste Gebieterin Margarete,
Heute habe ich die demütige Freude, Euch zu vermelden: Es ist getan! Sir William hatte begonnen, das wunderbare Werk aus dem alten Griechenland in Eure Muttersprache zu übersetzen. Wie unsagbar schwer war es für mich, in seine Fußstapfen zu treten und den Text zu vollenden. Ich tat mein Bestes und hoffe auf Euer Wohlwollen. Noch ganz aufgewühlt ist mein Gemüt vom tragischen Schicksal der großen Helden. Äneas kämpfte voll Mut und Kraft selbst gegen den Willen mächtiger Götter und starb heldenhaft, wie es einem Ritter geziemt. Doch am Schluss siegte mit dem hölzernen Pferd List und Ränke. Angst kam in mir auf, so könnte es auch einmal der listigen französischen Spinne gegen unseren Herrn gelingen! Ist unser Herrscher ein strahlender Ritter, so ist der Franzosenkönig nun mal ein Ränkespieler par excellence! Möge Gott König Ludwig, anders als den Helenen, den Sieg auf ewig verwehren. Wir dürfen jedoch nie hoffertig werden. Die Bibel lehrt uns: »Wer meint, dass er sicher steht, soll aufpassen, dass er nicht fällt.« (1. Kor. 10,12) Meine Zeit in Brügge geht mit der Arbeit für Euch zu Ende. Euer Gatte wünscht mich zurück an seinen Hof. Bald werde ich also wieder von dort berichten können.
Als demütiger Untertan grüßt Euch
Pieter van der Weyden, Hofbibliothekar und Bürger von Brügge.

In den letzten Tagen erreichte Pieter eine erste Nachricht von Sir William Caxton:

Mein lieber Pieter,
ich hoffe sehr, dass Deine kleine Familie nach dem Tod der Tochter wieder Trost und Frieden gefunden hat. Deine Übersetzungsarbeit wird inzwischen dem Ende zugehen. Hoffentlich bedeutet das nicht, dass Du Brügge wieder verlassen musst. Ich bin in Köln schon heimisch geworden. Die Buchdruckerkunst ist ein faszinierendes Gewerbe. Ich komme mit dem Studium voran und habe schon große Pläne, meine neuen Kenntnisse einzusetzen. Köln hat mich als Engländer sehr freundlich empfangen. Die Stadt ist aus der Hanse ausgeschlossen worden, weil sie sich am Streit mit meinem Va-

terland nicht beteiligte, bekam aber dafür von meinem König besondere Privilegien. Dieser Umstand macht mich als Engländer beliebt. Mit etwas scheelen Augen wird allerdings meine Bindung zu Brügge beguckt. Erzbischof Ruprecht von der Pfalz wird vom Domkapitel und der Stadt nicht anerkannt. Herzog Karl unterstützt also einen ungeliebten Kirchenfürst. Das wird mir ein wenig böse angerechnet. Ich kann aber damit gut leben. Mein tägliches Dasein beeinflusst es kaum.
Beste Wünsche, auch an Anna
Dein Freund
Sir William Caxton.

17

Ludwigs Bruder Karl, der immer wieder mit dem Burgunderherzog konspiriert hatte, verstarb ganz plötzlich im Mai in Bordeaux an Tuberkulose. Herzog Karl sowie Herzog Franz II. der Bretagne brachten das Gerücht in Umlauf, König Ludwig habe ihn vergiften lassen, und beide kündigten die Waffenruhe mit Ludwig auf. Rasch begannen ernsthafte Kriegsvorbereitungen. Der Herzog sammelte dafür aufs Neue all seine fähigen Köpfe um sich. Pieter van der Weyden gehörte dazu. Der Abschied von Anna und Cornelis, dem ungeborenen Kind und dem beschaulichen Familienleben fiel dem jungen Mann schwer. Aber wieder bestimmte eben ein Mächtigerer sein Geschick. Pieter verspürte Ängste, ohne seine Fürsorge könne sich Annas Unglück wiederholen. Anna ließ sich ihre gleichen Sorgen nicht anmerken. Sie wollte Pieter den Abschied nicht noch schwerer machen, als der ihm ohnedies schon fiel.

Bei den Kriegsvorbereitungen waren Herzog Karl alle Mittel recht. Am 24. Mai wurde zwischen ihm und Nikolaus I. Herzog von Lothringen in Arras ein Vertrag geschlossen. Man versprach sich gegenseitige militärische Hilfe. Nikolaus spekulierte dafür auf die Ehe mit Maria. Herzog Karl verschwieg ihm seine wahren Pläne und machte ihm sogar Hoffnung. Er ließ zu, dass sich Nikolaus im Juni nach Mons begab, um Maria zu treffen. Dort wurden Schriftstücke ausgetauscht, die ein Eheversprechen Marias davon abhängig machten, dass Nikolaus den Vertrag von Arras wirklich einhielt. Der Lothringer war fürs Erste zufrieden und begierig darauf, an den militärischen Aktionen des Duc teilzunehmen. Pieter nahm nach seiner Ankunft bei Hofe die Berichterstattung an die Herzogin wieder auf. Die Herzogin verurteilte das Doppelspiel ihres Gemahls gegen den

Lothringer. Aber ihre Ratschläge ließen den Herzog vom eingeschlagenen Weg nicht umkehren. Für Margaretes Warnungen hatte der Fürst nur ein unwilliges Kopfschütteln. »Der Zweck heiligt die Mittel«, befand er und tat sie ab.

Als König Ludwig Herzog Nikolaus' Werben zu Ohren kam, sah er seine Felle davonschwimmen und bot Karl nochmals nachdrücklich den Dauphin als Ehemann für Prinzessin Maria an. Herzog Karl lachte nur. Wie wenig ernst er allerdings auch seine Versprechungen an Nikolaus nahm, wurde bald deutlich. Am 2. Juni brach auf seine Veranlassung eine burgundische Gesandtschaft unter der Führung des Abtes von Casanova zum Kaiser auf, um die Heiratsverhandlungen für Maria und Maximilian wieder aufzunehmen. Am 4. Juni griff der Burgunderherzog König Ludwig an. Mit dem Wort »Rache« auf den violett-schwarzen Bannern seiner Ritter zog er ins Feld. Er bat zuvor Herzog Johann von Kleve, den alten Herzog Arnold nicht weiter zu unterstützen, und mahnte die Parteigänger des jungen Adolfs, Waffenruhe zu halten. Sein Drängen zeitigte Erfolg.

Pfalzgraf Friedrich I. erwies sich wieder als einer von Herzog Karls treuesten Verbündeten. Obwohl ihn der Franzosenkönig mächtig umschmeichelte, ging er kein Bündnis mit ihm ein, sondern unterstützte den Burgunderfürsten mit 300 pfälzischen Reitern auf dem Feldzug gegen Frankreich. Auch Herzog Franz II. der Bretagne war beim Waffengang gegen Ludwig dabei. Er verbreitete zur Rechtfertigung seines Kampfes, er habe zwei Männer festgenommen, und die hätten gestanden, im Auftrage König Ludwigs dessen Bruder vergiftet zu haben. So wurde aus Gerüchten für viele eine bewiesene Tatsache. Der Zauderer Ludwig reagierte diesmal überraschend schnell mit einem Gegenschlag. Er zog zunächst gegen den schwächeren Gegner, die Bretagne, und hatte Erfolg. Am 7. Juni kapitulierte Ancenis nach nur eintägiger Belagerung. Herzog Franz ging aber nicht auf König Ludwigs Vorschlag ein, einen Separatfrieden auszuhandeln. Er wusste, dass der Burgunderherzog mit seinem Heer heraneilte und hoffte auf Entsatz …

Der Duc hinterließ auf seinem Weg zu ihm eine deutliche Spur der Verwüstung. Seine grausamsten Marodeure waren die von Vogt Hagenbach beigesteuerten elsässischen Söldner. Am 27. Juni erreichte Herzog Karls Heer Beauvais. Die Stadt lag am Zusammenfluss von Avelon und Thérain in einem von waldigen Hügeln begrenzten Tal. Hinter dem Mauerring erhoben sich schmucke Dächer. Über allem thronte der schlanke Kirchturm eines großen Gotteshauses. Herzog Karls Belagerungsheer zählte gut 5.000 Krieger. Der Erfolg schien ihm sicher. Die Ausrüstung der Männer war allerdings dürftig. Karl hatte vor allem Fußsoldaten, zumeist nur mit hölzernen Stoß- und Stichwaffen. Nur wenige Soldaten waren mit eisernen Spießen und Hellebarden gewappnet. Auch die Artillerie war schwach und konnte nur punktuell eingreifen. Herzog Karl konzentrierte sie gegenüber dem Stadttor. Er befahl, es sturmreif zu schießen. Mit seinen wenigen Sturm- und Feldhaubitzen wollte er den Verteidigungswillen der Bürger brechen und für einen Angriff eine Bresche in die starke Stadtmauer bombardieren. Rauchwolken und rote Flammenzungen zeigten, wenn seine Geschütze Erfolg hatten. Die in der zweiten Reihe postierten Armbrustschützen hatten den Auftrag, jeden ins Visier zu nehmen, der sich nach dem Beschuss wieder auf der Stadtmauer zeigte. So hoffte der Herzog, den Widerstand schnell zu beenden. Aber die Belagerten zeigten sich zäh und fantasievoll. Sie fügten geschickt Konstruktionen aus dicken Brettern zusammen und zimmerten daraus ein haltbares Bollwerk. Mit Helmen und Halbpanzern schützten sie sich dahinter gegen die heranschwirrenden Bolzen und Pfeile. Die Belagerten reihten sogar Frauen und Kinder in ihren Verteidigungsring ein. Die Anführerin der Frauen hieß Jeanne Fouquet und wurde Jeanne Hachette genannt. »Die Hackerin«, nichts war vor ihr sicher! An der Spitze ihrer Amazonen erbeutete sie am zehnten Tag der Belagerung bei einem Ausfall sogar eine Fahne von Herzog Karls Garderegiment. Welche Demütigung! Dieser Triumph spornte die Bewohner der Stadt zu weiterer Gegenwehr an. Ständig quietschten Wagen durch die Straßen und fuhren Wasser zu den Brandherden, um sie zu löschen. Der Wille, nicht aufzugeben, blieb trotz der verzweifelten Lage ungebrochen. Alle Bürger kämpften mit äußerstem Mut, denn sie waren sich gewiss, dass die Stadt geschliffen würde, wären ihre Mauern erst einmal von den Burgundern überwunden. Und wirklich, die Belagerten hielten ihre Stadt. Anmut und Idylle des Ortes waren zwar in dem Bombardement untergegangen. Die schmucken Giebelhäuser waren genauso zerstört wie die gotische Kathedrale. Der 153 Meter hohe Turm des Gotteshauses bekam viele schlimme Blessuren. Herzog Karl hatte über einen knappen Monat hin vergeblich angegriffen. Am 22. Juli musste er unverrichteter Dinge abziehen. Noch ganz unter dem Eindruck dieses Misserfolges schrieb Pieter an die Herzogin und äußerte sich dabei freimütiger denn je:

Dass Worte etwas bewegen oder aufhalten können, hat mich schon als Kind fasziniert. Bei unserem Fürsten versagt diese Erkenntnis. Es ist mir, als entscheide er nur nach Gusto und gegen jeden Rat. Es bekümmert mich, Euch Eure Ängste um den Herzog nicht nehmen zu können. Im Glauben an unseren allmächtigen Gott denke ich, dass es ihm nicht gefällt, wenn Menschen, und seien es Fürsten, ihren Ehrgeiz über die Vorsicht stellen. Der Mensch muss lernen, sich zu zügeln, auf den Rat seiner Freunde zu hören und alles mit Maß und Besonnenheit anzugehen. Im Hause Burgund fallen derzeit die Entscheidungen jedoch immer öfter im Zorn und voll Wut! »Absit omen!« *Möge dies keine schlechte Vorbedeutung haben! Der Herzog arbeitet zudem zu viel, mehr als es einem Fürsten guttut. Herz und Seele müssen im Einklang sein, fordert eine Regel des heiligen Benedikt. Aber das scheint bei unserem Herrn derzeit nicht so zu sein! …*

Auch an Anna richtete er einige Zeilen. Er berichtete ihr über den Misserfolg des Herzogs, zeigte ihr aber auch, wie sehr er an sie dachte:

König Ludwig trägt vorrangig alle Schuld, das ist gewiss. Aber unser Herr hält mit aller Macht höchst unbeherrscht dagegen. Der Eisenregen seiner Kanonen war entsetzlich. Wir belagerten nun schon seit Wochen die Stadt. Drinnen herrschte Hunger und Durst, aber die Gegenwehr nahm kein Ende. Die Belagerten wussten, wie schlimm das Plündern und Morden würde, wenn sie aufgäben. Hier draußen in den Zelten haben Erkältung, Durchfall und Gliederschmerzen die Oberhand. In unseren Reihen lassen Moral und Ordnung täglich nach. Dass unser Herr schließlich aufgeben musste, war eine zwangsläufige Folge! Wir ziehen von dannen mit leeren Händen. Neben Dir und neben den Kindern vermisse ich Bücher, die den Geist stärken. Sie gehen mir hier im Lager aus, und so greife ich manchen Abend gierig zu Romanen und sinnlosen Rittergeschichten, die hier in den Zelten zu haben sind. Ich bete zu Gott, er möge uns eine gesunde Tochter schenken, damit Du glücklich bist. Ich setze mich keiner unnötigen Gefährdung aus und erhoffe das Gleiche von Dir.

 In Liebe Pieter!

18

Der Burgunderherzog behielt trotz aller Rückschläge seine Pläne für ein burgundisches Großreich im Auge. Noch im Juli trafen sich auf seinen Befehl hin Gesandte mit denen von Herzog Sigmund in Bregenz. Zu seinen Leuten gehörte Peter von Hagenbach. Der suchte zur Befriedung des Elsass und als Schweizerhasser einen Schulterschluss mit Sigmund gegen die Eidgenossen. Der Tiroler hatte nie aufgehört, Burgund zu drängen, gegen die Eidgenossenschaft Krieg zu führen. Inzwischen bereute er das eingegangene Bündnis mit Karl. Der hatte ihn schon zu lange hingehalten. Sigmund hatte sogar bereits heimlich andere Wege beschritten, um seine Pfandlande zurückzuerhalten und Fühler in Richtung der ungeliebten Eidgenössischen Tagsatzung ausgestreckt. Das war Hagenbach zu Ohren gekommen und durfte aus seiner Sicht nicht geschehen. Er versprach dem Tiroler, auf den Duc wegen eines Waffengangs gegen die Eidgenossen einzuwirken, obwohl er genau wusste, dass zurzeit die Partei um den Kanzler Hugonet und Guillaume de Rochefort am burgundischen Hof die Oberhand hatte. Die wollten einen Krieg gegen die Eidgenossen auf jeden Fall verhindern und schielten stattdessen auf Savoyen. Selbst nach einer erfolgreichen Annexion Savoyens hatte aus ihrer Sicht die Aufgabe, Mailand aus dem Bündnis mit Frankreich zu lösen, gegenüber einem Kampf mit den Eidgenossen Vorrang. Hagenbach belog den Tiroler also bewusst. Herzog Sigmund glaubte jedoch seinen Versprechungen und hielt fürs Erste still.

Bernhard von Ramstein suchte mit Graf Rudolf von Sulz einen Durchbruch für die Vermählung Marias. Von Sulz war ein enger Vertrauter des Kaisers. Von Ramstein erfuhr in den Besprechungen, dass der Kaiser einer Heirat Maximilians und Marias durchaus Interesse abgewann und sogar inzwischen zu einer Krönung des Herzogs bereit war. Nur des Herzogs Nachfolge nach ihm als Kaiser lehnte er wegen der legitimen Ansprüche seines eigenen Sohnes strikt ab. Von Ramstein brachte bei von Sulz den Gedanken ins Spiel, Maximilian könne doch Karl nach dessen Tod als Kaiser nachfolgen! Dem Grafen schien dieser Vorschlag bedenkenswert ...

Léonard de Potos fühlte anderen Ortes für Karl vor, wie die Lösung Mailands aus dem Bündnis mit Frankreich und die Annexion Savoyens bewerkstelligt werden könnten. Die Lehengebiete der savoyischen Herzogin befanden sich in der Westschweiz. Grandson, Yverdon und Orbe gehörten dazu. Herzogin Yolanda hatte immer noch einen Schutzvertrag mit Bern. Inzwischen erschienen ihr die Nähe der Berner und besonders die Freundschaft des Nikolaus von Diesbach zu ihrem verhassten Bruder Ludwig aber als störend. Sie wollte den Schutzvertrag beenden und schien für Herzog Karls Unterstützung und Hilfe reif. Sie beließ es nicht nur bei Überlegungen, sondern handelte in diesem Sinne, und so zeterten die Berner bald von Vertragsbruch ...

Herzog Karl führte inzwischen sein Heer Richtung Normandie und verwüstete auf seinem Weg das ganze Land. Ein Rachefeldzug nahm seinen Lauf. Den Söldnern wurde nichts verboten. Mit allen Mitteln durften sie ihren rückständigen Sold zusammenrauben. Bauernkaten gingen in Flammen auf. Nicht nur ansehnliche Weiberröcke waren zur Schändung freigegeben. Nach langer Zeit Schmalhans Küchenmeister schlugen sich die Soldaten die leeren Mägen mit Beutegut voll. Bald jedoch hatte das Heer die ganze Umgebung wie Heuschrecken leer gefressen. Die Versorgung ließ wieder zu wünschen übrig. Der Herzog konnte zudem keine größere Stadt erobern. Einen Seineübergang erzwang er ebenfalls nicht. Im August erlitt er einen herben Rückschlag. Philipp de Commynes, einer seiner engsten Berater, lief in der Nacht vom 7. auf den 8. August zu König Ludwig über. Der 25 Jahre junge Mann sollte damit allerdings nicht glücklich werden. Er wurde am französischen Hof den Geruch des Überläufers niemals los. Der Burgunderherzog jedoch war nach dieser

Fahnenflucht am Boden zerstört und ließ sich unter dem ersten Schock mit König Ludwig auf Verhandlungen ein. Was für den Herzog Tage der Enttäuschung wurden, wurden für Pieter Tage des Glücks. Mitte August erhielt er die Nachricht aus Brügge, dass Anna ein gesundes Mädchen entbunden hatte. Er konnte gar nicht so schnell schreiben, wie sein Herz vor Freude überlief:

Ich möchte aus der Ferne alle Deine Gefühle teilen!
  Ich möchte unsere Tochter durch Deine liebenden Augen sehen! Ich möchte mich immer nach Euch dreien richten und nur für Euch leben! ...

Mit dem Brief schickte er ihr einen Ring mit einem tiefroten Rubin, den er am gleichen Tag erstanden hatte. Er schrieb dazu:

Dieser Stein soll nach den metaphysischen Gesetzen Dich immer vor Traurigkeit und bösen Geistern schützen. Es ist schrecklich, nicht bei Euch zu sein! ...

Kurz darauf erhielt Pieter einen Brief der Herzogin:

Eure Übersetzungen sind perfekt und haben mich sehr erfreut. Habt Dank dafür! Parallelen zu Troja dürfen in Burgund wahrlich nie eintreten! Der Drang meines Gemahls, alles selbst zu entscheiden, liegt sicher in seinem so unterschiedlichen Beraterstab begründet. Schon nach seinem Amtsantritt bildeten sich unter ihm zwei Lager heraus: die romanische Partei vom Kanzler Hugonet, von Rochefort und Brimeu geführt, hatte das Wohlwollen von Karls Bruder Anton. Sie suchte immer wieder, den Konflikt mit dem französischen König zu entkrampfen, und wollte die Annäherung an Mailand. Das zweite Lager stand unter Vogt Hagenbach und versuchte, den Herzog in seinem Drang zu bestärken, sich ins Reichsgebiet zu orientieren und die Nähe von Habsburg zu suchen. Beide Richtungen standen sich immer im Weg. Mein Gemahl muss allein die für ihn sinnvolle Richtung finden! Eure Berichte machen mir trotzdem Sorgen. »*Silent leges inter arma.*«

Wenn die Waffen sprechen, schweigen die Gesetze. Nehmt keine Rücksicht auf meine Ängste und bleibt auch künftig offen und ehrlich zu mir! »*Metus Spem sequitur.*« *Die Hoffnung ist der Begleiter der Furcht!*

Pieter fühlte bei diesen Zeilen ein wenig Stolz.

Am 3. November akzeptierten die Streithähne Karl und Ludwig einen Waffenstillstand. Antoine de Montjeu als Magister und Doktor beider Rechte legte im Dienste Burgunds erfolgreich jedes Wort der Vereinbarung auf die Goldwaage. Der Waffenstillstand sollte dann wirklich bis April 1473 andauern! Herzog Nikolaus von Lothringen war über diese Entwicklung maßlos enttäuscht und verlor das Interesse an der burgundischen Sache. Schon am 5. November entband er Maria von ihrem Eheversprechen und kündigte gegenüber Karl seine Zusagen auf. Der Herzog wurde auf diese Weise einen nicht genehmen Bewerber für seine Tochter los! Die beiden großen Widersacher auf der Bühne der Macht waren nach dem letzten Waffengang angeschlagen. Um König Ludwigs Gesundheit stand es zudem sehr schlecht. Er war jetzt 51 Jahre alt. Ein erlittener leichter Schlaganfall machte in ängstlicher als zuvor. Kriegsspiele wollte er künftig vermeiden. Intrigenspiele wurden für ihn zur Hauptsache. Misstrauen quälte ihn bei allen Dingen. Nicht einmal die Mailänder waren als Verbündete noch zuverlässig! Galeazzo Maria Sforza war kein Freund, wie es sein Vater gewesen war, glaubte der König zu erkennen. Er ersann eine perfide List, um das zu ändern. Er konfrontierte Galeazzo mit den jüngsten Machenschaften des gegnerischen Venedigs. Die mächtige Stadt im Meer verteilte jährlich bis zu 20.000 Dukaten an die Räte und Heerführer des burgundischen Hofs für deren Wohlverhalten! König Ludwig war höchst zufrieden, wie sehr sich der Mailänder über die Burgunder entrüstete. Maria Sforza rückte von ihnen ab und blieb noch einmal an Frankreichs Seite. Nach dem Tod seines Bruders und der Waffenruhe mit Burgund zog König Ludwig das Herzogtum Guyenne ein und auch die Burg des Grafen Armagnac, der immer wieder gegen ihn rebelliert hatte. Herzog Karl musste ihn mangels militärischer Möglichkeiten gewähren lassen und wandte sich zerknirscht anderen Plänen zu. Der Abt von Casanova traf in der zweiten Novemberhälfte zusammen mit einer kaiserlichen Gesandtschaft in Abbeville ein. Zum wiederholten Mal wurde die Vermählung der Kinder besprochen. Herzog Karl hatte aus den Bekundungen des Kaisers gelernt und billigte nun eine Zustimmung von Papst und Kurfürsten zu seiner Krönung. Sein Augenmerk richtete sich wieder auf Geldern. Am 7. Dezember konnte er Herzog Arnold endlich den entscheidenden Vertrag abringen. Der verpfändete ihm für 300.000 Goldgulden sein gesamtes Staatsgebiet und die Grafschaft Zütphen. Herzog Karl garantierte ihm dafür auf Lebzeiten das Nutzrecht an den überschriebenen Ländern und ließ ihm den Herrschertitel. Außerdem erhielt der Greis vom Burgunderherzog eine Zuwendung von 92.000 Goldgulden. Um das Land kontrollieren zu können, beanspruchte Herzog Karl vier Burgen darin, die er mit seinen Soldaten besetzte. Auch Steuern und Gerichtsbarkeit nahm er in seine Hände. Mit diesem Abkommen war die Übernahme Gelderns nur noch Formsache. Mit überzogenen Reaktionen des Kaisers rechnete Karl nicht. Geldern stand längst schon unter dem Reichsbann.

19

Pieter erfuhr vor den Festtagen noch eine Vergünstigung seines Herrn. Er durfte zum Weihnachtsfest zu seiner Familie nach Brügge reisen. Die Taufe seiner Tochter erlebte er trotzdem nicht mit. Seine Frau hatte das Fest bereits mit ihren Eltern, Marguérite und Freunden begangen. Anna war sich treu geblieben und hatte das Kind erneut Katharina genannt. Als Pieter Brügge erreichte, waren die Grachten schon zugefroren, und die ganze Stadt lag unter einer weißen Decke aus Pulverschnee. So schneidend kalt wie es draußen war, so gemütlich warm war es in der Stube. Aus dem kleinen, runzeligen Säugling war schon ein rosiges kleines Menschlein geworden. Sein Sohn Cornelis war mächtig stolz auf die Schwester und wollte ständig um sie sein. »Unserem Sohn gefällt es, Herr im Haus zu sein. Auch die Vaterrolle zu spielen, steht ihm nicht schlecht. Du wirst es schwerer haben, sie wieder einzunehmen«, neckte Anna ihren Gatten. Pieters Besuch in Brügge brachte nicht nur Freude. Er musste erkennen, dass sein Schwiegervater zu alt geworden war, um die Geschäfte allein zu führen. Das lag ihm schwer auf der Seele. »*Crescunt anni, decrescunt vires.*« Mit zunehmendem Alter lassen die Kräfte nach, brachte Anna den Zustand des Vaters auf den Punkt. »Ich glaube, Vater braucht ein Gespräch unter Männern«, fuhr sie fort. »Du musst seine Bereitschaft wecken, loszulassen und Mijnheer de Smeet als Partner aufzunehmen. Der Mann hat in der Stadt einen hervorragenden Leumund. Vater lobte ihn auch selbst immer für seine Tüchtigkeit. Mijnheer de Smeet ist ambitiös genug, um sich in eine neue Aufgabe hineinzuknien. Wenn du Vater davon überzeugen kannst, nimmst du ihm und mir eine große Bürde ab.« Pieter machte es sprachlos, wie seine Frau schon alles in Gedanken gelöst hatte. Er wollte mit Mijnheer de Smeet sprechen. »Ich muss wissen, wozu der bereit ist und wie er die Dinge sieht. Dann kann ich unseren Vater besser überzeugen«, meinte er. Sie beschlossen, die Festtage zuerst verstreichen zu lassen. Danach lud Pieter Mijnheer de Smeet zu sich ein. Der Kaufmann bewies, dass er seinen guten Ruf zu Recht hatte. Er fühlte sich zu höheren Aufgaben durchaus berufen und brachte neue Ideen mit ein.»In der heutigen Zeit kann ein Netzwerk von Beziehungen nicht groß genug sein«, meinte er.»Antwerpen ist für den Handel in Flandern ein aufsteigender Stern. Wir haben dort einen Geschäftsfreund mit vergleichbarem Kontor. Wir sollten mit ihm zusammengehen. Das brächte Ersparnisse beim Einkauf und Vorteile beim Verkauf, weit größere als beide Gesellschaften das einzeln erreichen können. Das zeigte sich ja auch damals beim Zusammenschluss ihrer beiden Familienunternehmen.« Seine Überlegungen schienen Pieter schlüssig. Er sagte zu, die Angelegenheit mit seinem Schwiegervater zu besprechen. Die Aussprache mit Meister Johann verlief gut. Der alte Mann hatte längst die Notwendigkeiten erkannt, etwas zu ändern, und für eine entsprechende Entscheidung nur noch den Anstoß von außen gebraucht. Noch am gleichen Abend saßen Schwiegervater und Schwiegersohn mit Mijnheer de Smeet zusammen und machten Nägel mit Köpfen. Am nächsten Tag wurde das Ergebnis im Familienkreis verkündet.»Nun wirst du viel mehr Zeit für dich und deine Enkel haben.« Anna strahlte ihren Vater an.»Wenn die Eltern sich mehr um unsere Kinder kümmern können, kann ich dich bald besuchen«, wandte sich Anna danach an Pieter. Pieter sah sie ungläubig an, dann meinte er ernst: »Dafür wirst du schnell Gelegenheit haben. Meine Zeit hier ist bald abgelaufen. Mitte Januar beginnen am Hofe des Herzogs die Planungen für das neue Jahr. Dann muss ich zurück sein.«

Das lange geplante Treffen zwischen Kaiser Friedrich und Herzog Karl wurde konkret. Seit dem Frühjahr 1473 liefen an Karls Hof Vorbereitungen für die Zusammenkunft mit dem Habsburger. Von Nijmegen aus orderte der Herzog Silbergeschirr, Kleinodien und Kleider. Er schaute sich kleine Silberstiftzeichnungen an, die Vorlagen für Wandteppiche zeigten, und traf seine Wahl. Alle Kostbarkeiten mussten bis Ende Juli in Maastricht sein. Seine berühmte Prachtentfaltung sollte nun auch den Kaiser beeindrucken. Pieter erreichte, dass ihr Familienkontor bei Karls Aufträgen Berücksichtigung fand. Dieses Mal ging es um Goldschmiedekunst, aber auch um wertvolle Stoffe. Der herzogliche Goldschmied Gerhard Loyet verbrauchte in der Folgezeit allein für zwei Oberkleider des Herzogs 120 Perlen, 100 blasse Rubine, einen großen und 14 mittelgroße blutrote Rubine sowie 80 Diamanten! Für die neuen Beinharnische und Armschienen des Duc benötigte der Meister 457 Perlen, zwei große Diamanten, zwei sehr große Perlen und 28 große Rubine. Mit Tatendrang suchte Herzog Karl Verbündete für die Gespräche mit dem Kaiser. Johann von Nassau versprach in Karls Auftrag dem Erzbischof von Mainz nochmals eine große Summe für den Fall dessen Wahl zum römischen König. Vogt Hagenbach stellte Graf Rudolf von Sulz 10.000 Goldgulden für gleiche Hilfe in Aussicht.

Als im Februar Herzog Arnold überraschend verstarb, schritt der Burgunder in Geldern zur Tat. Er bemühte sich nur noch wenig, die Legalität seines Vorgehens zu wahren. Im Mai hielt er in Valenciennes eine Kapitelsitzung seiner Ordensritter ab. In einem mit Tapisserien ausgekleideten Raum saß er unter einem blauen Baldachin und ließ sich als Souverän feiern. Links und rechts von ihm hatten die rot gekleideten Ritter in geschnitzten Holzbänken Platz genommen. Noch einmal ließ der Duc die Angelegenheit Geldern verhandeln. Die Ordensritter verurteilten Herzog Adolf einmütig zu lebenslanger Haft und machten damit den Weg für Karl als Nachfolger frei. Das erschien dem Duc als Rechtsgrundlage genug. Seine Vertrauten Simon de Lalaing und Martin Steenbergh sandte er zu Herzog Johann von Kleve und Herzog Adolf mit der Aufforderung, sich dem Schiedsspruch der Kapitelsitzung zu unterwerfen. In geheimen Absprachen versicherte er sich sogar Klevescher Waffenhilfe, sollte der Kaiser doch intervenieren. Dann fiel er am 10. Juni mit einer so überwältigenden Übermacht in Geldern ein, dass der Widerstand des heimischen Adels schnell zusammenbrach. 200 Pioniere aus Jülich unterstützten die Burgunder bei ihrem Einmarsch und waren ein weiteres Feigenblatt für

Karls Machtansprüche. Er besetzte die Maasstädte Roermond und Venlo. Die Hauptstadt Nijmegen fiel nach kurzer Belagerung ebenfalls ohne viel Blutzoll. Graf Vinzenz von Moers, der Anführer der Gelderner, versuchte sich mit Herzog Karl auszusöhnen, doch der blieb unversöhnlich. Der Graf hatte nach seinem Geschmack zu lange aufs falsche Pferd gesetzt! Auch Herzog Johann von Kleve wollte Vinzenz kein Vermittler sein. Er beabsichtigte, nun selbst vom Sieg des Duc zu profitieren. Der beschloss, an Graf Vinzenz ein Exempel zu statuieren. Vinzenz musste sich bedingungslos ergeben, verlor alle seiner Ländereien und lebte bis zum Tode Karls in bescheidensten Verhältnissen. Am 21. Juni unterschrieben Burgund und Jülich eine Erklärung, in der Jülich Karl alle Rechte auf Geldern und Zutphen gegen 80.000 Goldgulden zedierte. Die Städte Löwen, Brüssel, Antwerpen, Mecheln und 's-Hertogenbosch bürgten Jülich für diese Summe. Auf Herzog Karls Geheiß hin sollten Nijmegen und Arnheim den Betrag durch Reparationszahlungen aufbringen. Die Städte erklärten sich aber für zahlungsunfähig, und die Bürgen verweigerten die Übernahme der Zahllast. Für Jülich ging die Rechnung nicht auf. Noch 1477 stand mehr als die Hälfte der Forderung offen! Am 27. Juni zog Herzog Karl mit kleiner Eskorte weiter nach Kleve, um Herzog Johann zu treffen. Der Fürst wartete verdrießlich auf den versprochenen Anteil an der Kriegsbeute. Sein Zugewinn hatte sich nur als auf dem Papier garantiert erwiesen. Beim Eintreiben der von den geldrischen Städten zu zahlenden Strafen waren nämlich immer wieder Schwierigkeiten aufgetreten. Herzog Karl unterstützte seinen Verbündeten Johann nicht einmal, sondern spielte ein undurchsichtiges Spiel. Bald gewannen sogar einige der gegnerischen Ritter seine Gnade zurück. Zu ihnen gehörte Oswald van den Bergh. Dessen erneute Belehnung durch den Herzog beeinträchtigte Johanns zugesicherte Rechte zusätzlich. Zwischen Karl und Johann setzte ein erbitterter Briefwechsel ein. Letztlich musste der Regent von Kleve Herzog Karls Wortbruch akzeptieren. Das Kräfteverhältnis zwang ihn dazu. Pierre de Miraumont, Rat und Kammerherr Karls und Erzieher des jungen Herzogs von Kleve, hielt auf des Fürsten Geheiß besondere Verbindungen zum Kleveschen Herzoghaus und war bemüht den schwelenden

Unfrieden zu mindern. Im August huldigten Karl bereits alle geldrischen Stände. Bei ihm überwog wieder das Vollgefühl der Macht. Er pflegte gute Beziehungen zu allen westlichen Reichsfürsten. Der Waffenstillstand mit König Ludwig gab ihm Ruhe an der französischen Grenze. So konnte er selbstsicher auf den Kaiser zugehen ...

Pieter äußerte in einem langen Bericht an die Herzogin Selbstkritik, ließ aber auch Ängste wegen der Eidgenossen aufscheinen:

Wie Ihr wisst, hatte ich gezweifelt. Der Téméraire hat auf dem Feld stolz gesiegt. In tiefer Verehrung hoffe ich, dass unser Duc auch künftig nur so lange Pferde ins Rennen schickt, wie das Rennen noch nicht gelaufen ist. »Deus iuvante!« Mit Gottes Hilfe! Ich sehe mit Sorge, dass der mächtige Herr schon wieder aufsatteln lässt. Dabei braut sich unter französischer Intrige an den Grenzen des Elsass ein unliebsamer Konflikt mit den Eidgenossen zusammen!

20

Am 15. August 1473 trafen die Vertrauten des Kaisers, Johann Keller und Rudolf von Sulz, mit dem Herzog in Nijmegen zusammen. Dort vereinbarte man endlich Ort und Zeitpunkt für ein Treffen der beiden Herrscher. In Trier Ende September sollte es sein. Der Burgunder drängte die Delegierten, noch vorher auch durch den Kaiser seine offizielle Belehnung mit Geldern zu bewirken. Er wollte das Eisen schmieden, solange es heiß war. Johann Espach pendelte in der Folgezeit mit Hagenbach und Rudolf von Baden-Hachberg zwischen dem Duc und dem Kaiser hin und her, um das Treffen im Detail vorzubereiten. Johann Espach hatte den Titel eines Doktors der Kirchenrechte und war deutsch- und französischsprachig erzogen. Er hatte damit die besten Voraussetzungen für Burgund, die Verhandlungen mit dem Hause Österreich zu führen. Rudolf von Baden-Hachberg war seit März 1468 Gouverneur von Luxemburg und beherrschte ebenfalls dank seiner Herkunft aus dem Badischen die deutsche Sprache perfekt. Guy de Brimeu, Herr von Humbercourt, war aus dem Artois und nahm im Verhältnis zum deutschen Kaiser eine besonders wichtige Rolle ein. Er war zusammen mit Herzog Karl aufgewachsen, sprach Französisch und Latein und gehörte zum engsten Rat des Téméraire. Kaiser Friedrich schätzte seine höfliche Art und verlieh ihm später in Anerkennung seiner Verdienste sogar die Hofpfalzgrafenwürde. Doch die Kuh mit der Belehnung von Geldern brachten die wertvollen Gesandten nicht vom Eis. Ebenfalls noch im August hielt Herzog Karl in der Abtei Elten Hof und empfing dort den Bischof von Münster, Heinrich von Schwarzburg. Es ging zwischen den beiden wie schon anno 1471 um die umstrittenen Ansprüche auf Friesland. Eine Einigung wurde nicht erzielt, aber man beschloss, weiter friedlich zu verhandeln und die

Gespräche nicht abbrechen zu lassen. »Kommt Zeit, kommt Rat«, sagte sich Herzog Karl. Es genügte ihm für den Moment, schwelende Konflikte ruhig zu halten. Zwischen dem 22. und 26. August besuchte er in Vorbereitung der Tage von Trier die Kaiserstadt Aachen als Pilger. Aus seinem tiefen Glauben schöpfte er immer wieder neue Kraft. Diesen Wallfahrtsort wählte er aus Symbolik: Aachen war die Krönungsstadt der römischen Könige! In Hoffnung auf seine künftige Königswürde ließ er unter seinem Gefolge goldene und silberne Devotionsbilder der Heiligen Jungfrau verteilen. Er verrichtete vor dem berühmten Bild der heiligen Gottesmutter für den guten Verlauf seiner Militäraktion in Geldern ein Dankgebet und bat um weiteren Beistand für die Erfüllung seiner Pläne …

Pieter hielt sich in Zutphen auf, wo der Herzog in einer längeren Zusammenkunft die beiden Bischöfe von Köln und Utrecht auf seine Seite zu ziehen versuchte. Pieter führte Protokoll. »*Manus manum lavat.*« Eine Hand wäscht die andere, versuchte der Herzog die beiden Kirchenfürsten mit Versprechungen zu ködern. Aber leider blieben die Ergebnisse der Unterredung vage. Die Reichsfürsten schauten mit großer Skepsis auf das, was Herzog Karl tat. Die Anmaßung, die aus seinen Ansprüchen auf Reichsgebiet sprach, und sein Auftreten als Gerichtsherr und Steuereintreiber im Reich, machten ihnen Angst. »*Aquila non captat muscas.*« Ein Adler fängt keine Fliegen, sagte der Kölner auf Karls fortwährende Beschwichtigungen leise zu seinem Bischofkollegen. Herzog Karls Verhalten wurde von ihnen nur wegen seiner militärischen Vormacht in der Region geduldet. Der Kölner Bischof setzte allerdings auch auf Karls Hilfe gegen Kölns Bürger, die ihn aus der Bischofsstadt vertrieben hatten. Doch auch Herzog Karls Zusagen fielen nur vage aus. Ende September zog der Téméraire mit großem Gefolge auf Trier zu. Während der Anreise sorgten berittene Boten für den Informationsaustausch zwischen den Regenten. Peter von Hagenbach blieb auf Geheiß des Herzogs während der Reise rheinab im Gefolge des Kaisers. Der Kaiser erreichte die Stadt am 28. September. Er wurde von seinem römischen Kanzler, dem Erzbischof von Mainz, Herzog Adolf II. von Nassau begleitet. Der galt als

Burgund-freundlich. Sein Familienzweig Nassau-Vianden-Breda gab ihm eine familiäre Nähe zum niederländisch-burgundischen Stamm. Seine Gegnerschaft zu den Wittelsbachern und die Freundschaft zu Brandenburg machten ihn jedoch nicht zu einem ganz sicheren Sympathisanten. Erzbischof Johann von Trier und sein Bruder Markgraf Karl von Baden mit seinem Sohn Christoph empfingen den Zug des Habsburgers. Kaiser Friedrich bezog beim Erzbischof Quartier. Der Markgraf gehörte zu den engsten Beratern des Kaisers und war ihm durch seine Ehe mit Katharina, des Kaisers Schwester, verwandtschaftlich nah. Der Erzbischof war dafür bekannt, sorgsam über das Mitbestimmungsrecht der Kurfürsten in Reichsangelegenheiten zu wachen. Mehrere seiner Familienmitglieder verteilten sich auf die Gefolge des Kaisers und des burgundischen Herzogs. So war der dritte Bruder, Bischof Georg von Metz als Rat Herzog Karls in Trier. Markgraf Albrecht von Baden, der jüngste Sohn des Markgrafen, war in Trier als Rat Herzog Sigmunds von Tirol zugegen. Der dritte Kurfürst, Albrecht von Brandenburg, ließ sich in Trier nur vertreten. Seine Räte Hertnid von Stein und Ludwig von Eyb hatten den Kaiser bereits von Baden ab begleitet. Diese Gesandten standen vor allem mit den Erzbischöfen von Mainz und Trier und mit Herzog Albrecht von Bayern-München in engem Einvernehmen. Sie gehörten damit zu den Skeptikern von Herzog Karls Plänen. Zu ihrer Gruppe zählten sich auch die Grafen Schaffried und Georg von Leiningen. Sie pflegten eine enge Beziehung zu Frankreich. Dorthin waren sie oft für den Kaiser als Gesandte unterwegs gewesen. Zu den wenigen Burgund-freundlichen Vertretern in der kaiserlichen Umgebung gehörten die Grafen Rudolf und Alwig von Sulz. Der Kaiser hatte seinen Hofstaat für das Zusammentreffen mächtig aufpoliert. Das war neu für den 58-Jährigen. An sich legte er bei seiner Hofhaltung wenig Wert auf Prunk und Prestige. Der »arme« Kaiser musste auf das Geld der Fugger zurückgreifen, um Herzog Karl Ebenbürtiges entgegenzusetzen. Ihn begleitete ein großes Aufgebot an Rittern, Armbrustschützen, Herolden und Musikern. Der wichtigste von allen war aber sein Sohn Maximilian, Karls Wunschkandidat für Maria. Maximilian erstrahlte auf seinem Ross in einem Gold-schimmernden Gewand als wahre Lichtgestalt. Kaiser Friederich hatte seinem Sohn sechs neue Kleider anmessen lassen. Moosgrün, kornblumenblau, blutrot, fast alle Farben waren vertreten, um abwechselnd vorgezeigt zu werden. Der Brustpanzer seines Pferdes war in Form eines Schutzengels getrieben. Schutz für die Flanken boten rotweiß ausgemalte Doppeladler. Die Ohrenbleche, Zügelbleche und das Stirnschild zierten das österreichische Wappen. Der Halspanzer glänzte als silbernes Kettengeflecht. Dem 14-Jährigen wurde neben dem Burgunderherzog überall die größte Aufmerksamkeit zuteil. Er sehnte sich danach, mit dem mächtigen Duc zusammenzutreffen. Für ihn war Karl allen Berichten zufolge mit einer Gloriole von Ritterlichkeit umgeben. Maximilians Mutter, Eleonore von Portugal, hatte ihm in seiner Kindheit Träume vom Rittertum nahegebracht. Am 29. September schloss Markgraf Georg, Bischof von Metz, noch auf der Anreise mit Herzog Karl einen Bündnisvertrag. Er gewährte dem Herzog freien Durchzug durch seine Ländereien und Nutzung seiner Burgen und Städte. Dies geschah, obwohl der Kaiser noch auf dem Weg nach Trier den Anspruch des Reichs auf Metz bekräftigt hatte. War diese Provokation für den Kaiser noch hinnehmbar? Fühlte sich Herzog Karl doch zu mächtig und überzog? Am 30. September kam Herzog Karl in der Bischofstadt an. Er war bedacht, alle Zeichen seiner Macht zur Schau zu stellen. Seine Kriegsmacht wirkte bedrohlich, obwohl er den größten Teil seines Heeres ein paar Meilen vor der Grenze zurückgelassen hatte. Dort ließ er 15.000 Soldaten zurück! Sein verbliebenes Gefolge war immer noch so groß, dass sich innerhalb der Stadt keine Unterkunft fand. Es zählte 10.000 Mann! Die Männer waren auf des Herzogs Kosten neu eingekleidet worden. Für die unterschiedlichen Anlässe hatte man ihnen verschiedenartige Kleidung geschneidert. Zu Herzog Karls engsten Gefolgsleuten zählten Johann II. von Kleve, Philipp von Ravenstein, Eberhard von Arenberg, Adolf von der Marck, als Präsident des Hofs von Geldern, Wyger Probst von Kerpen, als Leiter der Vertretung des Herzogs von Jülich-Berg, sowie Graf Johann IV. von Nassau und sein Sohn Graf Engelbert II. Zu diesen Männern kamen noch der Bischof von Utrecht, David von Burgund, und der Bischof von Lüttich, Ludwig von Bourbon, mit ihrer Begleitung hinzu. Des Ducs Panzerreiter gaben dem Zug eine wehrhafte Note. Deren Pferde trugen golddurchwirkte Schabracken mit klingenden Schellen. Sie brauchten allein 7.000 Stellplätze für ihre Pferde. Dem Zug voran ritten Pagen in himmelblauen Samtjacken, Trompeter mit blank geputzten Instrumenten und 14 Wappenherolde, von denen jeder einen burgundischen Staat repräsentierte. Natürlich waren auch die Ritter vom Goldenen Vlies mit ihren wallenden Mänteln über den fußlangen roten Gewändern dabei und nicht zu übersehen. Ihre Ordensketten glänzten auf hellen Tellerkragen. Die Zipfel ihrer roten Kappen mit Juwelensternen auf der Front tanzten um ihre Taillen. Nach vergeblichen Versuchen wenigstens für sie in der Stadt Quartier zu machen, entschloss sich der Fürst, mit dem gesamten Gefolge vor den Mauern der Stadt zu kampieren.

Über Nacht entstand, umringt von einer Unzahl von Frachtwagen, ein riesiges Zeltlager. In seiner Mitte stand ein großes Blockhaus, welches der Téméraire wie bei seinen Kriegszügen bewohnte. Davor wehte weithin sichtbar das burgundische Banner. Vor dem Haus wurden sechs Feldschlangen aufgestellt. Die Geschütze waren in Bronze gegossen und trugen auf den Rohren Wappen aus dem Machtbereich des Burgunderfürsten. Seine Unterkunft wurde von goldfarbenen Zelten umringt, in denen seine hochadelige Begleitung logierte. Der Stoff dieser Zelte blitzte in der Herbstsonne. Die Unterbringung außerhalb der Stadtmauern war dem Fürsten für seine Bankette und Empfänge natürlich nicht gut genug. Er traf deshalb mit dem Abt des Klosters Sankt Maximin ein Abkommen und durfte die Räume der Abtei für Festlichkeiten nutzen. Schnell wurde die Abtei in einen pompösen Palast verwandelt. Goldenes und silbernes Geschirr, Pokale aus Bergkristall mit Edelsteinen und Emaille verziert, Besteck mit Löwengriffen aus Gold und eingelegten Elfenbeinminiaturen wurden herangeschafft. Alle Säle und Gemächer wurden vom Boden bis zur Decke ausgekleidet. Wandteppiche aus Brüsseler Manufakturen boten den Gästen Bilderfolgen aus der Bibel oder auch aus dem alten Griechenlands dar. Da zog der griechische Held Jason mit seinen Argonauten ostwärts, um den von Drachen, Schlangen und Feuer speienden Stieren bewachten goldenen Widder zu bezwingen. Dort half Königin Medea Jason, den Sieg zu erringen ...

Bald sprach sich überall herum, dass Karl in seinen Transportwagen sogar Bettvorhänge aus Goldbrokat sowie Prunkdecken und Bänke, silberne Betten, Leitern, Messingleuchter und viele andere Schätze mit sich führte. Hunderte von Hofschranzen, von Marschällen, Kämmerern, Truchsessen, Mundschenken, Kaplänen und Orgelmeistern sollten zudem mit einem aufgeblasenen Hofzeremoniell beim »Schwiegervater« Eindruck schinden. Die verarmten deutschen Adeligen mochten, was sie sahen und hörten, gar nicht glauben. Bei all dieser Prachtentfaltung blieb trotzdem nicht unbemerkt, wie bedürfnislos der Herzog für sich selbst war. Entweder wohnte er in einer bescheidenen Klosterzelle oder eben in dem spartanischen Holzhaus vor der Stadt. Der burgundische Hofstaat ähnelte ansonsten einem Heerlager. Die Soldaten waren wie in einer mehrfach gestaffelten Schlachtordnung rund um das Kloster, in Zelten vor der Stadt und in den vorgelagerten Dörfern untergebracht! Kaiser Friedrich erwartete den Burgunderherzog mit seinen Edelleuten am 1. Oktober gegen 12 Uhr mittags auf einem Feld vor den Stadtmauern. Auf sein mächtiges Schwert mit dem deutschen Wappen und dem österreichischen Bindenschild gestützt, sah er dem Herzog entgegen. Die Begrüßungszeremonie und der Einritt in die Stadt sollten über sechs Stunden dauern. Sie wurden, nicht zuletzt dank Herzog Karl, zum Beispiel enormer Prachtentfaltung. Der Duc trug einen herrlich gearbeiteten Prunkmantel. In ihm allein waren drei Unzen 14-Sterling-Gold verarbeitet, 1.400 große Perlen sowie 23 prächtige Rubine. Ein Gefolgsmann des Mainzer Erzbischofs brachte, als er Karl sah, den Ausspruch in Umlauf, er überträfe Ritter Parzival an Kostbarkeit. Aber es wurden auch andere Stimmen laut. Besonders die Wittelsbacher ärgerte das protzige Gebaren. Nach ihrer Meinung stand dem ranghöheren Kaiser die größere Prachtentfaltung zu. Sie schimpften über die Maßlosigkeit des Herzogs und fanden seine Zurschaustellung ungebührlich. Mit einer Besonderheit brüskierte Karl alle Kurfürsten. Nur ihnen stand eigentlich ein umgeschlagener Kragen aus Hermelin zu. Herzog Karl trug ihn nicht nur ebenfalls, seiner war sogar länger und breiter! Als ein Platzregen einsetzte, weigerte sich der Burgunder, einen Schutzumhang überzuziehen. Er wollte die Wirkung seines Auftritts nicht schmälern. Die Männer des Kaisers verhielten sich anders. Sie schützten ihre oft einzigen Prunkgewänder unter schmucklosen Umhängen. Der Unterschied zwischen den beiden Gefolgen wurde dadurch noch größer. Der Herzog war gegenüber dem Kaiser, aber auch nur ihm gegenüber, um striktes Einhalten des Hofzeremoniells bemüht. Er verneigte sich dreimal tief vor ihm. Kaiser Friedrich versuchte, ihn davon abzuhalten. Er beabsichtigte sogar zu verhindern, dass der Herzog zu seiner Begrüßung vom Pferd stieg. Beim gemeinsamen Einzug in die Stadt folgte der Duc unmittelbar auf den Kaiser. Erst nach ihm ritten die Kurfürsten, was die wieder mit scheelen Augen sahen. Sie nahmen sich wichtiger als den Protz aus Burgund. In der Stadt zeigte Kaiser Friedrich die gleiche Beflissenheit wie der Herzog, und so standen sich die beiden Herrscher fast eine Stunde lang mit entblößten Häuptern gegenüber und stritten darum, wer wen in sein Quartier bringen durfte. Erst dann gab Kaiser Friedrich nach und ließ sich vom Herzog zum bischöflichen Palast führen.

Pieter van der Weyden fand Unterkunft im direkten Dunstkreis der Mächtigen und konnte so an dem Geschehen Anteil nehmen. Bald war das Lagerleben von vielen Marketenderinnen und Schaustellern bereichert. Die Possenreißer boten allerlei Attraktionen. Ein zottiger Bär stand Kopf, ein schneeweißer Hahn stolzierte auf Stelzen und ein flauschiger silbergrauer Hase rührte die Trommel, die an einem roten Band um seinen schmalen, langen Hals hing. Dann war da ein kunterbunt gekleideter Zwerg. Seine unglücklichen Proportionen erlaubten ihm, zum Gelächter der Zuschauer, an seinem sehnigen Arm wie ein Stück Obst am Stiel von einer Stange herabzuhängen. Der Herzog sorgte für einen Richtplatz, damit in dem großen Menschengewimmel Disziplin aufrechterhalten blieb. Schnell baumelten an drei Galgen die Leichen von Missetätern im Wind. Auf dem Rad sah man Reste von Kleidungsstücken und Haaren, die Zeugnis legten von Torturen der Übeltäter, die man dort aufgeflochten hatte.

Besucher flanierten dazwischen, und so mancher Galan gewann für seine Liebste beim Scheibenschießen einen Zinnbecher oder besorgte ein anderes passendes Geschenk. Die Gaukler und Spielleute ließen sich von ihrer Arbeit durch nichts abhalten. Sie jonglierten mit Keulen, balancierten auf dem Seil, rissen Possen und zeigten den Schönen der Nacht mit ihren aufdringlich parfümierten Haaren, wo sie zahlungskräftige Freier finden konnten. Es wurde gelacht, gezecht und gelärmt bis tief in die Nacht.

21

Am 2. Oktober fand ein erstes Treffen der kaiserlichen Räte mit denen des Herzogs statt. In langatmigen Reden des burgundischen Kanzlers Hugonet und des Erzbischof von Mainz wurde zunächst überraschend Kaiser Friedrichs Anliegen dargelegt, Herzog Karl möge für die Christenheit gegen die Türken ziehen. Der Burgunder ließ diesen Wunsch mit dem Hinweis ablehnen, König Ludwig von Frankreich gefährde ihn an den Grenzen seines Landes. Er müsse deshalb zu Hause bleiben und könne keinen Kreuzzug wagen. Er ließ jedoch betonen, wie sehr er den Wunsch des Kaisers verstehe und dessen Absicht, die Ungläubigen zu vernichten, teile. Am 3. Oktober sahen sich die beiden Potentaten am frühen Morgen für einen kurzen Moment. Sie tauschten nur Artigkeiten aus. Bei der Verabschiedung fiel Herzog Karl vor dem Kaiser auf die Knie. Am Nachmittag begründete er nochmals selbst seine Ablehnung gegen die eingeforderte Türkenhilfe. Man traf sich dafür im Kreis der Berater im Kloster Sankt Maximin. Herzog Karl hatte alle Wände des Klostersaals mit neuen Wandteppichen schmücken lassen. Sie zeigten nun die Heldentaten Alexanders des Großen. Mit dieser Auswahl verfolgte der Duc einen besonderen Zweck. Er sah sich selbst in dem großen Makedonier wiedergeboren. Ganz im Gegensatz zu seinem sonstigen egozentrischen Auftreten führte er nun alle Mitglieder des kaiserlichen Gefolges selbst auf ihre Plätze und zeigte sich als äußerst höflicher Gastgeber. Wenn er an dem bereits sitzenden Kaiser vorbeiging, deutete er jedes Mal einen Kniefall an. Am 4. Oktober wurde die Reihe der gegenseitigen Besuche fortgesetzt. Der Erzbischof von Trier und sein Bruder, der Markgraf, suchten mit anderen Edlen den Herzog wieder in der Abtei auf, um an der heiligen Messe teilzunehmen. Später kamen noch andere Räte hinzu und es wurde debattiert. Der schwarze Samtrock, den Herzog Karl trug, wie auch sein Übergewand aus Goldstoff verärgerten in ihrer Pracht insbesondere die brandenburgischen Gesandten. Von den Ärmeln abwärts waren Perlen in Ranken bis auf den Boden verarbeitet. Zwischendrin schimmerten Saphire, Rubine und Diamanten. Alle Säume waren mit breiten Bordüren aus Edelsteinen eingefasst. Angenehm überrascht waren die Kaiserlichen, als der Herzog bei der Rede seines Kanzlers, wenn immer der Name Friedrichs fiel, sich erhob, sein Haupt entblößte und sich bis zur Erde verneigte. Nur diejenigen, die ihm völlig schlecht gesonnen waren, witterten auch darin bösen Hintersinn. Am nächsten Tag erwartete der Kaiser den Burgunder um 12 Uhr mittags mit seiner Entourage auf freiem Feld vor den Stadtmauern. Der Unterschied beider Regenten in der Einstellung zum Leben wurde mehr als deutlich. Dem Herzog folgten 2.000 seiner bestbewaffneten Kürassiere. Der Kaiser hingegen unterstrich mit seiner Begleitung den friedlichen Charakter des Treffens. Die deutschen Fürsten waren unbewaffnet, traten ohne besonderen Prunk auf und saßen sittsam mit entblößten Häuptern hinter ihrem Herrn zu Pferd. Die beiden Delegationen näherten sich einander im Halbkreis. Ihre Ausstattung bot, trotz der Unterschiede in der Aufmachung, ein prächtiges Bild. Das am meisten bewunderte Kleidungsstück war wieder ein Mantel, den Herzog Karl trug. Dem Bekleidungskünstler Loyet war es gelungen, auf ihm 23 große Rubine, 1.400 riesige Perlen und drei Unzen Gold zu verarbeiten. Die beiden Herrscher überboten sich ein weiteres Mal an Artigkeiten. Ihre nächsten Begleiter wurden einander nochmals förmlich vorgestellt. Es waren alle dabei, die Rang und Namen hatten. Die Edelleute ertrugen mit großer Geduld das schlechte Wetter. Aus grauen Wolken tropfte es ohne Unterlass, und bald zeigten die seidenen Gewänder, Federn und Hüte starke Blessuren. Herzog Karls fortdauernde Ehrerbietung gegenüber dem Kaiser zielte ausschließlich darauf, Friedrich für die weiteren Verhandlungen günstig zu stimmen. Nach der langwierigen Zeremonie der Begrüßung vereinigten sich beide Züge für den Ritt in die Stadt. Mit der Dämmerung gelangte man endlich zum Palast des Erzbischofs, wo hunderte Fackelträger, Pfeiffer und Trommler schon lange frierend und nass auf die Ankömmlinge warteten. Gleichzeitig setzte das feierliche Läuten aller Kirchenglocken ein und ließ den Regen unter Klangwellen erschaudern. Am 6. Oktober begannen längere Beratungen über die Ehe zwischen Maria und Maximilian. Herzog Karl eröffnete die Verhandlungen mit seiner Maximalforderung nach dem römischen Königstitel, dem im zweiten Schritt die Kaiserwürde folgen sollte. Kaiser Friedrich legte stattdessen den Schwerpunkt auf das Eheversprechen für die beiden Fürstenkinder. »Ungeduld ist die Mutter der Torheit und verlangt nach unbedachter Hast«, versuchte er den Herzog von seiner Sicht der Dinge zu überzeugen. Der Duc wollte aber auf jeden Fall die Krone. – Ohne Krone keine Hochzeit! Der Kaiser beharrte auf seinem Standpunkt. »Auch ein König ist von beschränkter Gewalt. Er ist Untertan des Allerhöchsten, der ihm Schranken setzt«, erklärte er. »Worin besteht also der Sinn, auf dieser Würde zu beharren?« Herzog Karl ließ sich nicht überzeugen. Er hatte schließlich alles Notwendige für die angestrebte Königswürde nach Trier mitgebracht. Zum Entsetzen der Reichsfürsten ließ er Krone, Schmuck und Insignien im Dom von Trier ausstellen. Für den nächsten Tag waren über den ganzen Tag hin Festlichkeiten anberaumt. Herzog Karl führte Regie, er wollte allen Unterhändlern eine Atempause gönnen. Ein Morgengottesdienst voller Fürbitten stand symbolisch für einen guten Tag. Kaiser Friedrich erschien zu der Messe in einem prächtigen Gewand aus rotem Damast und trug eine schwere Goldkette um den Hals.

Prinz Maximilian folgte ihm in jugendlichem Lindgrün.

Beide Männer waren dieses Mal in ihrer Stattlichkeit dem Téméraire durchaus ebenbürtig. Der Herzog hatte sich wieder für Schwarz entschieden und ließ auf dem dunklen Stoff eine Vielzahl ausgesuchter Juwelen funkeln. Nur sein Bruder, Bastard Anton, trug neben ihm, in Trauer um seine verstorbene Gemahlin, ebenfalls schwarz. Der verzichtete als einziger Burgunder deshalb sogar auf Waffen und reiche Kleidung. »*Media in vita in morte sumus.*« Mitten im Leben sind wir im Tod, antwortete er artig auf Beileidsbezeugungen von allen Seiten. Die Messe ließ Karl als Heilig-Geist-Messe zelebrieren. Dies hatte wieder eine besondere Bewandtnis: Vor der Wahl eines neuen römischen Königs wurde nach den Bestimmungen der Goldenen Bulle immer der Beistand des Heiligen Geistes angefleht! Der Herzog weigerte sich in gezierter Höflichkeit, neben dem Kaiser zu stehen oder gar an seiner rechten Seite zu gehen. Er platzierte ihn wie sich auf der linken Altarseite, nämlich da, wo das Herz schlug! Für sich selbst hatte er nur wenige Meter hinter dem hohen Gast einen gleichwertigen Thron herrichten lassen. Den Kurfürsten wie allen anderen Fürsten ließ er auf der rechten Altarseite bescheidenere Plätze zuweisen und setzte sich mit dieser Sitzordnung wieder über die geltenden Regeln hinweg. Der Geistliche trug dem Wunsch des Herzogs Rechnung und betete für weise Beschlüsse der mächtigen Herren. Während des Hochamts musizierte die berühmte burgundische Hofkapelle. Nach dem Kirchgang sahen die edlen Herren auf dem Innenhof der Abtei alles für ein Turnier vorbereitet. Rund um den Hof hatten Zimmerleute Holztribünen aufgebaut und die Gesellschaft nahm auf den Bänken Platz. Vier Recken von jeder Seite sollten für ritterliche Unterhaltung sorgen. Die Herren Siegmund Prüschenk und Philippe Croy, Herr von Chimay, begannen mit dem Kräftemessen. Beide trugen kunstvoll verzierte Turnierharnische. Die Recken brachten ihr Bedauern zum Ausdruck, dass hier in der Fremde keine Damen anwesend waren. Sie mussten auf die sonst üblichen Schleiergeschenke aus den Händen der Schönen verzichten. Der Vergleich ihrer Fertigkeiten ging zu pari aus. Alle Zuschauer waren damit zufrieden. Der klösterliche Speisesaal, Ort des anschließenden Festessens, zeigte auf Wandteppichen Jason und seine Suche nach dem Vlies. Jason war gen Osten gefahren, das war eine bewusste Analogie zum Wunsch des Kaisers nach einem Kreuzzug gegen die Türken. Herzog Karl bewies sich ein weiteres Mal als Meister der Symbolik. In freudiger Stimmung schritten die Edelleute zum Festbankett, bei dem Prinz Maximilian den Ehrenplatz an der Seite des Téméraire erhielt. Zum Händewaschen hielt Karl dem Kaiser persönlich ein goldenes Becken hin. Friedrich zeigte sich geschmeichelt, lehnte diesen Liebesdienst jedoch höflich, aber entschieden ab. Im richtigen Moment bewies Maximilian seinen frischen, jugendlichen Charme. Er nahm die Schüssel aus den Händen des Herzogs und hielt sie den beiden Älteren ehrerbietig entgegen. Die nahmen seine Geste geschmeichelt an und dankten ihm. Das Menü aus 48 Gängen ließ selbst denen, die schon viel Exquisites gesehen hatten, den Atem stocken. Pagen und Kämmerer stand in einheitlich silbern schimmernden Kleidern um die hufeisenförmige Festtafel Spalier. Die romanische Strenge des Saals war von hilfreichen Geistern durch allerlei Blumen- und Früchtegebinde aufgehellt worden. Duftende Wachskerzen flackerten in Kandelabern. Die weißen Tischtücher waren reichlich bestickt. Die Servietten hatte man auf kunstvolle Art zu Säulen gefaltet. Über den Ehrenplätzen der beiden Herrscher waren Baldachine aus Goldstoff montiert. Sie trugen die Wappen der Regenten. In jeder Ecke des Raumes stand eine Plattform für die Hofmusiker. Pagen servierten zu der sanften Musik in tänzerisch zierlichen Schrittfolgen. Alles war perfekt einstudiert und wurde von Hofmeistern mit Argusaugen überwacht. Die Köche übertrafen sich an Kunstfertigkeit. Ein mächtiger Keiler wurde hereingetragen. Im Ganzen gebraten stand er auf einer schweren Silberplatte Positur. Die Küchenmeister hatten ihm aus gebranntem Zucker sein borstiges Haarkleid zurückgegeben.

In blutrotem Zucker glühten zwei große Augen in ihren Höhlen, Blut unterlaufen und wütend. Von besonderer Schönheit war das Buffet der Süßspeisen. Ritter auf ihren Schlachtrössern, Elefanten, Kamele, aber auch dicke Geistliche in ihren Chorröcken auf den Krummstab gestützt, standen in einer Landschaft aus Früchten und warteten darauf, zerbrochen, zerkaut und genossen zu werden. Während des Gastmahls ließ der Herzog eine Löwin hereinführen. Die hatte ein Venezianer seinem Vater Philipp geschenkt. Es traten unter der Festkorona keinerlei Missstimmungen auf. Bis zu den abschließenden Zigarren und dem Kaffee blieb die Stimmung gelöst. Schließlich begab man sich in guter Laune noch einmal zur Vesper ins Gotteshaus und betete für eine gute Nacht. Der nächste Tag galt nochmals dem Müßiggang. Mehrfach zog es Prinz Maximilian trotz des väterlichen Verbots mit seinem Kämmerer Siegmund Prüschenk in das Burgunderlager. Er gefiel mit seinen blonden Haaren und den leuchtenden hellblauen Augen. Wenn er erkannt wurde, winkte man ihm fröhlich zu. Der Prinz dankte stets mit einem gewinnenden

Lächeln. Als er den Duc in neuem Aufzug zu sehen bekam, fand er seine Vorstellung von Ritterlichkeit durch die Wirklichkeit sogar übertroffen. Ganz neu war dem österreichischen Prinzen, dass man auch Diamanten am Beine trug. »Das kleine blitzende Gürtelchen unterhalb des linken Knies ist der Hosenbandorden, den der Herzog vom englischen König, dem Bruder seiner Gattin, als Auszeichnung erhalten hat«, erklärte ihm Prüschenk leise. Über der Devise des Ordens, die mit Diamantensplittern geschrieben war: »*honi soit qui mal y pense*«, leuchtete ein vierkarätiger Rubin in Herzform. Eine kostbare Agraffe in Form einer stilisierten Hutfeder, das berühmte »Federlin« erregte ebenso die Bewunderung des Prinzen. Auf zwei Reihen Perlenbesatz funkelte eine breitere Mittelbahn aus größeren Perlen, blasroten Rubinen und Diamanten.

Pieter van der Weyden nutzte den Tag für einen ersten Rundgang durch die Stadt. Er besuchte zunächst den Dom. Ein alter Mönch fing seine forschenden Blicke auf und erklärte ihm, dass er in der ältesten Kathedrale der deutschen Lande stünde. »Die geht auf unsere römischen Vorfahren zurück«, dozierte er. Pieter las mit großem Interesse die Inschriften auf den Grabsteinen verblichener Trierer Erzbischöfe. Die Liebfrauenkirche, die lothringische Baumeister erschaffen hatten, faszinierte ihn in ihrer gotischen Strenge. Von weitem hatte er schon ihre Kuppel mit dem Spitzturm gesehen. Ihr Grundriss stellte eine »*rosa mystica*«, eine geheimnisvolle Rose, dar. Vier Portale zeigten in die vier Himmelsrichtungen und wiederholten den Auftrag an die zwölf Apostel, hinaus in alle vier Richtungen auszuschwärmen, um das Wort Gottes zu verkünden. Danach erkundete Pieter die mächtige Steinbrücke über die Mosel mit den zwei wehrhaften Brückentoren auf dem zweiten und dem siebten Flusspfeiler. Das alte römische Pfeilergrab einer wohlhabenden Tuchhändlerfamilie führte ihn mit seinen Reliefbildern in das Alltagsleben der Römer.

Die Porta Nigra und die Basilika, ebenfalls aus römischer Zeit, überzeugten ihn durch ihre Baukunst. Müde ging er ins Lager zurück und zwang sich noch, Anna mit einem Brief an den gewonnenen Eindrücken teilnehmen zu lassen:

Es ist schön zu hören, dass unser Cornelis Tollheiten treibt, wie ein richtiger Bub. Der Ernst des Lebens wird ihn noch früh genug einholen. Lasst ihm noch etwas die Freuden eines jungen Füllens auf der Weide! Vom Heute zum glücklichen Gestern wird es immer weiter. Küss die kleine Katharina von mir! Es bleibt nur die Hoffnung auf ein gemeinsames Morgen mit Euch. »Omina vincit amor!«Die Liebe besiegt alles! ...

Am 9. Oktober wandelte sich der Modus der Verhandlungen entscheidend. Geheimgespräche zu den Verhandlungsgegenständen Ehebündnis und Königtum wurden nun direkt zwischen den beiden Herrschern geführt, während sich ihr Gefolge mit weiteren Turnieren unterhielt. Die burgundische Artillerie eröffnete die Wettkämpfe mit Salutschüssen. Die Unterredung brachte keinen Fortschritt. Nach und nach führten die großen Menschenansammlungen in der Stadt und die aufkommende Langeweile immer öfter zu Zusammenstößen. Blutige Händel zwischen kaiserlichen und burgundischen Soldaten wurden die Regel. Ein schlimmes Ereignis passierte in den Abendstunden und schürte den Unfrieden bis zum Äußersten. Kaiserliche Truppen fanden einen ihrer Kameraden an den Gelenken gefesselt aufgehängt. Man hatte ein Pferd angestachelt, mit seinen Hufen gegen den Hilflosen auszuschlagen, bis er tot war! Der Schädel des Unglücklichen war zertrümmert wie auch sein Brustkorb und sein Leib. Die Wut unter seinen Kameraden war groß. Sie gierten nach Rache. Am 10. Oktober kamen nur die engsten Räte zusammen. Kanzler Guillaume Hugonet leitete die Delegation Karls. Die Gespräche gediehen endlich soweit, dass man am 13. Oktober Kaiser und Herzog ein Ergebnis zur Zustimmung vorgelegen konnte. Herzog Karl hatte leider noch Sonderwünsche, und man konnte sich darüber wieder nicht einigen. Nun traten endgültig Stockungen ein. Die Höhe der Mitgift Marias wurde zum größten Streitpunkt. Selbst der päpstliche Legat Lucas Tolentis konnte nicht vermitteln. Am 14. Oktober brachen Graf Johann von Nassau und Pierre Herr von Longueval nach England auf, um die Allianz England, Bretagne und Burgund gegen Frankreich zu festigen. Herzog Karl schätzte damit die Lage falsch ein. Er sah sich schon soweit am Ziel, dass er glaubte, auf diese wichtigen Vertrauten verzichten zu können. Er wollte dem Kaiser durch diesen Schritt vor Augen führen, welch mächtige Verbündete er sonst noch hatte. Am 15. Oktober begab sich Kaiser Friedrich zu dem Burgunder, um mit ihm eineinhalb Stunden alleine und dann noch drei Stunden in Anwesenheit von fünf Räten jeder Seite zu verhandeln. Zusätzliche »Wenn und Aber« verkomplizierten die Angelegenheit und stellten den aufscheinenden Kompromiss wieder völlig auf den Kopf. Die Kurfürsten zeigten sich erbost über die schlechte Informationspolitik ihres Kaisers.

Herzog Albrecht von Bayern-München ließ seinen ganzen Unmut darüber heraus und reiste am 18. Oktober ab. Nach seiner Abreise trafen Herzog und Kaiser täglich zu Beratungen zusammen. Man war sich nun dem Ernst der Lage bewusst und suchte gemeinsam den Durchbruch. Es kam jedoch keine Bewegung in die Verhandlungen! Herzog Karl glaubte immer noch, alles sei nur kaiserliche Hinhaltetaktik, und so ging er an die Öffentlichkeit, um einen Fortschritt zu erzwingen. Er verlangte die Erfüllung von vier Punkten. Sie betrafen die savoyische Belehnungsfrage, die Auflösung der Acht über die holländischen Untertanen, die Amnestie des Pfalzgrafen und seine Belehnung mit Geldern. Die Forderung nach der Königskrone wurde von ihm vorerst nicht mehr erhoben. Der Kaiser versprach ihm eine Antwort innerhalb der nächsten drei bis vier Tage. Der 28. Oktober wurde einvernehmlich als Abschieds- und Abreisetag fixiert, um durch diese Fristsetzung den Entscheidungsprozess zu forcieren. Doch auch der 28. verstrich ohne Ergebnis. Die Empfänge Herzog Sigmunds und des Kurfürsten von Brandenburg am 30. Oktober wirkten schon wie Abschiedsaudienzen. Dreimal hatte auch Herzog Karl inzwischen mit Abreise gedroht. Er brachte nun noch einen weiteren Aspekt ins Spiel. Er drohte damit, statt der Königswürde des Reichs die von Byzanz anzunehmen. Sie war ihm schon mehrfach in Aussicht gestellt worden.

Die vom byzantinischen Kaiser vergebene Königswürde redete sich der Duc sogar schön. Bei ihr handelte es sich schließlich um eine vererbbare Würde. Im Deutschen Reich herrschte hingegen Wahlmonarchie! Herzog

Karl erwirkte mit dieser Drohgebärde jedoch kein Entgegenkommen des Kaisers, traf eher auf Trotz.

Pieter schrieb der Herzogin über die neue Taktik des Herzogs, dem Kaiser mit der byzantinischen Krone zu drohen und dabei sogar deren Vorteil hervorzuheben. Die Herzogin reagierte an ihren Gatten mit mahnenden Worten. Das gefiel dem Herzog gar nicht und er zitierte Pieter vor sich. »Bedenkt, Eure Position ist nicht so sicher wie ein Erbhof.« Seine scharfen Worte trafen Pieter tief. Hinter »Erbhof« vermutete er zu Recht einen Bezug des Herzogs zu seinem Bericht über die byzantinische Krone.

Herzogin Margarete musste die Information wohl nicht im Sinne ihres Gemahls kommentiert haben! Pieter entschloss sich, die Schelte des Herzogs widerspruchslos hinzunehmen. Am 31. Oktober begann Karl wirklich mit der Abreise und konnte vom Kaiser nur knapp zurückgehalten werden. Der war dafür extra herbeigeeilt. Herzog Karls Räte legten dem Kaiser die erheblichen Kosten offen, die ihr Herr für das Treffen schon aufgewandt hatte. Sie verwiesen mit deutlichen Worten auf die schädlichen Folgen eines ergebnislosen Abbruchs der Verhandlungen. Der Herzog zeigte sich derweilen gar nicht. Er tat, als wisse er nichts von des Kaisers Anwesenheit und betete alleine in der Kapelle. Die Brüchigkeit der Fassade gegenseitigen Respekts zwischen den Potentaten offenbarte sich nun. Der Kaiser wollte trotzdem das Schlimmste verhüten und kam dem Herzog nochmals entgegen. Sein Angebot betraf den Pfalzgrafen, auch wenn der nur noch durch eine Gesandtschaft unter der Leitung des Bischofs von Worms vertreten war. Graf Haug von Werdenberg legte die Bedingungen des Kaisers für einen Friedensschluss mit ihm dar: Rückgabe der Ortenau und der Reichslandvogtei im Elsass sowie Zahlung einer hohen Geldsumme! Dies war für den Téméraire nur ein Scheinangebot. Der Herzog fand schnell ein Druckmittel gegen den Kaiser. Er strapazierte seinen Kontakt zu König Matthias Corvinus von Ungarn. Der war wie er mit dem Pfalzgrafen verbündet und suchte eine starke Allianz gegen den deutschen Kaiser. Mit der drohte Herzog Karl nun offen. Er verstieß damit gegen sein bisheriges Verhalten. Kaiser Friedrich machte auch unter dieser Drohung kein Zugeständnis. Am 4. November kam es unter ständig wachsendem Zeitdruck zu einem neuen Kompromissvorschlag von Habsburger Seite. Über sieben Stunden hatte man bis dahin verhandelt! Es wurde bis zuletzt um ein Schriftstück gefeilscht, wie ein burgundisches Königreich geschaffen werden könne. Am Schluss sah der Vorschlag die Krönung des Herzogs zu einem König von Burgund und Friesland vor. Weitere wichtige Reichslehen sollten erst später einbezogen werden. Hugonet und Ferry de Clugny zeichneten einen entsprechenden Vertrag für Burgund ab. Die Mitglieder des engsten kaiserlichen Rats paraphierten das Abkommen ebenfalls. Juristen waren darunter stark vertreten. Rehwein war Lizentiat beider Rechte, genau wie Johann Keller, der gleichzeitig Fiskalprokurator Habsburgs war. Die Herkunft der handelnden Personen zeigte, dass Kaiser Friedrich, über das Verhalten der Kurfürsten erbost, die Themen von Trier inzwischen als alleinige Angelegenheit des Hauses Habsburg ansah. Letztlich ging es in der Hauptsache um die Verheiratung seines Sohnes. Herzog Karl setzte in der Schlussphase nur noch auf einen ganz engen Kreis von Räten: Das waren Hugonet, Graf von Megen, Antoine Haneron, der Protonotar Guillaume de Clugny und Peter von Hagenbach. Der Kaiser rang, als die Vereinbarung stand, trotz seiner Verärgerung über die Kurfürsten schließlich doch noch einmal um deren Zustimmung. Die brandenburgischen Räte, der Mainzer und der Trierer Kurfürst saßen zusammen und verweigerten sich dem kaiserlichen Gesuch. Wegen der Wichtigkeit der Angelegenheit verwiesen sie die Chose auf den nächsten Reichstag. Kaiser Friedrich hatte nun endlich genug von ihnen. Er wollte sich das nicht bieten lassen. Am 5. November wurde auf sein Geheiß auf dem Marktplatz ein Thron errichtet. Er hielt noch am gleichen Vormittag Hof. In einem Mantel aus Goldstoff, der ihm bis über die Füße ging, saß er dort zum Alleingang entschlossen. Nur wenige verbliebene Getreue hatte er um sich geschart, darunter die Kurfürsten von Mainz und Trier sowie den Bischof von Metz. Er wollte dem Herzog sogar durch eine weitere Geste entgegenkommen. Herolde informierten Karl darüber, und der Duc ritt alsbald auf einem edlen Ross heran. Er drehte eine feierliche Runde um den Platz. Die in Aussicht gestellte Gunst des Habsburgers verkündete er dann auf seine Weise trotzig selbst. Unter den Standarten, die man hinter ihm hertrug, war bereits das Wappen des Herzogtums Geldern zu sehen! Stolz stieg er die Stufen zum Kaiser empor, kniete vor ihm nieder und ließ sich mit dem Herzogtum belehnen.

Während er dem Kaiser den Lehnseid schwor, trug er auf seinem Haupt einen Kranz wie eine Königskrone, der über 100.000 Gulden gekostet hatte. Dieses Symbol war weithin sichtbar. Den Lehnseid schwor er hingegen so leise, dass ihn nur die Edelleute hören konnten, die direkt hinter dem Kaisers standen. Herzog Karl honorierte das Entgegenkommen des Kaisers auf seine Art. Er wies seinen Agentier Nicolas de Gondeval an, 753 Golddukaten an die Diener des Habsburgers zu verteilen! Ansonsten gab er sich mit Friedrichs versöhnlicher Geste nicht zufrieden. Er war schließlich nicht nach Trier gekommen, nur um Geldern zu erhalten. Das gehörte ihm doch schon längst! Er setzte sein Drängen um die wichtigeren Punkte fort. Sein Ringen hatte scheinbar Erfolg, weil Kaiser Friedrich, was die Kurfürsten ihm angetan hatten, nicht auf sich sitzen lassen wollte. Er besann sich auf seine Stellung als Schirmherr der Christenheit und Beschützer der Kirche und beschloss, die Entscheidung über die Königswürde ohne die Fürsten, unter Hervorhebung seiner Gott gegebenen, kaiserlichen Machtvollkommenheit zu treffen. Er bekräftigte allerdings, dass er für die Krönung Karls dessen Hilfe gegen die Türken erwarte. Für den 10. und 11. November kündigte er die Krönungsfeierlichkeiten an. Der Bischof Georg von Metz sollte die Erhöhung vornehmen. Die Ausstattung des Doms, Krone, Zepter, Banner und Festkleidung waren vorhanden. Nur um den Thron und die Tribünen im Dom musste sich der Kaiser noch selbst sorgen …

Die angekündigten Tage verstrichen ohne die Krönung. Der Herzog hielt, verblüfft über diesen Wankelmut, still und versuchte den Kaiser durch Freundschaftsbezeugungen gegen Prinz Maximilian umzustimmen. Am 14. November lud er Maximilian zu seinem 40. Geburtstag ein. Man ritt gemeinsam aus. Der Herzog zeigte dem Knaben seinen sprechenden Papagei, »König Karl« krächzte er im Sinne der Sache! Dann schenkte er dem Jüngling eine eigens für ihn verfasste burgundische Felddienstordnung. Er arrangierte zwei Tage später sogar ein Turnier, an dem sich Prinz Maximilian und andere junge Fürsten beweisen konnten.

Um den 16. November begann man auf Habsburger Seite, sichtlich gerührt von dieser Geste der Freundschaft, wirklich mit dem Bau eines Krönungsgestühls im Trierer Dom. Herzog Karl nahm das für selbstverständlich hin und führte an diesem Tag mit einigen Rittern immer noch Reiterspiele durch. Die Krönung wurde nun auf den 21. November festgesetzt. Am 20. November erfolgte für Karl, der sich bereits als Sieger wähnte, eine dramatische Wendung. Der Kaiser verlor endgültig den Mut, allein zu handeln. Er scheute vor dem letzten Schritte zurück, und weil er dies dem Duc nicht ins Gesicht sagen wollte, beschloss er über Nacht mit seinem Sohn heimlich die Stadt zu verlassen. Er ließ lediglich dem burgundischen Kanzler ausrichten, dass die Verhandlungen bedauerlicherweise unterbrochen werden müssten. Sie könnten am 1. Februar des nächsten Jahres wieder aufgenommen werden. Dafür schlug er Basel oder Besançon als Treffpunkt vor. In der Nacht zum 25. verließ er mit kleinem Gefolge die Stadt. Nicht einmal Quartier- und Zechschulden beglich er. Nach einem kurzen Ritt bestieg er ein Stück moselabwärts ein bereitliegendes Schiff und machte sich in die Bischofstadt Köln davon. Als der Herzog das gewahr wurde, zertrümmerte er vor Wut das gesamte Mobiliar seines Zimmers. Selbst der ihm nahestehende Dominikanermönch Domenico konnte ihn mit seinen Mahnungen nicht bremsen: »Dass Ihr Wutausbrüche habt, hoher Fürst, und laut herumbrüllt, finde ich gut. Das erhält Euch Eure natürliche Wärme. Ich sehe allerdings mit Sorge, dass Euch alles so schnell bedrückt und zu Herzen geht. Das ist, da sind sich alle Heilkundigen einig, schädlich für Euren Körper. Deshalb lasst es Euch angelegen sein, dagegen anzukämpfen.« Erst als der Duc wieder allein in seinem Zimmer war, beruhigte er sich ein wenig. Er dachte zerknirscht an die Worte seines Vaters, mit denen der ihn in ähnlichen Situationen getadelt hatte:

Wenn der kleine Bub eine Dummheit macht, züchtige ihn mit dem Besen und mit Worten, und wenn er über sieben Jahre alt ist, so du willst, ge-

brauche die Peitsche und den Riemen, und wenn er über 15 ist und es toll treibt, macht mit dem Knüppel, was ihm anders nicht wehtut, und wenn er sich mit 20 immer noch nicht beträgt, ja dann sperre ihn eben ein, wenn es dir nichts ausmacht, und gib ihm ein ganzes Jahr lang schlecht und wenig zu essen.

Der Duc konnte bei der Erinnerung an diese Sätze schon wieder schmunzeln. Trotz allem fühlte er sich vor allen Augen in Europa bloßgestellt. Nolens volens brach er den Aufenthalt in Trier ebenfalls ab und führte seine gewaltige Prunkschau in seine Ländereien zurück.

22

Bis zum 11. Dezember blieb der Herzog in Lothringen. Sein großes Ziel, Burgund zum Königreich der Mitte zwischen Frankreich und Deutschland werden zu lassen, hatte einen herben Rückschlag erlitten. Er arbeitete nun mit Akribie daran, seine Herrschaftsgebiete wenigstens organisatorisch enger zusammenzuführen. Er traf Anordnungen zur Straffung seiner Armee, schuf in Mecheln einen zentralen Gerichtshof für die burgundischen Niederlande und in Maastricht eine zentrale Ratskammer. Ferry de Clugny, Bischof von Tournai und Kanzler des Ordens vom Goldenen Vlies, wurde zum Präsidenten des Gerichtshofs ernannt. Johann Espach, der einzige nichtadelige Deutsche unter seinen Gesandten, wurde als Rat der Kammer in Maastricht bestellt. In den nächsten Monaten wollte der Duc dafür Sorge tragen, dass dorthin die besten Juristen des Landes berufen würden. Der mit den Aufgaben verbundene Botenverkehr erschloss Pieter ein letztes Mal im Jahr, Briefe an die Herzogin und Anna zu versenden. Ihm fiel es nicht leicht, der Herzogin über die traurigen Entwicklungen zu berichten:

Hoch wohl geborene Herzogin, meine gnädigste Gebieterin Margarete, Eure bohrenden Fragen drängen mich, Euch die Wahrheit zu sagen und nichts zu beschönigen. Auch wenn ich Euch damit in die Welt der Fallstricke führen muss, denn darin dünkt mir der Fürst sich zusehends zu verheddern. Alles war vergebens. Der Kaiser ist ohne die erwünschten Beschlüsse nächtens von Trier abgereist. Hatte unser hoher Herr zu viel Druck auf ihn ausgeübt? Zumindest die Kurfürsten hat er mit seinem Auftreten verprellt! Maria ist, wie Ihr es Euch einst wünschtet, *wieder frei für König Edwards Bruder. Trier wurde also ein Desaster. Dabei sollte doch hier alles zum*

Ruhm unseres Herzogs geschehen. Doch was ist schon Ruhm? Er ist unstet wie eine Windbö, die schnell auftost und genauso schnell wieder erschlafft. Man ziehe vernünftigerweise Stetigkeit und Sicherheit vor. Die sind nicht mit dem Schwert zu erreichen. Doch es sieht alles danach aus, als würde der Fürst dies nun versuchen. Euer Gatte scheint kriegerische Pläne zu haben! Ich wünschte, ich sähe einen Weg, wie er von der inneren Rastlosigkeit, an der er krankt, befreit werden könnte. Uns bleibt nur, demütigst zu Gott zu beten, er möge ihm beistehen, auf dass er keinen Schiffbruch erleidet. Uns bleiben nur Geduld zu zeigen und die Gewissheit, dass wir alle nur Wallfahrer auf dieser Erde sind. Seid behütet in Gottes Hand bis zum nächsten Brief,
Euer geflissentlicher Diener,
Pieter van der Weyden, Bibliothekar und Sekretär am Hofe des Herzogs von Burgund.

»*Carissima filia*«, viel geliebte Tochter, nannte Margarete Maria. Dies war keine Plattitüde, nein, die Bezeichnung kam von Herzen und sie benutzte sie auch dieses Mal, als sie der Stieftochter die Neuigkeiten aus Trier mitteilte. Hernach ging sie an die offene Feuerstelle in ihrem Schlafgemach und warf enttäuscht Seite für Seite von Pieters Nachricht in die Flammen.

Der Duc bewegte in seinem Kopf bereits neue Pläne. Nach dem Scheitern des Treffens entschied er sich dafür, seine Ziele nötigenfalls mit Waffengewalt zu verfolgen. »*Vivere militare es.*« Leben heißt kämpfen, sagte er sich. Dabei wollte er jedoch den Verhandlungsweg nicht ganz abbrechen. Zur Kriegsvorbereitung befahl er eine allgemeine »Aide« für die Territorien der Niederlande, welche die enormen Kosten seines stehenden Heeres auch weiterhin gewährleisten sollte. Johann von Halewin gehörte zu seinen Vertrauten mit der schweren Aufgabe, vom holländischen Klerus dafür eine Sondersteuer einzutreiben. Antoine Haneron war der älteste Weggefährte des Herzogs. Er war sein Lehrer und diente ihm nun wie von Halewin als Finanzfachmann und Diplomat. Als geistliches Amt versah er die Würde des Propstes von Sankt Donatian in Brügge und hatte damit eine gute Sicht aus den Augen des Klerus auf die ambitiösen Forderungen des Herzogs, die er trotz seiner kirchlichen Würde loyal vertrat. Herzog Karl reiste voll Unrast weiter. Pieter wurde über den Jahreswechsel freigestellt und eilte nachhause. Der Westwind brachte Kälte und viel Nässe mit sich. Pieter entschied sich deshalb, mit einer Kurierkutsche zu reisen. Er nahm sich vor, in Antwerpen eine Zwischenstation einzulegen. Er hatte seinem Schwiegervater versprochen, dort ihren neuen Geschäftspartner aufzusuchen und sich vorzustellen. Vater Johann fühlte sich zu schwach, selbst dorthin zu reisen. Pieter sollte sich deshalb für ihn umsehen. Er erreichte Antwerpen am frühen Nachmittag. Der Kutscher hatte die Pferde in den letzten drei Stunden mächtig angetrieben. Nach dieser Fahrt würde er über die Festtage bei seiner Familie in der Stadt bleiben, und es drängte ihn, schnell heimzukommen. Als sie durch das Stadttor preschten, waren die Flanken der Gäule schwarz vor Schweiß und ihre Schulterblätter voll weißer Schaumflecken. Der Kutscher ließ sie endlich in Schritt fallen. Sie orientierten sich Richtung Innenstadt. Am großen Marktplatz kam ihnen ein Zug von Menschen entgegen. Zwischen einer Amtsperson des Magistrats, einem Dominikanermönch und dem Henker schritten zwei zerrupfte Gestalten mit gesenkten Häuptern. »Die kommen aus unserem Kerker, dem Steen«, wusste der Kutscher. »Die werden vor den Blaustein am Rathaus gebracht und geköpft. Ihre Körper werden verscharrt oder in die Schelde geworfen. Ihre Köpfe werden auf Stangen gespießt und anderen zur Abschreckung aufgestellt. Gerade jetzt vor dem Winter werden viele Verbrecher gerichtet. Man will sie raushaben aus dem Steen.« Pieter wurde es ungemütlich, und er war froh, als sie den traurigen Zug passiert hatten. In einer Nebenstraße erreichten sie den Gasthof Vier Winde, in dem er übernachten wollte. Er verabschiedete sich von dem Kutscher und beeilte sich, in sein Zimmer zu kommen.

Er wusch sich Gesicht und Hände in einer Schüssel, verstaute seine Sachen, kleidete sich an und machte sich auf den Weg zu van Beutens Kontor. Vom großen Marktplatz aus orientierte er sich Richtung Schelde. Dort trat er auf einen Holzsteg und schaute aufs Wasser, das sich im Wind leicht kräuselte. Vor dem Steen lagen einige wenige Segelschiffe. Sie hatten für dieses Jahr Antwerpen als Heimathafen angelaufen und gingen erst wieder im Frühjahr auf große Fahrt. In den Wintermonaten war es auf der Nordsee zu gefährlich. Pieter ging mit hoch geschlagenem Kragen das Scheldeufer entlang Richtung nördlicher Stadtmauer. Dort befand sich das Kontor des Partners. Mijnheer van Beuten hatte auf sein Eintreffen gewartet und empfing ihn mit herzlichem Willkommensgruß. Die beiden Männer fanden sich sofort sympathisch. Der Kaufmann zeigte Pieter Kontor und Lager und war erpicht, ihm die letzten Zahlen vorzulegen und von seinen Zukunftsprojekten zu reden. Er bedankte sich bei Pieter dafür, dass er mit so vielen Aufträgen für den Hofstaat des Herzogs den guten Geschäftsverlauf des letzten Jahres unterstützt hatte. Die gemeinsamen Stunden vergingen wie im Flug, und die beiden Männer merkten gar nicht, dass es draußen bereits dunkel geworden war. Van Beuten wurde es als Erster gewahr. Erschreckt fuhr er auf und stöhnte: »Mein Gott, wir müssen uns sputen. Mein Weib wartet zu Hause mit einem guten Essen auf uns. Ich hoffe für Euch und mich, dass es noch nicht verbrutzelt ist, sonst wird sie Launen zeigen.« Pieter lachte, und sie machten sich rasch auf den Weg. Der Braten war noch wunderbar. Das Fleisch hatte eine herrlich krosse Kruste und duftete nach gutem Rotwein. Pieter lief das Wasser im Munde zusammen. Nachdem es ihnen gemundet hatte, zog sich die Hausfrau zurück und ließ die beiden Männer mit ihren Gesprächen allein. Die währten noch viele Stunden bis spät in die Nacht. Die beiden hockten beisammen und genossen den schweren italienischen Rotwein. Als Pieter sich lange nach Mitternacht verabschiedete, waren sie mit der Welt im Reinen. Pieter fühlte sich bettschwer. Mit Grausen dachte er an die ungemütliche Weiterfahrt am nächsten Tag. Zunächst ging es über die Schelde nach Beveren. Über Vracene näherte er sich dann seiner Geburtsstadt. Als ihn Anna vor der Haustür empfing, war seine Wiedersehensfreude schnell verflogen. Wie sah sie nur aus! Ihre sonst klaren Augen lagen glanzlos in den Höhlen. Sie musste irgendein Kummer quälen.

»Was ist mit dir, mein Schatz?«, fragte er. Mit einem tiefen Schluchzer brach aus ihr heraus: »Ich vergehe voll Sorgen um meinen Vater. Es geht zu Ende mit ihm. Schon dreimal hat ihm der Pastor die Letzte Ölung gewährt. Gott sei Dank, dass du nun da bist.« Pieter suchte krampfhaft nach tröstenden Worten, doch die kamen ihm nicht. »Vaters Denken ist nur noch ins Jenseits gerichtet. Selbst dabei denkt er noch an mich«, fuhr Anna fort. »Er hat zu meinem Segen bei den Glasmalern ein Fenster der heiligen Anna in Auftrag gegeben.« »Das Sterben eines lieben Angehörigen ist für uns schlimmer als für den Betroffenen selbst, mein Liebes. Dein Vater hat den Tod nicht zu fürchten, er strebt nach ewigem Leben und Frieden!« Anna trösteten seine Worte nicht. Pieter erschrak, als er seinen Schwiegervater sah.

Während des mühsamen Gespräches mit ihm erkannte er, dass sich sein Wesen verändert hatte. Sein ganzes Denken war wirklich nur noch auf das Jenseits gerichtet. Er hoffte, Gott damit zu verpflichten, ihn vor Höllenqualen zu bewahren. Anna und Pieter wussten nicht, dass dieser Besuch ein Abschiedsbesuch werden würde. Mijnheer Johann hatte wieder diese fürchterlichen Kopfschmerzen. Er ließ nach seinem Hausarzt rufen und forderte mit schwacher Stimme eine Schmerzbehandlung. Der Arzt rieb ihm mit einer Tinktur aus geseihtem Blutschwamm die Kopfhaut ein. Das Einmassieren machte den Kranken müde. Bald schlief er ein. »Der Schlaf wird ihm guttun«, sagte der Medikus zu Johanns Frau Katharina. »Er wird ihn erquicken und morgen früh wird er sich besser fühlen.« Der Doktor lag falsch. Als sich Johann bis gegen 10 Uhr nicht gerührt hatte, sah seine Frau nach ihm. Ihr spitzer Schrei lockte die Köchin herbei. Der Hausherr lag steif und leblos auf seinem Bett. Er war in der Nacht verschieden! Der Grabgang wurde ein großes Stadtereignis. An ihm nahmen alle Honoratioren Brügges teil. Die Trauergäste zählten über hundert. Die Kirchenglocken läuteten fast eine Kerzenlänge lang. In den Kirchen wurden unzählige Wachskerzen aufgestellt. Es fehlte an nichts, um sein Andenken zu ehren. Freuden zum Weihnachtsfest wollten in diesem Jahr bei den van der Weydens nicht aufkommen. Es ging insgesamt gesehen ein »*Annus horribilis*«, ein schreckliches Jahr, zu Ende!

23

Herzog Karl hatte zum Aufbruch geblasen. Am 14. Dezember weilte er im Schloss von Pierrefort und frischte seine Freundschaft mit Nicolas von Montfort, Graf von Campobasso, auf. Bei ihrer Übereinstimmung im Geist konnte man nicht glauben, dass der Graf den Burgunder einst verraten sollte. Kurz darauf wurde Karl in Nancy vom Lothringer Herzog René II. mit allen Ehren empfangen. Der hatte, fasziniert vom Duc, sein Land nahezu zum burgundischen Protektorat werden lassen. Am 21. Dezember erreichte Karl das Elsass, wo er die ihm zugefallenen vorderösterreichischen Lande endlich einmal besuchte. Burgundische Standarten wehten über dem Vogesenkamm bei Markirch. Weihnachten feierte der Herzog in Breisach und empfing den Markgrafen von Baden und die Bischöfe von Basel und Speyer. Herzog Sigmund blieb schmollend in Innsbruck. Der Duc demonstrierte mit einem kronenähnlichen Herzoghut auf allen Empfängen seinen Anspruch auf königlichen Rang.

Am 3. Januar 1474 besichtigte Karl zum ersten Mal seine Pfandlehen im Sundgau und traf mit seinem Heer in Enisheim ein. Die Schweizer befürchteten, dass er mit seinen Truppen bis auf ihr Gebiet durchmarschieren könnte. Schnell stationierten die Berner ein Heer im Aargau. Von Bubenberg schickten sie nach Enisheim, um die Lage zu sondieren. Herzog Karl empfing ihn freundlich, musste sich aber erneut dessen Klagen über Vogt Hagenbach anhören. Der Herzog machte keine Zusagen, versprach nur, dass er Mülhausen seine Freiheitsrechte belassen wolle. Ihm gelang es mit seinem Charme, die Eidgenossen zu beruhigen. Die fühlten sich allerdings König Ludwig inzwischen so verbunden, dass sie einen Kurier an seinen Hof schickten, um über das Treffen zu berichten. Sie wollten nicht, dass es von dem Franzosenkönig falsch verstanden würde. Am 23. Januar befand sich der Téméraire wieder in seinen Stammlanden. Er ritt feierlich in Dijon ein. Auch dort demonstrierte er seinen Anspruch auf die Königswürde. Beim Einzug trugen zwei Adelige und zwei Bürger einen Baldachin über ihm, der in seiner Pracht nur einem König zustand. Am 25. Januar hielt er in der Kirche Saint Bénigne eine Rede an die Stände von Burgund. Er beschwor das alte Königreich Burgund, welches die Herren von Frankreich sich einst widerrechtlich angeeignet und schändlich zum Herzogtum degradiert hätten. Er war dabei in einem königlichen Gewand aus Gold, Perlen und Edelsteinen gekleidet. Am 11. Februar erledigte er noch eine Familienpflicht: In Anwesenheit des Kölner Erzbischofs und weiterer hoher Würdenträger erfuhren die Überreste seines Vaters und seiner Mutter eine Überführung ins burgundische Erbgrab in der Kartause von Champmol. Auch in diesen Tagen ließ der Duc die Verwaltungsarbeit nicht ruhen. Er setzte die Berufung in die neu geschaffenen Ämter in Mecheln fort. Guillaume de Rochefort, Doktor beider Rechte, wurde von ihm berufen. Der Adelige sollte jedoch recht selten in Mecheln sein. Er half stattdessen das Verhältnis zu den Eidgenossen im Lot zu halten. Auch hatte er sich um die Einbindung Savoyens in den burgundischen Einflussbereich zu kümmern. Herzog Karl brauchte das kleine Land als Brückenkopf nach Italien ...

War de Rochefort für den Herzog um Frieden in der Region bemüht, sorgte von Hagenbach weiter für Verärgerung. Er ließ in den Pfandländern den Getreidehandel mit den oberrheinischen Städten verbieten. Basel und Straßburg suchten daraufhin Hilfe in Bern. Bern war längst nicht mehr gut auf Burgund zu sprechen. Die stolze Stadt befürchtete, der umtriebige Nachbar würde durch von Hagenbach auch noch die Handelsstraßen des Schweizer Mittellands zu den Genfer Messen sperren. Bern ging auch gegen den Strich, dass immer mehr Lombardische Söldnertruppen durch ihre Ländereien zogen, um Anstellung im Burgunderheer zu finden. Schließlich überfielen Bilgeri von Heudorf und Diebold von Geroldseck, zwei Elsässer Raubritter, Schweizer Kaufleute und setzten sie auf ihren Burgen fest. Hagenbach griff nicht ein, sondern lobte und unterstützte die Räuber sogar. Er stachelte auch den burgundischen Adel gegen die Stadt Mülhausen auf. Die freie Reichsstadt war ihm schon lange ein Dorn im Auge. Die Lage im Elsass wurde immer bedrohlicher. Herzog Karl blieb das nicht verborgen, und er beschloss, zusätzliche lombardische Söldner dorthin zu verlegen. Die erwiesen sich als unbeliebte Besatzer und verschlechterten die Stimmung noch zusätzlich. Abt von Casanova erschien in Bern, um die Gemüter zu beschwichtigen und deutlich zu machen, dass der Duc keinen Krieg mit den Schweizern wolle. Casanova regte als Ablenkungsmanöver einen von Burgund bezahlten Krieg gegen die Türken an. Dafür sollten sich die Schweizer mit Burgund, Venedig und Mailand zusammentun. Schließlich mischte auch der Franzosenkönig wieder mit. Jost von Silenen brachte von ihm lockende Gegenangebote in die Schweiz. Die Eidgenossen blieben zunächst noch unentschlossen. Herzog Sigmund war ebenfalls mit Burgund längst nicht mehr einig. Hatte Karl doch gerade in Verhandlungen mit Gesandten des Tirolers erneut abgelehnt, Krieg gegen die Eidgenossen zu führen. Karl wollte ihn augenscheinlich nicht unterstützen, die Stammlande zurückzugewinnen. Auch die Pfandlande schienen dem Tiroler endgültig verloren. Für ihre Auslösung bei Karl fehlte ihm das Geld. Eine andere Lösung musste her. Ein Vergleich mit den Eidgenossen schien auf einmal denkbar. So wurden die Schweizer mit einem Mal von drei Seiten umschmeichelt. Bald überschlugen sich die Aktivitäten: Am 30. März trafen sich die Anrainer der Pfandlande in Konstanz. Im Beisein französischer Gesandter sondierte man die Lage und traf Beschlüsse. Die »Ewige Richtung« wurde aufgesetzt. Die Auseinandersetzung zwischen Habsburg und der Eidgenossenschaft sollen durch ein Defensivbündnis beendet werden. Am 4. April wurde die niedere Vereinigung ausgerufen. Die Kantone Zürich, Bern, Luzern, Zug, Obwalden und Glarus waren zu einer Einigung mit Herzog Sigmund bereit. Nur Uri, Nidwalden und Schwyz zögerten noch. In der »*Ewigen Richtung*« wurde festgeschrieben, dass Herzog Sigmund auf alle Gebiete der Schweiz verzichtete und die Eidgenossenschaft als unabhängig von Habsburg anerkannte. Die Eidgenossen verpflichteten sich ihrerseits, nie mehr habsburgisches Gebiet jenseits dieser Grenze anzutasten. Der Aargau und der Thurgau waren damit gesichert. Beide Seiten versprachen sich, fortan jede kriegerische Handlung zu unterlassen und ungestörten Handel und Wandel zu garantieren. In allen Orten läuteten nach diesen Beschlüssen feierlich die Kirchenglocken. Die Städte Kolmar, Basel, Straßburg und Schlettstadt versprachen dem Tiroler sogar, die zur Auslösung der Pfandlande benötigte Summe als Darlehen zur Verfügung zu stellen. König Ludwig wurde als Schiedsobmann für Streitigkeiten gewählt. Der hatte natürlich im Hintergrund sowieso die Fäden gezogen. Dieses Friedensbündnis sollte nach seinem Willen zu Stande kommen. Er wünschte nichts mehr als einen baldigen Angriff Berns auf den burgundischen Verbündeten Savoyen unter seiner treulosen Schwester Yolanda …

Bern beabsichtigte schon längst einen Strauß mit Herzogin Yolanda auszufechten, wollte aber keinen Zweifrontenkrieg riskieren. Die Berner befürchteten nach einem Angriff auf Savoyen eine kriegerische Reaktion des Burgunderfürsten. Ein Bündnis mit Habsburg war vorher Voraussetzung. Schon zwei Tage nach Vertragsschluss kündigte Herzog Sigmund den Pfandvertrag mit dem Duc auf. Sein Waffenherold, Caspar Österreich, vermeldete dem Duc die Hinterlegung der Lösungssumme in Basel und bekundete die Rücknahme der Pfandlande. Der Herzog akzeptierte Sigmunds Kündigung nicht. Er hatte schließlich weitere 180.000 Gulden ausgegeben, um die Gebiete freizukaufen. Diese Summe forderte er nach, und der Tiroler konnte sie nicht aufbringen. Sigmund hatte sich außerdem aus freien Stücken unter Karls Schutz begeben und konnte seine Verpflichtung ohne Burgunds Zustimmung nicht aufgeben. Das tat kein Ehrenmann! Der Duc lehnte auch die Hinterlegung der Pfandsumme in Basel als vertragswidrig ab.

24

Nun verspürte von Hagenbach, wie sich die Lage verändert hatte. Als Erste versagten ihm die vier Waldstädte Rheinfelden, Säckingen, Laufenberg und Waldshut die Gefolgschaft. Am 10. April versuchte er Ensisheim im Sturm zu nehmen. Seine Soldaten waren schon zu lange ohne Sold und verweigerten den Waffendienst. Die Pikarden waren die aufmüpfigsten. Hagenbach beschloss, sich mit den verbliebenen Getreuen in Breisach festzusetzen. Er brach von Ensisheim auf und ritt mit seinen restlichen 500 Männern in die Stadt ein. Noch am Abend des Ostersonntages erreichte ihn eine Botschaft Karls. Die machte den Vogt wieder zuversichtlich. Der Herzog versprach persönlich als Entsatz zu kommen, sollte Hagenbach in Breisach vom Feind eingeschlossen werden. Der »*große Würfler*«, wie man Hagenbach nannte, da er auf seinen Ärmeln eine Stickerei mit drei Würfeln trug, trat wieder forscher auf. Er verlangte, dass alle Breisacher Bürger mit Schaufeln vor dem Stadttor anträten, um einen Graben auszuheben, mit dem, als Akt der Schikane, der Rhein umgeleitet werden sollte …

Der Bürgermeister wagte Widerrede, aber Hagenbach scheuchte ihn mit seinem Lieblingsspruch: »Einen Dreck auf deine Nase« unter Androhung von Prügeln fort. Die Bürgerschaft wurde unruhig, und immer öfter hörte man den Ruf: »Hinaus mit den Welschen! Rettet das Römische Reich!« Die Städter rotteten sich vor dem Stadttor zusammen, aber nicht mit Schaufeln, sondern mit Spießen und Schwertern, und nahmen den überraschten Hagenbach gefangen. Nur mit knapper Not konnten einige Edelleute verhindern, dass man ihn sofort lynchte. Er kam in den Gewahrsam des Rates. Wie ein Verbrecher saß er in Eisen gekettet im Turm. Noch immer glaubte er, das Blatt wenden zu können, und bot 14.000

Gulden für seine Freilassung. Auch das war vergeblich. Herzog Karl reklamierte, als er von Hagenbachs Schicksal erfuhr, dass nur er als Schutzherr das Recht zu richten habe, und forderte Hagenbachs Herausgabe. Als sich dessen Lage herumsprach, brach ein Aufstand aller elsässischen Städte gegen ihn los. Herzog Sigmund nahm dabei freudig die verpfändeten Gebiete wieder in Besitz. Wie hatte sich die Stimmung geändert! Das Volk jubelte nun dem einst verhassten Habsburger zu. »Christ ist erstanden, der Landvogt ist gefangen, des sollen wir alle froh sein, Sigmund soll unser Trost sein, Kyrieleis«, wurde auf den Straßen gesungen. Sigmund reiste voll Rachegefühle nach Breisach. Seine Ankunft verlief nicht geräuschlos. Hunderte von Pferdehufe klapperten über die Steinbrücke. Bis in den Arresturm sprach sich rum, dass er mit Schweizern zusammen gekommen war. »Mein Leben ist aus«, stöhnte Hagenbach in Todesahnung. Für einen Moment sah es jedoch danach aus, als könnte ihn die Ehrenhaftigkeit der Breisacher Ratsleute retten. Der Rat hatte schließlich Burgund den Treueid geschworen! Hagenbach gehörte nach seiner Auffassung vor ein burgundisches Gericht! Aber die Macht des Faktischen enthob den Rat seiner juristischen Schwierigkeiten. Herzog Sigmund scherte nämlich dieser Umstand gar nicht. Er stellte den Inhaftierten vor Gericht. Seine Anklagepunkte waren Mord und Konfiskation, die Entrechtung Breisachs und die Erhebung des »Bösen Pfennigs«. Zur Finanzierung des burgundischen Heeres hatte Hagenbach nämlich den »*Bösen Pfennig*« als Verbrauchssteuer eingeführt. Eiligst wurde Gericht gehalten. Hermann von Eptingen übernahm den Vorsitz. Hans Irmi, Beisitzer aus Basel, verteidigte den Angeklagten. Hagenbach übernahm seine Verteidigung jedoch größten Teils selbst und stützte sie immer noch vehement darauf, dass nur Herzog Karl ein Urteil über ihn zustünde. »Der hat alles angeordnet«, wiederholte er ein über das andere Mal. Die Richter sahen darin nur ein indirektes Schuldeingeständnis, denn der Vogt leugnete seine Taten ja nicht. Noch am Abend des 9. Mai wurde »*Recht*« gesprochen. Hagenbach hörte mit unbewegter Miene sein Todesurteil und bat resignierend nur noch um die Gunst, seinem Stand entsprechend, enthauptet zu werden. »Ich habe keine Furcht vor dem Tod, ich hatte ihn allerdings im Kampfgetümmel erwartet«, waren seine letzten Worte. Nach symbolischer Entritterung wurde er mit einem Fackelzug auf den Anger vor dem Kupfertor geführt. Der Henker von Kolmar vollstreckte mit seinem großen Richtschwert das Urteil zügig um vier Uhr in der Früh. Tausende von Schaulustige jubelten, als ihr Peiniger ins Jenseits befördert war. Das Elsass erklärte sich für frei von den Burgundern und bestätigte überglücklich Herzog Sigmund als alten und neuen Lehnsherrn. Der dachte in seinem Triumph nicht daran, Herzog Karl das noch geschuldete Geld zu erstatten.

Pieter war für das erste Quartal des neuen Jahres in Brügge geblieben. Er hatte mit Hilfe von Mijnheer de Smeet die Geschäfte der beiden Handelshäuser neu geordnet und sie noch enger zusammengeführt. Das Familienleben war in normale Bahnen zurückgekehrt. Anna und den Kindern gab er so viel Zuwendung, wie ihm seine knapp bemessene Zeit zuließ. Er wusste, dass er bald wieder Abschied nehmen musste. Anfang Mai machte er sich wieder auf den Weg. Die kleine Katharina überraschte ihn zum Abschied mit den ersten tapsigen Schrittchen. Eins, zwei, drei Schritte schwankte sie strahlend auf ihn zu und ließ sich in seine Arme plumpsen. Pieters Stolz war mit Worten nicht zu beschreiben.

Zum endgültigen Abschluss der »*Ewigen Richtung*« musste ein Schiedsspruch des französischen Königs her, um letzte Meinungsverschiedenheiten zu bereinigen. König Ludwig stellte sich dabei zum Ärger Sigmunds auf die Seite der Schweizer. Als furchtsamer Mensch verlängerte Ludwig im gleichen Atemzug den Waffenstillstand mit Karl bis zum 1. Mai 1475.

25

Im Kölnischen fand sich für Karl eine Möglichkeit, auf sein erträumtes Großreich hinzuarbeiten. Anlass bot ihm die schwelende Auseinandersetzung um den Erzbischofstuhl in Köln. Sein weitläufiger Verwandter, der Erzbischof Ruprecht, rief von Bonn aus seine Hilfe an. Dieser Hilferuf war nur aus der Not geboren. Ruprecht hatte sich zu Beginn seiner Regentschaft offen gegen Burgund gestellt, die Aufstände in Lüttich unterstützt und ein Bündnis mit Adolf von Geldern gepflegt. Auch in Trier hatte er gegen den Herzog votiert. Nun versuchte er dies vergessen zu machen und wollte dem machtlüsternen Verwandten sein Hilfsgesuch schmackhaft machen, indem er mit einer größeren Geldsumme und territorialen Rechten in Kurköln winkte. Er versprach Karl obendrauf das Amt eines Schirmvogts des Erzbischofs. Zur Bekräftigung seiner Freundschaft zu ihm ließ er burgundische Fahnen auf den offiziellen Bonner Gebäuden hissen, wenn auch nur für kurze Zeit, denn die Bonner rissen sie kriegsmüde, wie sie waren, sofort wieder herunter. Für Karl zeigte sich folgendes Bild: Von der Rheinmündung flussaufwärts bis Kleve hatte er alle Gebiete ziemlich im Griff. Kleve war ihm verwandtschaftlich verbunden und ein treuer Verbündeter. Die anrainende Grafschaft Moers hatte er erst vor kurzem vereinnahmt, weil es Moers mit den Geldrern gehalten hatte. Die Herzöge von Jülich und Berg waren zwar Wackelkandidaten in der Vergabe ihrer Gunst, doch die Machtfülle des Ducs hatte auch sie mehr und mehr in seine Arme getrieben. Diese Herren schielten nur darauf, wer das Sagen hatte, und parierten entsprechend. Einzig Kurköln versperrte Karl noch den Weg zum mittleren Rhein. Der Hilferuf Ruprechts kam also zur rechten Zeit! Nach der Schmach von Trier war der Herzog zudem nicht bereit, Rücksicht auf die Befindlichkeit des deutschen Kaisers zu nehmen.

Er bekannte sich offen zum Kölner Erzbischof und drohte, im Reichsgebiet zu intervenieren. Karl zögerte jedoch mit der Umsetzung. Er musste einige Problemfelder im Auge behalten: Die besiegelte »*Ewige Richtung*« beunruhigte ihn. Im Elsass brauchte er dringend weitere Truppen gegen Sigmund. In Geldern warteten viele Unzufriedene darauf, zu opponieren. In Flandern und im Hennegau rumorte es wegen zu hoher Abgaben. Erst der Waffenstillstand mit König Ludwig ließ Karl die Strafmaßnahme im Reichsgebiet wagen …

Der Téméraire achtete auf korrektes Vorgehen. Er wollte nicht als plumper Aggressor dastehen. Der aus den burgundischen Stammlanden kommende Gérard Vurry verteidigte zunächst vor der Stadt Köln die Interessen Burgunds und des Erzbischofs auf dem Rechtsweg. Erst als dies nicht fruchtete, tüftelte der Burgunder seine weitere Vorgehensweise aus. Das heilige Köln anzugreifen, sollte ich tunlichst vermeiden, dachte er. Ich muss damit rechnen, dass die freien Städte des Reiches und die Kurfürsten allesamt Köln zu Hilfe eilen. Selbst der meist zaudernde Kaiser wird im Falle eines Angriffs auf Köln den Reichskrieg gegen mich ausrufen. Karl beschloss, stattdessen einen Außenposten Kölns zu bestrafen. Der am weitesten nach Nordwesten vorgeschobene Flecken, nicht mal einen Tagesmarsch von seinen Ländern Limburg und Geldern entfernt, war Neuss. Mit der Eroberung von Neuss konnte er die bisher verschlossene Tür zu den Gebieten am Mittelrhein weit aufstoßen. Waren die linksrheinischen Lande erst in seiner Hand, folgten das wankelmütige Kurtrier und Kurmainz von selbst. Die Pfalz sympathisierte ohnehin mit Burgund. Er wollte endlich das gesamte Gebiet bis hinauf nach Straßburg und Basel und zu den an ihn verpfändeten österreichischen Vorlanden am Oberrhein, im Elsass, unter seine Herrschaft zwingen! Keinen Feldzug bereitete Herzog Karl so gründlich vor wie die Belagerung von Neuss. Er hoffte zunächst, allein mit Drohgebärden Erfolg zu haben. Im Juni entsandte er einen Herold in die Stadt und forderte deren Rat auf, sich widerstandslos zu ergeben. Die Worte seines Boten tönten siegessicher: »Ihr Bürger von Neuss, euch allen sei bekannt gemacht, der kühne Karl verlangt von euch, wie er mir mit eigenen Worten aufgetragen hat, dass ihr ihn unverzüglich hereinlasst.« Die Neusser weigerten sich strikt. Sie beriefen sich auf den Schutz des Papstes und des Kaisers und vertrauten auf ihren Stadtheiligen Sankt Quirin. »Wir werden uns niemals unterwerfen«, brüllten sie von den Zinnen herab. Köln hatte ein Jahr zuvor seinen früheren Domherrn, Herman von Hessen, zum Stiftsverweser des Erzbistums bestellt, und die Neusser standen ihm seitdem treu zur Seite. So hofften sie nun auch auf Kölner Hilfe gegen Burgund. Für einen Schlagabtausch schien alles für Neuss zum Besten zu stehen. Die Gunst der Natur und der Fleiß tüchtiger Bauherren hatten die Stadt über die Jahre zu einer starken Festung werden lassen. Der Rhein floss als natürlicher Schutz an ihrer Ostseite unter den Stadtmauern hin. Dem Rhein entgegen plätscherte von Nordwesten der kleine Wasserlauf der Krur. Der umfing die ganze Südseite der Stadt und mündete unterhalb des Obertors, nachdem er die Erft in sich aufgenommen hatte, wiederum in den Rhein. Tüchtige Konstrukteure hatten oberhalb des Obertors Wasser abgezweigt und in einen Graben geleitet. Der sicherte die Mauern der Süd- und Westseite. Ein Durchstich von der Erft her sorgte dafür, dass dieser Kanal immer genug Wasser führte und den Schutzring geschlossen hielt. An diesem Kanal konnten in Notzeiten sogar zwei Mühlen betrieben werden und das Stadtgebiet mit Trinkwasser versorgen. Zusätzlich hatten die Neusser das gesamte Stadtgebiet mit einer doppelten Mauer umgrenzt. Jede dieser Mauern hatte mehrere Wehrtürme. Die trugen mächtige Geschütze. Zwischen der Doppelmauer war bis zu Mannshöhe Erde aufgeschüttet worden. Der darauf gelegene Wehrgang bot wegen seiner Breite im Verteidigungskampf große Bewegungsfreiheit. Lediglich der Südwesten und Süden der Stadt waren nur von einer einfachen Mauer geschützt. Dieses Gebiet umschloss dafür ein doppelter Wassergraben. Trotz dieser günstigen Umstände nahmen die Neusser die Bedrohung durch Herzog Karl sehr ernst und wappneten sich. Aus dem umliegenden Bauernland schafften sie Getreide und andere Lebensmittel heran und lagerten sie ein. An Rhein und Mosel erstanden sie größere Weinvorräte als sonst. Bei den Bauern vor den Toren beschlagnahmten sie Vieh und trieben es hinter die Stadtmauern. Mit Goldstücken der gut gefüllten Stadtkasse stellten die Bürgermeister zahlreiche

Söldner ein. Zu ihnen gehörten Männer aus Geldern und Lüttich, denen die Zerstörung ihrer Heimat durch den Burgunder noch in schrecklicher Erinnerung war. Die Besiegten waren heiß darauf, erneut gegen Herzog Karl zu kämpfen. Köln erfüllte ebenfalls die Hoffnungen der Neusser. Noch bevor das Burgunderheer heranrückte, entsandten sie Landgraf Hermann mit einigen 100 Männern als Entsatz, bestens ausgerüstet mit Vorräten und Gerät für den Kriegsgebrauch. Hermann von Hessen, ein kampferfahrener Fürst, rief die Bewohner zu Mut und Zuversicht auf und stachelte sie an, sich für die Abwehrschlacht bereit zu halten. Die Neusser verstärkten auf Hermanns Geheiß nun weiter unermüdlich Wälle und Mauern. Schutzverschläge wurden befestigt. Hinter denen wurden wie auf den Türmen und Stadttoren Feldgeschütze und Kanonen in Stellung gebracht. Auch überall sonst auf den Mauern brachte man Geschütze an. Die sahen rund- und breitmäulig eher wie Blumentöpfe aus, nicht wie Kanonen. Bei jedem Schuss donnerten diese Höllenmaschinen so gewaltig, dass den Schützen oftmals die Trommelfelle platzten. Wo es notwendig erschien, legten die Verteidiger auch Erdaufwürfe an. Der Burgunderfürst konnte kommen ...

Der Duc kam eindrucksvoll. Mit der »schönsten« Armee seiner Zeit und der mächtigsten Artillerie zog er am 21. Juli von Maastricht her auf die Stadt zu. Sein Heer zählte um die 20.000 Mann. Hilfstruppen und Tross waren dabei nicht mitgerechnet. Vergeblich hatte Karl versucht, den großen Colleoni, den angesehensten Condottiere dieser Zeit, für seinen Feldzug zu gewinnen. Der hatte aber abgelehnt. Schon über 70 Jahre alt und sehr vermögend, hatte er keine Lust gehabt auf den kalten Norden und den risikoreichen Waffengang. Er blieb lieber im warmen Venedig. Mit schmeichelnden Worten sagte er Karl ab: »*Al grandissimo primo uomo del mondo!*« Dem größten und ersten Menschen der Welt! ...

Der zögerliche Kaiser erklärte zwar den Reichskrieg gegen den burgundischen Kriegsfürsten, unternahm aber nichts. Dem Herzog erwuchsen keine weiteren ernstzunehmenden Gegner. Die Soldaten in Herzog Karls Heer stammten von überall her. Sie palaverten in vielen Sprachen. Burgundische Reiter, pikardische Kriegsknechte, die gefährlichen englischen Bogenschützen, Söldner aus der Lombardei und die Stadtmilizen der mächtigen Flandernstädte bildeten das Rückgrat der Belagerungsarmee. Diese mächtige Soldateska kam zu Pferde und zu Fuß. Alle waren siegessicher. Die Zeit für eine Belagerung schien günstig. »Wir stehen erst kurz vor der Ernte und die Kornlager der Stadt sind sicherlich leer«, sprach der burgundische Heerführer zufrieden mit seiner Planung. Doch er irrte sich, seine Gegner hatten vorgesorgt. Ihre Lager waren voll. Die Kölner bekamen derweilen Angst vor Herzog Karls Truppen, deren Stärke sich bis in die Domstadt herumgesprochen hatte. Sie befürchteten, der Duc könne noch abschwenken und gegen die Domstadt ziehen. Kölns Bürger wandten sich an die Dominikaner um Rat. Deren Prior, Jakob Sprenger, rief sein Kapitel zusammen. Es empfahl, sich unter den Schutz der Mutter Gottes zu stellen und viele Male den Rosenkranz zu beten. Ob das wohl helfen wird?, fragten sich die Bürger unsicher. Schaden konnte es nicht, also befolgten sie den Rat. Als der Herzog sie wirklich verschonte, galt das als Wunder der Heiligen Mutter Gottes! Herzog Karl unterließ den feindlichen Akt allerdings nur, weil er noch an anderer Front zum Kampf rüsten musste. Der sollte gegen seinen Hauptfeind, den französischen König, gehen. England war dabei ein wichtiger Verbündeter in seinen Plänen. In Bayards Castle, dem Hauptquartier des Hauses York, hatten burgundische Diplomaten an einem Vertragswerk mit England gearbeitet. Karl schloss auf dessen Grundlage mit seinem Schwager Edward am 25. Juli einen Beistandspakt. Der Duc verpflichtete sich, Edward als König von Frankreich anzuerkennen und ihn bei einem Einmarsch in Ludwigs Ländereien mit mehr als 10.000 Mann zu unterstützen. König Edward hingegen sagte diesen Einmarsch verbindlich vor Juli 1475 zu und versprach, eine Truppenstärke von ebenfalls 10.000 Bewaffneten beizusteuern. Alle Besitzungen Karls, die zu dieser Zeit unter französischer Lehnshoheit standen, sollten davon befreit werden und dem Herzog zufallen. Darüber hinaus sollten weitere Gebiete sein Reich arrondieren. Solche Möglichkeiten konnte sich der Herzog nicht entgehen lassen. Schon auf dem Weg nach Neuss hatte Karl nach Verstärkung gesucht. Er machte in einem Brief an Herzog Johann von Kleve deutlich, welch hohe Treuepflicht er von ihm erwartete. Mit »*Cher Cousin*« als Anrede, milderte er nur wenig die Schärfe seiner Forderungen. Die Kleveschen Länder hatten nach seinem Willen als Basis für die Verproviantierung seines Heeres zu dienen! Selbst für einen Konflikt mit dem Kaiser forderte er Johanns unbedingte Gefolgschaft ein und erinnerte ihn drohend daran, dass seine Ländereien von denen Burgunds eingeschlossen waren. Am 28. Juli forderte er auch noch Kanonen mit geschultem Personal. Er wollte die aufmüpfige Stadt Neuss auf jeden Fall noch vor dem Winter in die Knie zwingen. Herzog Johann zögerte die Hilfe hinaus, obwohl ihm bewusst war, dass er auf Dauer seine Interessen den Zielen des Ducs würde unterordnen müssen. Er war nicht nur burgundischer Pensionsempfänger und Ritter vom Goldenen Vlies, sondern nach der Eroberung Gelderns von Karl vollends eingekreist. Zwar war der junge Herzog Wilhelm am Hofe Karls großgezogen worden, aber Jülich-Berg stand nicht ganz so hart wie Kleve unter burgundischem Kuratel. Trotz schärfster brieflicher Attacken des Herzogs gelang es Wilhelm, bis auf weiteres neutral zu bleiben.

26

Am 29. Juli erreichten die burgundischen Truppen Neuss. Die Zugbrücken über dem Festungsgraben standen senkrecht. Neuss demonstrierte Entschlossenheit! Die eisernen Fallgitter über den Toren waren heruntergelassen. Alle Türme und Wehren starrten vor Waffen. Herzog Karl hegte die Hoffnung, dass die Stadt im Angesicht seiner Heerschau doch noch in die Knie ging. Er sollte sich irren. Sein Herold sprengte ein letztes Mal aus der Heerspitze hervor und zog mit mehreren Trompetern im Gefolge auf die Stadtmauer zu. 20 Meter vor der Mauer hielt der Zug an, und die Bläser gaben Signal. Ein Krieger in schimmernder Rüstung erschien über dem Obertor. Es war Hermann von Hessen. Die Belagerer konnten aus der Ferne nichts verstehen, was gesprochen wurde, aber feurige Worte flogen hin und her, das bemerkten sie. Nur widerwillig wurde ein kleineres Tor zum Einlass der Gesandten geöffnet, und für die draußen begann das große Warten. Die Stadtverantwortlichen beantworteten die erneute Aufforderung des Herzogs, ihre Stadt zu übergeben, mit Hohn und Spott. Herzog Karls Abgesandte wurden unter Lebensgefahr aus dem Stadttor getrieben. Was ihnen dabei um die Köpfe flog, war nicht ohne. Einige Bürger wollten sich in ihrer aufgewühlten Stimmung sogar an ihnen vergreifen. Als die Burgunder um ihr Leben laufend herauskamen, wendeten sie sich verbittert gegen die Mauern und schüttelten drohend die Fäuste. Die Trompeter bliesen ein wütendes Resümee. Als sich die Verspotteten ihrer Heeresspitze näherten, sahen sie nur in finstere Mienen. »Krieg« war in alle Gesichter geschrieben. Mit Schaum vor dem Mund sah der Herzog ihnen wütend entgegen. Nun kann es keine Milde mehr geben, dachte er. Es wird nicht mehr gefackelt, Köpfe müssen rollen! …

Den Ring um die Stadt legte der Duc mit Bedacht. Am stärksten massierte er seine Truppen in den Abschnitten vor dem Obertor. Dahin stellte er das burgundische Hauptheer. Dieses Tor im Südosten war das wichtigste und am stärksten befestigte. Aus ihm hinaus führte die Straße nach Köln, zum eigentlichen Feind. Das Tor sollte nach Karls Vorstellung Brennpunkt des Geschehens werden. Gegenüber dem Zolltor ließ er die Streitkräfte aus der Stadt Lüttich Aufstellung nehmen. Hier ging die Straße nach Jülich und Aachen hinaus. Den Lüttichern misstraute der Herzog gehörig. Er wusste, dass sie, von ihm besiegt, mehr gepresst als mit Begeisterung bei der Sache waren. Auch war ihm bekannt, dass viele ihrer Landsleute auf Seiten der Verteidiger standen. Sie waren vor seinem Rachefeldzug nach Neuss geflüchtet! Neben den Lüttichern positionierte er Truppenteile aus Geldern, Flandern, Brüssel und Mecheln. Sie stellten mit etwa einem Fünftel der Soldaten die Westflanke des Belagerungsringes. Der Herzog traute auch diesen Männern nur geringere Kampfeslust zu, da sie ebenfalls kurz zuvor erst seine harte Hand verspürt hatten.

Aus Flandern hatte er seit jeher das meiste Geld für seine Kriegskasse gepresst! Geldern hatte er erst kürzlich unter sein Joch gezwungen, und viele Neusser Bürger waren nach dorthin verwandt. Das aufmüpfige Brüssel und das stolze Mecheln hatte der Herzog schon allzu oft kujoniert. Diese schwächeren Truppenteile lagen zwischen Hamtor und Zolltor. Dieser Belagerungsabschnitt erschien dem Duc am wenigsten problematisch: Die Straße aus dem Zolltor führte in das wohlgesonnene Jülich, und aus dem Westen, wohin die Straße aus dem Hamtor ging, erwartete der Herzog keinen Entsatz für die Eingeschlossenen. Die streitbaren Lombarden und das Korps der Pikarden postierte der Kriegsfürst vor dem Rheintor an der Nordecke der Stadt und vor dem Niedertor. Mit ihnen wollte er die Versorgung vom Rhein her verhindern. Den Lombarden wies er später noch die schwere Aufgabe zu, die vorgelagerten kleinen Rheininseln einzunehmen. Diese Kriegsknechte waren furchterregende Kerle. Sie wurden von allen anderen Soldaten wegen ihrer Unverträglichkeit gemieden. Auch ihre zügellose Grausamkeit schreckte ab. Vor dem südöstlichen Teil der Stadt, auf der anderen Seite des Hauptheeres, auf einem Wiesengelände zwischen dem von Osten herkommenden Rheinarm und der Erftmündung, bezogen die kampfstarken englischen Bogenschützen Stellung. Damit war die Stadt von Wasser zu Wasser umzingelt. Jede der Heeresabteilungen legte sich hinter dem zugewiesenen Abschnitt ein Feldlager an. Zunächst wurden Erdwälle als Außenbefestigungen aufgeworfen. Dahinter wurden die Wagen zu Burgen zusammengeschoben. In ihnen hatten die Truppen Belagerungsgerät, Geschütze, Handwaffen, Pulver und Munition herangeführt genauso wie Zelte und den anderen Trosszubehör. Nicht weiter als einen Bogenschuss vor dem Obertor lag neben der Straße nach Köln ein großes Augustinerkloster. Obwohl die Neusser befürchten mussten, dass sich der anrückende Feind darin festsetzen würde, hatten sie es nicht abgerissen. Die Mönche hatten es allerdings verlassen. Alle wertvollen Gegenstände waren in Sicherheit gebracht worden. Die frommen Männer hatten bei befreundeten Orden im Bergischen und Kleveschen Unterschlupf gesucht. Ihre Vorräte an Wein, Getreide, Butter, Vieh und Käse hatten sie vorher noch der Stadt vermacht. Die Neusser Bürger schreckten nach dem Abzug der Mönche nicht davor zurück, Blei von den Klosterdächern zu brechen und zusammen mit Balken und Bohlen von dort für Verteidigungszwecke hinter die Stadtmauern zu schaffen. Dieses Gebäude, das nun mit beschädigtem Dach leer dastand, wählte Karl zu seinem Hauptquartier. In den Anlagen des Klostergartens wurden die Zelte des Stabes und der Leibgarde aufgeschlagen.

Herzog Karls aus zwei Räumen bestehendes beheizbares Zelt fand hier ebenfalls Platz. Der Herzog hatte nicht einmal ein Feldbett, sondern schlief, wenn überhaupt, in einem Sessel …

Hinter seiner Befehlszentrale entstand aus Buden und Hütten sehr schnell eine eigene Stadt. Hier gab es in der Anfangszeit alles zu kaufen, was die Truppe fürs Überleben brauchte. In ihr lebten Barbiere, Quacksalber, Apotheker, Waffenschmiede, Schankwirte und Trödler. Dort gab es Badestuben, Weinschenken, Bratküchen, Spielbuden und Tavernen. Hier konnte man alles erstehen, von Fisch bis hin zu Juwelen, wenn man nur Geld genug hatte. Kinder wurden geboren, Ehen geschlossen und Tote beerdigt.

Marketenderinnen und Huren taten ihren Dienst, genauso wie Spaßmacher, Mönchspriester und Ärzte. Hier gab es verführerische Düfte, Gestank und Unrat. Hier wurde geschlafen, gewacht, geweint und gelacht.

Noch im selben Monat reiste Herzogin Margarete nach Aachen in das Marienstift und schenkte den Mönchen ihre Brautkrone. Es war eine prächtige Krone mit burgundischem Wappen und der Yorkschen Rose mit herrlichem Edelsteinbesatz. Tief waren ihre Gebete an die wundertätige Madonna des Stiftes: »*Salve Regina Mater misericordiae.*« Sei gegrüßt oh Königin, Mutter der Barmherzigkeit …

Von Aachen übermittelte ein berittener Bote Pieter ihren Wunsch, bald einen ausführlichen Bericht zu bekommen. Sie übersandte ihm aus der Kaiserstadt einige tiefsinnige Anmerkungen:

In Aachen sah ich die wohl proportionierten Säulen mit den mächtigen Kapitelen, die Karl der Große aus Rom mitbrachte. Grüner und roter Porphyr leuchteten um die Wette, zeigten aber auch schon erste Zeichen der Vergänglichkeit. Alles vergeht! Wir dürfen uns nicht zu wichtig nehmen.
Margarete, Herzogin von Burgund.

Obwohl sie ihrem Gemahl seit langem wieder einmal räumlich recht nahe war, sah sich das Paar nicht. Pieter war in der Klosterruine untergekommen und wohnte in einer der beschädigten Zellen. Sie war klein und hatte wenig Licht, aber das dicke Mauerwerk schützte gut gegen die sommerliche Hitze. Nachdem er einige Tage das Entstehen des Belagerungsringes beobachtet hatte, war ihm genug unter die Augen gekommen, um der Herzogin Interessantes zu berichten. Tinte, Pergament und Federn warteten nur darauf. Erregt von den vielen Eindrücken, begann er zu schreiben:

Hoch wohl geborene Herzogin, meine gnädigste Gebieterin Margarete, habt Dank für Eure weisen Zeilen. Sie ließen mich vieles überdenken. Bei strahlendem Wetter ist Euer Gemahl mit seinem stolzen Heer vor Neuss angelangt. Die Stadt blieb aufmüpfig und will ihr Knie nicht vor ihm beugen. So muss sie nun von ihm bestraft werden! Das ist sein Metier, und er bereitet alles auf das Genaueste vor. Wir haben wieder einen rastlosen Kriegsherrn, der fliegt wie eine Schwalbe von Ort zu Ort. Er ist beweglicher, als Ihr Euch vorstellen könnt. Für eine Stunde ist er bei den Italienern, im nächsten Augenblick bei den Engländern, und dann zieht es ihn zu den Holländern oder den anderen Verbündeten. Er überschüttet seine Ordonanzoffiziere mit Befehlen. Er ruht sich niemals aus, man sieht ihn überall. Wenn er nicht Kriegsrat hält, erfüllt er seine christliche Pflicht. In der Kirche des Augustinerklosters, in dem sein Hauptquartier liegt, hört er inmitten seiner Bewaffneten die Predigt und folgt kniend der heiligen Messe. Der allmächtige Gott kann ihm dafür nur gütig zur Seite stehen! So bin ich voll Zuversicht und kann Euch also nur Gutes berichten.

Bleibt bis zu meinem nächsten Brief behütet in Gottes Hand,
Euer geflissentlicher Diener
Pieter van der Weyden, Bibliothekar und Sekretär am Hofe des Herzogs von Burgund.

Pieter las die Zeilen noch einmal gründlich durch. Sie schienen ihm gelungen, und so siegelte er den Brief, um ihn dem nächsten Postreiter mitzugeben. Die Worte, die er in der Folge an Anna schrieb, waren weniger freudig und berichteten stattdessen von seiner Traurigkeit, so weit entfernt von ihr zu sein. Er begann mit den Worten:

Heute Morgen habe ich geglaubt, es würde ein Sommergewitter aufziehen, aber es hat sich wieder aufgeklart. So blieben nur meine düsteren Gedanken, weil ich Dich nicht um mich habe …

Er schloss mit einem romantischen Satz auf Latein:
»*Ego tu sum, tu es ego, unius animi sumus.*« Ich bin Du, Du bist ich, wir sind eine Seele.

Seine Sorgen über die Zustände am Kriegsschauplatz ersparte er Anna mit Bedacht. Er wusste, dass sie sich so schon genug um ihn ängstigte. Nachdem er die Schreibarbeiten erledigt hatte, fühlte er sich noch gar nicht müde. Die Decke seiner Kammer fiel ihm förmlich auf den Kopf. Er beschloss, noch ein wenig in die Wärme der sommerlichen Nacht hinauszugehen.

27

Draußen ging Pieter zwischen den Feuern umher. An ihnen saßen Soldaten und erzählten und zechten. Jan van Himp, ein kräftiger Hauptmann aus Brügge, erkannte Pieter und lud ihn ein, sich mit in die Runde zu setzen. Pieter folgte der Einladung und nahm neben ihm Platz. Jan erwies sich als Wortführer an der Feuerstelle. Prahlerisch erzählte er von einem Erkundungsritt am vorherigen Tag, und wie er dabei im nahen Gehölz auf einen Bären gestoßen war:

»Wir hatten unsere Pferde am Waldrand angebunden und schwärmten ins Dickicht aus, um zu erkunden, ob die Äcker auf der anderen Seite noch etwas für uns zum Beißen hergaben. Ich war schon mitten im Gebüsch, als ich seitlich von mir gefährliches Schnaufen und Knurren hörte. Dann rumorte es gewaltig. Zweige und Äste krachten, und ein zottiges braunes Ungetüm brach auf die kleine Lichtung heraus. Es war ein Bär, er nahm meine Witterung auf. Mit seinen kleinen Augen hatte er mich noch nicht erfasst. Knurrend mit tropfendem Seiber an den Lefzen kam er witternd und suchend auf mich zu. Mir blieb kaum Zeit, die Armbrust anzuheben und den Bolzen auf ihn abzuschießen. Es gelang mir dabei, ruhig Blut zu bewahren. Das Geschoss traf das Biest neben dem rechten Auge und blieb im Schädel stecken. Brüllend und sein Haupt schüttelnd richtete sich der Getroffene zu voller Größe auf und kam schwankend auf seinen Hinterläufen zum Stehen. Mit gebleckten Reißzähnen tapste er auf mich zu. Seine mächtigen Vorderpranken schlugen heftig durch die Luft. Seine Krallen waren weit gespreizt und bereit, in meinen Leib zu dringen. Ich behielt kühlen Verstand und mein zweiter Bolzen fuhr der Bestie auf Herzhöhe in den Balg. Das Tier verharrte kurz in der Starre des bevorstehenden Todes,

ein Zittern ging durch seinen Körper, dann wankte es sterbend die letzten zwei Meter auf mich zu. Mir schien Angriff die beste Verteidigung. Ich warf mich dem Vieh entgegen, stieß ihm meinen Hirschfänger in den prallen Bauch und versuchte es so von mir fern zu halten. Das gelang nur halb. Der Bär war nun zwar endgültig tödlich getroffen, aber er fiel vornüber direkt auf mich drauf! Mir blieb unter seinem enormen Gewicht der Atem weg, und ich fühlte mich platt wie eine Flunder. Einen Vorteil bot die Chose jedoch: Die in letzten Zuckungen schlagenden Tatzen konnten mich unter seinem schweren Leib nicht treffen. Aber dem Bär schoss ein Blutstoß aus dem Fang und besprühte mich wie ein warmer Regen. Erst langsam wurde mir klar, wie knapp ich dem Teufel von der Schippe gesprungen war, und was ich Mutiges vollbracht hatte!«

Zum Beweis für seine Heldentat zeigte Jan auf einen Kranz scharfer Krallen, den er am Hosengürtel trug. Die Krallen glänzten gefährlich und waren an ihren Enden noch blutbefleckt. Bewunderndes Raunen schlug dem Flamen entgegen. Schließlich hatte auch er sein Pulver verschossen und so kam das Gespräch auf die hübschesten Frauenzimmer. Die Zoten wurden immer schmutziger. »Das ging wohl unter die Gürtellinie«, bremste Pieter. »Dort kennt der sich auch am besten aus«, wurde er treffsicher pariert, und das aufbrausende Gelächter wollte nicht enden. Zu den Frauengeschichten hatte fast jeder in der Runde etwas zu vermelden. Mit vom Wein glitzernden Augen und lauten Stimmen überboten sich die Männer an lüsternen Episoden. Das Geprahle wurde Pieter zu viel. Er grüßte zur Nacht und zog sich zurück. Er hatte dem Wein reichlich zugesprochen und fühlte die richtige Bettschwere. Keiner im Kreis um das Feuer wusste, dass das Abenteuer mit dem Bären geholfen hatte, die Abtei Brauweiler vor Köln von einem weiteren Raubzug zu verschonen. Der marodierende Trupp war ihr schon recht nahe gewesen. Die Abtei war bereits einmal von den Burgundern ausgeplündert worden. Danach hatte Abt Adam von Hergenrath Vorsorge getroffen. Die Mönche mussten in anstrengender Nachtarbeit Getreide herbeischaffen und im Gewölbe über dem rechten Nebenschiff der Kirche verstauen. Die Reliquien und andere wertvolle Gegenstände des Klosters ließ der Abt in Fässern einpacken und im Kirchgarten vergraben …

Für Herzog Karls Soldaten begann bald der triste Alltag. Immer wieder trieben die Hauptleute Zimmerleute nach vorne, damit sie hohe, starke Wehrgerüste errichteten. Das ging nicht ohne Verluste ab. Die Bogenschützen auf den Zinnen schossen gut. Die Belagerer lernten die Tapferkeit der Gegner kennen. Über Nacht brachten sie hölzerne Schutzhäuser auf die Zwischenwälle, von wo aus sie noch besser schießen konnten als aus den schmalen Schießscharten und von den hohen Mauern. Der Herzog hatte mit solchem Widerstand nicht gerechnet und ahnte bald, dass er sich auf eine langwierige Belagerung einstellen musste. Dabei brannte ihm die Zeit unter den Nägeln! Seine Truppen brauchte er dringend anderen Ortes …

Karls Lombarden versuchten, die der Stadt vorgelagerte Insel Waidt zu besetzen. Die Söldner versuchten, ohne Schiffe hinüberzugelangen und unterschätzten dabei die Strömung des Flusses. Viele starben in den Fluten. Für einen zweiten Versuch trieben sie Schiffe auf. Auch dieser Angriff blieb erfolglos. Der Kampf wurde gezwungenermaßen zunächst an anderer Stelle fortgeführt. Es dauerte bis zum 6. August, bevor die Burgunder Herr der Insel wurden. Ihr Triumph währte jedoch nur kurz, denn die Neusser eroberten das kleine Stück Land noch am gleichen Tag zurück. Sie machten dabei sogar Gefangene. Unter Triumphgeheul brachten sie die an Händen und Füßen gebunden in die Stadt.

Ein blutiges Hin und Her nahm seinen Lauf: Die Burgunder eroberten im Gegenzug das Oberkloster. Am 9. August machten die Belagerten einen erfolgreichen Ausfall durch das Zolltor. Am 11. August gelang es den Truppen Karls, die Insel Waidt wieder zu besetzen …

Für die Tage darauf dachte sich der Burgunderherzog eine teuflische Strategie aus. Er versuchte die Wasserzuflüsse zur Stadt zu sperren und umzuleiten. Mit Hilfe von Quellbrunnen konnten die Belagerten das abgeleitete Wasser ersetzen. Daraufhin ließ Karl zwei Brücken über die Erft bauen und brachte dort Geschütze in Stellung. Für den Brückenbau benutzten die Zimmerleute Bretter leerer Weinfässer aus der Abtei. Bald setzte von den Brücken ein nicht enden wollendes Bombardement auf die Stadt ein. Die Vorbauten des Niedertores und des Rheintores wurden zerschossen. Dann wurde die Munition der Burgunder knapp …

Ein weiterer bitterer Brief ging an Herzog Johann von Kleve. Er enthielt die Aufforderung, endlich Pulver zu liefern. Herzog Karl beklagte sich auch, dass er aus Lille die angeforderte Munition nicht erhalten habe, und wiederholte, er wolle Herzog Johanns Gefälligkeit nur leihweise. Er versprach, das Pulver bis zum kommenden Allerheiligen an Kleve zurückzugeben. Bis dahin wollte er siegreich sein! Beide Tore blieben den ganzen 10. September Angriffsschwerpunkt der Burgunder. Unter den Belagerten kam Endzeitstimmung auf. Sie hielten eine Bittprozession ab und trugen den Schrein des heiligen Quirin durch die Straßen. Wachskerzen, sie wogen über 100 Pfund, wurden geopfert. Das Flehen nach göttlicher Hilfe hatte Erfolg. Die Festung hielt den Belagerern stand.

Was Pieter in den nächsten Tagen zu sehen bekam, machte ihn schaudern. Langeweile ging allerorts um. Der Kampf hatte sich festgefahren, und für die Soldaten blieb nur der Müßiggang. Viele Kriegsknechte spielten den ganzen Tag über Karten und verloren dabei ihren Sold. Sie ergaben sich dem Suff. Ihr Saufgeschrei drang über die Mauern der Stadt hinüber: »Wer trinkt ist König! Schnaps ist der wahre Himmel!« Trinklieder ertönten in allen Sprachen: Italienisch, Englisch, Französisch, Flämisch, Niederdeutsch, selbst in Latein. Nicht wenige Soldaten plagten sich mit Krankheiten herum und jammerten über den Verlust ihrer besten Freunde. Dirnen schlichen sich des Nachts in die Zelte und Hütten. Die lüsternen Brunftgeräusche waren für ehrsame Ohren kaum zu ertragen. Pieter sehnte sich heim in das saubere Flandernland. Oft zog er sich in seine kleine Kammer zurück. Dann setzte er sich an den Tisch und schrieb einige Zeilen an seine Frau:

… mit Fluchen, Aufschneiden, Huren und Würfelspielen vertreiben sich die Soldaten die Langeweile in der kampffreien Zeit. Das Leben zwischen diesem Kriegsgesindel macht keinen Spaß. Je länger ich dabei bin und das

Elend sehe, umso mehr verstehe ich die flämischen Grundsätze, nach denen es vorteilhafter ist, Handel zu treiben, als sich zu töten und zu plündern. Schon allzu viele Männer habe ich in ihrem Blute gesehen ...

28

Herzog Karl brauchte seine Soldaten wirklich dringend an anderer Stelle. An der Grenze zur Eidgenossenschaft brannte es lichterloh. Stephan von Hagenbach verwüstete auf einem Rachefeldzug für seinen gerichteten Bruder Peter mit burgundischen und lombardischen Söldnern das obere Elsass. Das rief die antiburgundische Liga auf den Plan. Am 21. September wurde unter Diesbachs Vorsitz in Bern ein Bündnis- und Soldvertrag mit König Ludwig aufgesetzt. Der Vertrag hatte folgende Regelungen: Die Unterstützung der Eidgenossen durch Frankreich bei einem Krieg gegen Burgund wurde festgeschrieben. Würde die Eidgenossenschaft von Herzog Karl angegriffen, so müsste der französische König zu Hilfe eilen. Als finanzielle Unterstützung war eine jährliche Zahlung von 20.000 Gulden bis zu König Ludwigs Tod vorgesehen. Für die Anwerbung von Söldnern garantierte der König eine Zahlung von 54 Goldgulden pro Mann und Jahr. Ausgleichszahlungen von 20.000 Gulden pro Vierteljahr wurden fällig, falls König Ludwig entgegen der Absprachen nicht in den Krieg gegen Burgund eingriff. Herzog Karl griff nach jedem Strohhalm, um in Neuss endlich zu reüssieren. Deshalb ließ er auch einen Spanier vorsprechen, der sich aufdrängte und sich rühmte, unbezwingbares Kriegsgerät bauen zu können. Im Zelt des Herzogs rollte er ein Pergament auf dem Tisch aus. Die Zeichnung zeigte ein starkes Holzhaus. Der Spanier nannte es Katze. Er dozierte dazu: »Die kann man, am eigenen Leibe geschützt, auf die Wälle zubewegen und unter ihr Gräben mit Reisig und Schutt auffüllen. Die Katze kann das benötigte Material problemlos tragen. Sie wird von außerhalb der Schussweite über Flaschenzüge und Haspeln bewegt.« Die Zimmerleute stellten nach seinen Plänen zwei Katzen fertig. Ihre Dächer waren besonders steil gebaut und mit rohen Tierhäuten bedeckt, um wenig Angriffsfläche zu bieten, aber sie wurden durch den anhaltenden Steinbeschuss schnell durchlöchert und schadhaft. Danach floss der brennende Teer der Verteidiger ins Innere der Ungetüme und entflammte Reisig und Unrat. Nach wenigen Augenblicken standen die Belagerer zwischen zwei mächtigen, brennenden Fackeln und mussten unter Beschuss zurück, um nicht selbst in den Lohen zu braten. Herzog Karl bedachte den Spanier mit wütenden Schmähworten und jagte ihn ohne Lohn davon …

Alles war inzwischen knapp geworden. Die Händler begannen schon, trotz der ausgesetzten drastischen Strafen, beim Abwiegen falsche Gewichte zu benutzen. Nachschub musste her. Das war nicht leicht, denn die Bewohner der Umgebung litten ebenfalls Not. Das Heer des Herzogs hatte die meisten ihrer Vorräte schon konfisziert. Am nächsten Morgen begab sich ein bewaffneter Trupp auf die Suche nach Vorräten. Hinter einem lang gestreckten Buschwerk trafen sie auf eine Schar zerlumpter Bauern. Der Anführer des Trupps war ein großer, blonder Bursche. Er war Soldat des wallonischen Garderegiments und führte das Wort. Er trug den Spitznamen »*De Hond*« und so kläffte er die Bauern auch an: »Führt uns zu euren Vorräten, ihr lausiges Pack. Wir brauchen etwas zu beißen!« Seine Worte trafen auf eine Mauer verstockten Schweigens. Da fackelte der Mann nicht lange. Schnell war sein Dolch aus der Scheide gerissen und fuhr dem ersten Bauern durch die Kehle. Bevor der wusste, was ihm geschah, sank er tot zu Boden. »Das dürft Ihr nicht tun«, stammelte einer der Übriggebliebenen und zitterte am ganzen Körper. »Wir sind nicht Euer Feind und gehen nur friedlich unseres Weges«, fuhr er fort. Sein rechtes Triefauge weinte, als wollte es die Soldaten um Mitleid anbetteln. Doch das blieb aus. »Uns sind von Berufs wegen alle Verbrechen erlaubt, für die andere auf das Rad geflochten werden«, grinste der Hund und sah sich Beifall heischend um. Dann zog er das Schwert und stach es dem Triefauge in die Brust. Der Widerstand der Bauern war gebrochen. Sie führten die Söldner zu ihren versteckten Vorräten. Sie wussten zwar, dass sie danach im kommenden Winter Hunger leiden würden, aber den Moment zu überleben, war wichtiger. Die Burgunder lohnten es ihnen nicht. Nachdem sie die Beute hatten, stachen sie die armen Kerle wie Schlachtvieh ab. Mit Korn, Federvieh und einigen Säuen zogen sie im Triumphzug ins Lager zurück …

Ihre grausamen Taten hatten sie schon vergessen, und am Abend mischten sie wieder bei Raufhändeln kräftig mit.

Es wurde vom Leder gezogen und blutig zugestoßen.

Dabei war es der Truppe bei Strafe verboten, sich gegenseitig zu verstümmeln. Umso wichtiger war es, zu Beginn eines Kämpfchens einen Zeugen zu haben, dass man zum Kampf gezwungen worden war und nur sein Leben verteidigte. »*De Hond*« stand wieder in der ersten Reihe. Ein hitziger Sizilianer hatte sich als Gegner gefunden. Der Wallone begann mit einem unerwarteten Stoß. Der Italiener fing ihn mit der Glocke seines Degens ab und antwortete stürmisch mit einer Terz. Die wurde von dem Blonden mit einer Quart abgelenkt und fuhr rechts an dem Kopf des Südländers vorbei. De Hond hatte den Italiener fest im Blick. Je nachdem ob dieser seinen Kopf oder seine Beine treffen wollte, hielt er den Degen in Armlänge oder in Körperhöhe als Schutzschild vor sich, um dann wieder selbst in Schlingen und Wirbeln auszufallen. Er wusste, dass die Spitze, die ihn bedrohte, tödlich und fein wie eine Nadel war. Und dann kam sie auch wie ein Blitz und traf ihn ungedeckt. »*De Hond*« empfing einen fürchterlichen Stoß und konnte ihn nicht mehr parieren. Der Hieb ging durch den Stoff seiner Kleidung, sie bot keinen Schutz, und die gegnerische Klinge fuhr ihm tief in die Lunge. Er blieb für einen Moment regungslos stehen, wie ein Monument aus Stein. Seine eigene Klinge sank auf den Boden. Dann ließ er den Degen fallen, sein Gesicht war leichenblass, die Augen standen weit offen und sein Mund klaffte auf. Sein Atem ging mit blutigem Pfeifen. Kommt das aus dem Loch in der Lunge?, dachte er noch. Für weitere Überlegungen blieb ihm keine Zeit. Ein roter Blutstrahl schoss aus seinem Hals, und er brach vor seinen Leuten sterbend zusammen. Der Italiener trollte sich in der herrschenden Aufregung, um der Wut der Gefährten zu entgehen und lästige Untersuchungen zu vermeiden …

29

Am 26. Oktober wurde der Bündnisvertrag zwischen den Schweizern und Frankreich ratifiziert. An den Burgunderherzog ging ein Brief mit einer Kriegserklärung. In Bern hatte die Kriegspartei unter Niklaus von Diesbach über die Gemäßigten unter Adrian von Bubenberg gesiegt! Am 29. Oktober schickte man Diesbach an den französischen Hof und ließ dem König mitteilen, man habe im Vertrauen auf sein Wort den Krieg gegen den Burgunderfürsten ausgesprochen und der König solle nun dasselbe tun ...

In Neuss wehrten sich die Bürger weiter bis zum Äußersten. Am 3. November wagten sie mit 300 Mann einen Ausfall. Die dabei erbeuteten Waffen konnten die fehlenden Vorräte an Schießpulver und Pfeilen jedoch nur ungenügend auffüllen. An Nahrungsmitteln war bei den Belagerern gar nichts zu holen. Sie litten selbst Hunger. Die Neusser sahen als letzte Möglichkeit, die nahe Bischofstadt Köln um Hilfe anzurufen. Zwei Boten gelangten in der Nacht unbemerkt aus der Stadt, durchschwammen den Rhein und erreichten die Reichsstadt. Das Hilfsgesuch wurde erhört und bescherte den Eingeschlossenen eine neuerliche Atempause.

Die Vereinbarung zwischen dem Franzosenkönig und den Schweizern ließ in der unruhigen Region schnell den Kriegszustand eintreten. Alle Eidgenossen waren dank König Ludwig bestens gerüstet und wollten die blutige Spur von Hagenbachs Bruder rächen. Besonders die Berner waren bemüht, dem französischen König zu gefallen, und sandten 3.000 Mann unter der Führung von Scharnachtal und Wabern gegen Savoyen, überfielen Erlach und nahmen es ein. »*Bern und Sankt Vinzenz*«, tönte ihr Schlachtruf bald überall. Auch der Tiroler Sigmund erklärte Herzog Karl forsch den Krieg. Er griff das Schimpfwort »böser Türke von Burgund« dankbar auf und rechtfertigte damit seine Kriegsteilnahme am »westlichen Kreuzzug im Namen der deutschen Nation«. Er suchte mit dem Wortspiel auch den Kaiser von einer Kriegsteilnahme zu überzeugen. Er bezeichnete den Duc provokativ als Gegenstück zum türkischen Sultan Mehmet II. …

In Basel sammelten sich die Truppen der übrigen Eidgenossen und Österreicher. In Mömpelgard vereinigte man sich mit den Elsässern zu stolzen 18.000 Mann. König Ludwig ließ sich Zeit damit, einzugreifen. Er besah sich lieber aus der Ferne, ob die Alliierten gegen den Téméraire erfolgreich waren, und hielt sie mit großen Geldbeträgen bei Laune. Die Eidgenossen und ihre Verbündeten aus den Städten des Elsass und den schwäbischen Reichsstädten dankten es ihm mit einem blutigen Feldzug. Zwei Heere drangen vor, eins über Pruntrut und eins über Basel. Der Sundgau wurde von Burgund abgetrennt. Die alliierten Truppen belagerten ab dem 8. November Héricourt, das die Straße vom Sundgau ins Burgund kontrollierte. Héricourt gehörte dem Burgunderfreund Herrn von Neuenburg-Blamont. Hier wollten die Alliierten eine Schlacht erzwingen. Der Duc reagierte mit einem Entsatzheer von 12.000 Söldnern, das sich unter der Führung der Grafen Henri von Neuenburg-Blamont und Jakob von Savoyen, Graf von Romont, der Stadt näherte. Als die Eidgenossen die herbeieilenden Gegner bemerkten, unterbrachen sie die Belagerung der Stadt und griffen die Ankommenden nördlich von Héricourt an. Mit Hilfe der habsburgischen Kavallerie schlugen sie bei geringen eigenen Verlusten den Gegner. Nach diesem Waffenerfolg ergab sich die Garnison von Héricourt, und die Stadt kam in Herzog Sigmunds Hände …

Den Söldnern des Duc und ihren savoyischen Verbündeten blieb nur die Flucht. Elsässerinnen mit ihren großen bestickten Hauben verspotteten wie ihre Ehemänner mit den breitkrempigen Filzhüten die flüchtenden Truppen vom Wegesrand her. »Wir von den niederen Landen mit dem Salzgeruch der See müssen uns hier gefallen lassen, Froschländer gerufen zu werden«, empörte sich ein flüchtender Flame über ihre Spottrufe, dachte aber nur daran, Reißaus zu nehmen …

Am 19. November wurde das Dilemma für den Duc in Neuss immer deutlicher. 550 Kölner Kriegsknechte trafen unter dem tapferen Feldhauptmann Meusebach als Entsatz ein, kämpften sich in die Stadt durch und brachten Nahrungsmittel, viele neue Pulvervorräte und mehr als 30.000 Pfeile mit. Sympathisanten aus Bonn hatten sich angeschlossen. Fürs Erste war die Verteidigung wieder gesichert! In Neuss kam frohe Stimmung auf. Zusammen mit den ausgeruhten Verbündeten hofften die Belagerten, den Feind nun doch noch zum Einlenken zu zwingen …

Trotz der Rückschläge für den Burgunder fanden sich immer noch europäische Potentaten, die um seine Gunst buhlten.

Am 26. November empfing Karl den Gesandten des Königs von Neapel. Der hielt im Namen des Prinzen von Tarent, dem zweiten Sohn des Königs, um die Hand Marias an. Diese Kandidatur war Karl nicht unsympathisch, er brauchte schließlich neue Verbündete. Der Duc entfaltete, trotz aller Nöte, die von ihm erwartete höfische Pracht. »*Cultus magnificus addit hominibus auctoritatem.*« Eine großartige Lebensweise steigert das Ansehen der Menschen, war immer noch seine Devise. Sein Garderegiment wartete in prächtiger Aufmachung auf die Gäste. Anders als die sonstigen Truppen steckten die Gardisten in wohl geschneiderten Uniformen. Sie trugen gute Eisenhelme, feste Harnische und Schenkel- und Armschienen waren glänzend poliert. Die Soldaten standen in Ruhestellung, beeindruckend in Reih und Glied. Sie hatten die Hellebarden in beiden Händen und die Kinne auf die Fäuste gestürzt. Die Tamboure rührten die Trommeln, als die Neapolitaner in Sicht kamen. Auch deren Delegation zeigte, dass sie aus reichen Landen stammte. Die Eskorte saß auf prächtigen Rössern mit roten Samtschabracken und wallenden Federbüschen. Es folgte der bequeme Reisewagen des Gesandten. Die Karosse war gegen die Stöße der Straße auf handbreiten Riemen aufgehängt und trug auf den Türen das Wappen Neapels. Sechs Schimmel zogen sie. Herzog Karl wartete seiner Stellung entsprechend im Zelt auf den Gast. Er wurde schon ungeduldig. Warten war nicht seine Stärke. Schließlich hörte er Stimmen vor der Tür. Ein Page riss die Zelttüre auf. Der neapolitanische Gesandte stand hinter ihm auf der Schwelle. Herzog Karl saß auf einem Thronsessel und trug ein

Gewand aus rot schimmernder Seide, das bis zum Boden reichte. Umgeben vom Glanz der Hellebarden und Kürasse strahlte er die Aura des ewigen Siegers aus. Das war, was er dem Gast vermitteln wollte. Der Neapolitaner ging beeindruckt auf den Fürsten zu und machte eine tiefe Verbeugung. Herzog Karl reichte ihm huldvoll die Hand, und die Edelmänner tauschten freundlich Artigkeiten aus. Als der Duc sich erhob, stand sein Umhang steif wie ein Brett. In seinem prächtigen Gewand war mindestens ein halbes Pfund Gold verwirkt! Mit Berechnung versuchte er den Prunk, der ihn umgab, herunterzuspielen: »Wir sind im Gebrauch der Waffen erzogen und Härten gewohnt. Seht uns nach, dass Euer Empfang den Widrigkeiten des Schlachtfeldes Rechnung tragen muss.« Der Gesandte reagierte geschmeichelt. Er winkte ab, wobei ein spitzer Lacher aus seiner Kehle kam und seine Pausbäckchen erzittern ließ. »Nein mein Fürst, Ihr zeigt ein großzügiges Herz«, erwiderte er und reagierte damit genauso, wie es der Duc erwartete. Schnell hatten die Diener einen langen Tisch eingedeckt. Prächtig glänzte das silberne Tafelgeschirr. Aus gekühlten Krügen wurde immer wieder Wein eingeschenkt. Gastgeber und Gäste gaben sich einem köstlichen Essen hin. Selbst Tafelspiele, Entremets von Musik, Theater und Tanz bot der Herzog seinem Besuch. Er ließ zu dessen Ehren einen italienischen Sänger auftreten, obwohl ein jeder aus seinem Gefolge wusste, wie wenig er italienische Lieder mochte. Allzu oft hatte man von ihm gehört: »Diese Italiener mag ich nicht singen hören. Sie heulen dir was vor, ein Wolf kann es besser. Und sie erwarten noch einen großen Batzen Gulden dafür, obwohl sie es nicht einmal schaffen, die ganze Nacht durchzuhalten, wie es die grauen Bestien können.« Danach spielte ein neapolitanischer Gitarrenspieler auf. Herzog Karl hatte ihn extra herbeikommen lassen. »Die Musik ist für Euch bestimmt«, wandte er sich an den Gesandten. »Sie stammt von Vincenzo Spinello, einem berühmten Sohn Eures Landes.« Ein erfreutes Lächeln ging über das Gesicht des Italieners. »Ihr schafft, dass ich mich fast wie zu Hause fühle. Würde nur das Wetter mitspielen. Hier ist es leider kalt und nass«, gab er artig zurück. Den Dienern knurrten derweilen die Mägen! Selbst die Schaugerichte, vergängliche Kunst aus Speisen, trieb ihnen das Wasser im Mund zusammen.

Pieter hatte das Glück, beim Tafeln dabei zu sein und sich wieder einmal richtig satt essen zu können. Am Ende des Mahls meldete sich der Neapolitaner zu Wort: »Auch ich habe eine kleine Überraschung für Euch.« Der rundliche Italiener schnippte mit seinen Wurstfingern, und zwei dienstbare Geister gingen an den Eingang und gaben ein Zeichen. Krach und Getöse setzte ein. Eine Gruppe Komödianten im Stile des neuen Theaters »*Commedia dell'arte*« hüpfte in farbenprächtigen Umhängen in den Saal. Die Schauspieler hatten sich draußen in ihrem kleinen Aufführungswagen versteckt gehalten, bis man sie rief. Ein schlaksiger Harlekin, ein dicklicher Pantalone und einige weitere Mimen führten zum Vergnügen der Zuschauer einige aberwitzige Possenspiele auf. Riesige Schwerter wurden aufeinander geschlagen. Nackte Hintern blitzten auf und wurden versohlt. Gelogen und betrogen wurde, nur um ein paar Dukaten zu erschwindeln. Heiße Liebe und blanker Hass wechselten sich mit viel Getöse und Wehklagen ab. Im Feldlager wurde endlich wieder einmal befreit gelacht und geklatscht. Noch länger hielt der Herzog mit Prunk und Pracht und viel Geschmeichel den italienischen Gesandten bei Laune und sich ein Eisen im Feuer. Sein Plan ging auf. Bei seinen nächsten Feldzügen sollten ihm neapolitanische Söldner treu zur Seite stehen.

Pieter nahm sich noch am Abend Zeit, um der Herzogin von der neuen Taktik ihres Gatten zu berichten:

... die neue Taktik entspringt fürwahr einem erfinderischen Verstand. Die Zukunft wird allerdings erst zeigen, ob sie auch vernünftig ist. Werden Winkelzüge als solche erkannt, werden sie meistens bestraft. Gewährt mir zum Abschluss noch eine Bitte. Bewegt meine freimütigen Worte gnädigst in Euren Gedanken, doch lasst sie nicht gegenüber Eurem Gemahl als meine erkennen. Er wird wegen unerwünschter Einflüsterungen schnell böse. Er hat mir bereits einmal arg gedroht ...

Im Lager des Herzogs herrschte Schmalhans Küchenmeister. Immer öfter wurden Raubzüge in die Umgebungen notwendig. Die Völlerei mit den

Neapolitanern belastete Pieters Gewissen so sehr, dass er beschloss, selbst einmal mitzuziehen, um für Nachschub zu sorgen. Dieser Entschluss fiel ihm besonders leicht, als er hörte, der nächste Beutezug würde Richtung Düren gehen. Ihm war zu Ohren gekommen, dass dort in der Kirche das Haupt der heiligen Anna ausgestellt war. Dorthin wollte er unbedingt, um für seine Anna zu beten. Wenn er sie schon nicht selbst in Brügge beschützen konnte, war ihm die Kraft ihrer Namenspatronin als Hilfe für sie und die Kinder nur recht.

Schnee lag in der Luft, als sie aufbrachen. Sie konnten an einigen Gehöften, die sie passierten, ihre Vorräte wider Erwarten gut auffüllen. Das schlechte Wetter hatte die Beutezüge der Belagerer seltener gemacht. Die Bauern waren deshalb unvorsichtiger geworden. Ihr Klagen und Jammern und das Geweine der Frauen und Kinder war nun umso grässlicher und machte Pieter schwer zu schaffen. Unter den Flüchen, die man hinter ihnen herrief, zuckte er förmlich zusammen. Als sie Düren erreichten, begaben sich die meisten seiner Kameraden ins Wirtshaus und forderten die besten Tropfen für sich ein. Sie fühlten sich sicher, denn Düren hatte sich bisher neutral verhalten. Die Bürger der Stadt mochten das großkotzige Auftreten der Soldaten aber gar nicht. Manch scheeler Blick und manch böses Wort begleitete ihren Weg. Pieter sonderte sich schnell von dem Trupp ab und suchte den Weg zum Gotteshaus. Darin fand er endlich Ruhe und tat zuvorderst Abbitte für die schrecklichen Taten, bei denen er gerade erst mitgewirkt hatte. Vor der Reliquie, die im Kerzenlicht gülden schimmerte, schüttete er Gott sein Herz aus und bat für seine Lieben. Von einem Kirchendiener erstand er ein silbernes Abbild des Hauptes der Heiligen. Das wollte er Anna nach Brügge schicken. Ohne weitere Vorkommnisse erreichten sie am Abend wieder das Lager ...

Pieter begab sich daran, einen Brief an Anna zu schreiben. Aus seinem Gemütszustand machte er keinen Hehl:

Nun habe ich unser Land schon viel zu lange verlassen. Ich bin hier unter feindliche Menschen geraten, die uns den Tod wünschen, uns verfluchen und mit offener Wut verfolgen ...

Noch weitere hohe Besucher trafen bis Ende des Monats in Herzog Karls Feldlager ein, auch um Frieden zu stiften.

Christian I., König von Dänemark, mit großem Gefolge versuchte den Duc von einer Versöhnung der gesamten Christenwelt zu überzeugen. Alle Christen zusammen sollten nach seiner Vorstellung lieber gegen die Türken ziehen, als sich untereinander bekriegen. Herzog Karl empfing ihn mit Pracht, blieb aber in der Sache unerbittlich. Um Neuss tobten deshalb weiter erbitterte Kämpfe mit hohen Verlusten auf beiden Seiten. Immer wieder blitzten Kanonen auf und spendeten tödliches Licht. Holzsplitter flogen den Kriegern um die Ohren, Verwundete schrien und Augen brachen für immer. Nicht nur die Soldaten auf den Wällen lernten beten. Überall wurden Gefallene beweint. In der gebeutelten Stadt traten wieder Mangelerscheinungen auf. Gebäude und Scheunen mussten abgebrochen werden, um ihr Material für die Ausbesserung der Bollwerke zu nutzen. Die Befestigungsanlagen gaben unter dem Beschuss der Belagerer ständig nach, brannten aus und mussten repariert werden. Das wenige noch vorhandene Vieh und die Lebensmittel wurden beschlagnahmt, rationiert und nur noch auf Zuteilung ausgegeben. Die Bürgermeister Johann von Herprode und Reinhard Keybisch regierten mit eiserner Hand. Der katastrophale Zustand in der Stadt ermunterte Herzog Karl noch einmal, Übergabeverhandlungen zu suchen. Aufforderungen dazu tönten bald über die Mauern: »Wollt ihr die Stadt nicht übergeben, wird es euch Leib und Leben kosten. Eure Habe noch dazu. Eure Frauen werden unser sein!« Die Neusser lehnten die Übergabe ab und antworteten trotzig: »Mit Drohen und leeren Worten erreicht ihr bei uns nichts. Wir werden euch das Fell versohlen. Wollt ihr nicht näher kommen? Wir erwarten euch, ihr Hohlköpfe. Ihr werdet trotz eurer Panzerwesten ins Gras beißen!« ...

Die Belagerer litten unter dem Wetterumschwung.

Der Winter auf 1475 wurde sehr nass und kalt. Herzog Karl sah sich genötigt, von den flämischen Städten neue Zelte anzufordern. Zu viele hatte der Feind in den warmen Tagen mit Brandpfeilen zerstört. Auch das beschädigte Dach der Abtei machte sich nun unangenehm bemerkbar. Der Erdboden wurde weich wie Kot. In den Zelten wie in den Gebäuden begannen Säcke und Bettstellen zu faulen. Die Regentropfen drangen unter die Rüstungen, und bald hatten die meisten Soldaten fiebrigen Husten und Schnupfen. Es wurde immer schwieriger, Pulver und Lunte für die Schusswaffen trocken zu halten. Spätestens in der Zündpfanne wurde das Schießpulver feucht. So manches Mal wurden die Kampfhandlungen auf beiden Seiten erzwungenermaßen eingestellt. Die Zahl der Fahnenflüchtigen nahm zu und Soldaten rebellierten. In der belagerten Stadt gärte es ebenfalls. Zu groß war die Not. Am 15. Dezember riefen die Priester die Bevölkerung auf, zum heiligen Valerian, dem Schutzpatron gegen Schnee und Kälte, zu beten. Doch nichts stand gegen die Kälte bereit. Das wenige noch vorhandene Brennmaterial wurde als Füllsel benötigt, um die geschossenen Breschen abzudichten. Die Beleuchtung wurde während der Nacht gänzlich abgestellt, um das wertvolle Material einzusparen. Straßen und Gassen verwandelten sich nach Eintritt der Dunkelheit in finstere, unsichere Tunnel. Mancher Mord und Raub geschah, ohne gesühnt zu werden. Das Weihnachtsfest wurde ein Trauerfest …

30

Am 31. Dezember verdüsterte sich die Gesamtlage für den Téméraire nochmals merklich. Nach langen Geheimverhandlungen wurde in Andernach von den Erzbischöfen von Trier und Mainz, dem Markgraf von Brandenburg und dem Herzog von Sachsen für das Reich mit Vertretern des französischen Königs ein Bündnisvertrag unterzeichnet. Gemeinsames Ziel war, Burgund zu zerstückeln. Die Picardie, Burgund und das Artois sollten an Frankreich gehen, Belgien, die Niederlande, die Freigrafschaft und Luxemburg ans Deutsche Reich. König Ludwig versprach, bis Anfang des nächsten Jahres 30.000 Bewaffnete gegen Luxemburg in Marsch zu setzen. Versprochen hieß lange noch nicht gehalten, sollte sich bald herausstellen. Auch fehlte das königliche Siegel noch unter dem Vertrag! Trotz dieser unsicheren Grundlage erklärte Kaiser Friedrich dem Duc am 7. Januar den Krieg. Ein Heer von 40.000 Mann stand zu seiner Verfügung, die größte deutsche Truppenschau, die man seit einem Jahrhundert gesehen hatte!

Der Kampf um Neuss ging unverändert hart weiter.

Am Tag der Heiligen Drei Könige hatten Bohrungen der Belagerer an der Stadtmauer Erfolg. Ein größerer Teil der äußeren Mauer am Rheintor stürzte ein und sackte in den Stadtgraben. Das Tor und der Taubenturm wurden durch Beschuss zerstört. Die Verteidiger konnten die Lücke nur noch notdürftig schließen. Sie hatten kein Füllmaterial mehr. Am Turm wurde hilfsweise eine Abwehrstellung aus Erdreich aufgeworfen. Die Verteidiger schaufelten schweren Herzens Mist mit hinein, den sie bis dahin als letztes Brennmaterial gegen die eisige Kälte genutzt hatten. Selbst die Storchennester hatte man schon von den Dächern gerissen und verbrannt. Aus keinem der Schornsteine auf den Häusern stieg nun noch Rauch auf.

An einem Abend setzte sich der Herzog voll tiefer Sorgen mit Olivier de la Marche an den Tisch und spielte Schach. Für den Herzog bot dieses Spiel die Möglichkeit, sich etwas zu entspannen und trotzdem taktischen Gedanken nachzugehen. Das hatte er bitter nötig, denn Kaiser Friedrich hatte Ernst gemacht, und das Reichsheer stand bereits vor Linz. Den kaiserlichen Truppen gelang es immer öfter, vom oberen Deutschland über den Rhein Nachschub in die belagerte Stadt zu bringen. Zusammen mit dem abgesetzten Erzbischof Ruprecht hatte der Duc eine Sperre über den Fluss legen lassen, um dies zu verhindern. Die Städte Remagen, Linz und Honnef wurden dabei die wichtigsten Stützpunkte. Karl hatte sie mit Garnisonen belegt, musste dafür allerdings den Belagerungsring um Neuss deutlich schwächen. Die Kaiserlichen nahmen dies auch nicht ohne Widerstand hin. Linz wurde als Erste der Städte vom Reichsheer eingeschlossen. Kaiser Friedrich selbst stand inzwischen vor Koblenz. Herzog Karl musste reagieren. Beim Schachspielen reifte ein Plan in ihm: In den nächsten Tagen entsandte er Olivier de la Marche mit 2.000 Berittenen in das bedrängte Linz, um es mit Mannschaft, Mehl, Waffen und Sold zu versorgen. Die Männer legten noch, während die Nachtfeuer glimmten, ihre Rüstungen an und schnallten die Riemen und Degen fest. »Gebt auf Euch acht«, wurden sie von ihren Freunden verabschiedet. Einige haderten, dass sie nicht mitkommen durften. Das Bubenstück gelang. Niemand unter den Kaiserlichen hatte mit so viel Frechheit gerechnet. Die Männer um Olivier kamen nach erfolgreichem Einsatz zurück. Burgund stand eben doch für Erfolg! Der sollte jedoch nur kurze Zeit währen. Am 7. März fiel Linz endgültig in die Hände der Reichstruppen …

Am 21. Januar stellte Bern Herzogin Yolanda wegen ihrer Bündnistreue zu Burgund ein Ultimatum. Sie wurde aufgefordert, Karl den Krieg zu erklären, den Schweizern ihre Städte zu öffnen und 12.000 Gulden Strafe zu zahlen oder Yverdon, Murten und Nyon als Pfand zu geben. Yolanda stand treu zum Herzog. Sie empfahl ihm nur zur Stärkung ihrer gemeinsamen Position eine Annäherung an Mailand und wollte vermitteln. Herzog Karl willigte ein. Er ritt von Neuss aus nach Morges am Genfer See. Dort hörte er in der Frühe des 23. Januar todmüde die Messe.

Gegen sechs Uhr abends traf er bei der Herzogin ein und hielt sich bei ihr bis zum 27. auf. Am 30. brachte die Herzogin den Vertrag zwischen Sforza und dem Duc zu Stande. Der Téméraire ließ zur Bekräftigung der Vereinbarung seine bekannte Großzügigkeit aufblitzen. Er dedizierte Sforza mehrere der berühmten, in Kleve gefertigten Armbrüste aus seinem Besitz. Der Herzog gewann durch das Bündnis mit Mailand nochmals Zeit. Frische Söldnertruppen wurden aus Italien herangeführt. Die Handelswege durch das Wallis nach Italien schienen den Eidgenossen durch seinen Coup gefährdet. Die Tagsatzung trat in Beratung, zögerte aber noch, Mailand oder Savoyen den Krieg zu erklären. Bern war bereit, sah aber zunächst ohne Einstimmigkeit die Hände gebunden. Schließlich setzte man sich über die Tagsatzung hinweg. Diesbach führte ein Heer gegen die nördliche Waadt. Grandson und Echallens öffneten ohne Gegenwehr ihre Tore. Orbe leistete erbittert Widerstand, wurde aber eingenommen. Die gesamte Besatzung wurde getötet, meist über die Zinnen der Stadtmauer geworfen. Diesbach hinterließ in den eroberten Orten Besatzungstruppen und kehrte als Sieger nach Bern zurück. Sein Triumph währte nur kurz. Auf dem Feldzug hatte er sich mit der Pest infiziert. In Pruntrut erlag er dieser schlimmen Geißel der Zeit …

Die Tagsatzung verurteilt Bern scharf. Die niedere Vereinigung befürchtete aber nun auch einen Racheakt Burgunds und begann selbst aufzurüsten. Bern suchte ein Ende des Zerwürfnisses mit der Vereinigung und versprach Unterstützung. 1.000 Bewaffnete zog man dafür zusammen …

Neuss hielt den Herzog weiter in Atem: Aufkommendes Hochwasser zwang die Burgunder die Insel Waidt zu räumen. Herzog Karls Lombarden errichteten nun Bollwerke und zerstörten diejenigen, mit denen die Neusser ihre Stadttore schützten. Dass die Stadt vor ihrer Belagerung viele Flüchtlinge aus Lüttich aufgenommen hatte, erwies sich nun als Glück. Die hatten durch die Arbeit in den Erz- und Kohlelagern beste Kenntnisse im Bau von Stollen. Sie trieben den Burgundern Verteidigungsstollen entgegen und vereitelten so deren Absicht, die Stadtbefestigung zu untergraben. Um ihren Kampfeswillen zu zeigen, hielten die Eingeschlossenen

am 7. Februar Ritterspiele ab. Am 14. Februar gelangten Kölner Kriegsknechte, von einem Neusser geführt, durch das Zolltor in die Stadt.
Ihre Botschaft war ermutigend: »Kaiser Friedrich sorgt für Entsatz!« Bereits am 18. Februar zeigten sich auf der anderen Rheinseite kaiserliche Truppen und griffen marodierende Burgunder an. Die Versorgungssituation in Neuss war dramatisch. Inzwischen wurden die Stadtgräben nach Kräutern und Muscheln abgesucht. Fleisch gab es schon seit Weihnachten nicht mehr. Am 7. März versuchte der Rat erneut, den Kölnern einen Hilferuf zukommen zu lassen. Die Boten ertranken jedoch im eiskalten Wasser des Rheins. Am 19. März gelang es im zweiten Versuch, den Rhein in einem Boot zu überqueren und den Kölnern von der schrecklichen Not in der Stadt zu berichten. Zu allem Übel erschien in dieser misslichen Lage eine Delegation aus Venedig im Burgunderlager. Der Herzog war wie immer bemüht, vor den Freunden in Siegerpositur dazustehen. Bei ihrer Ankunft überreichte er ein Bild von der Belagerung. Auf ihm war die mächtige burgundische Zeltstadt völlig intakt abgebildet. Der Duc beschwor seine militärische Stärke und versprach einen erfolgreichen Abschluss der Kämpfe. Hinter der Fassade sah es jedoch ganz anders aus: Mit einem weiteren »*Mon beau Cousin*« musste Herzog Karl seine Bitte um Lebensmittel an Kleve wiederholen! Eile war geboten, ihm war zu Ohren gekommen, der Kaiser wolle in Kürze sämtliche Versorgungswege zu Wasser sperren lassen. Anfang April kam es wegen der Hungersnot unter den Belagerten zum Aufruhr. Landgraf Hermann von Hessen konnte ihn nur mit Mühe niederschlagen. Den ganzen Monat über tobten erbitterte Kämpfe um Wälle und Bollwerke. Herzog Karl verspürte, dass etwas ging, er suchte die Entscheidung. Aus Kleve waren einige Kanonen und Munition eingetroffen. Des Herzogs Kanonen und Mörser feuerten nun wieder ohne Unterlass. Am 21. April begingen die Neusser in tiefer Verzweiflung eine Bittprozession zum Obertor. Sie warben um die Gunst der heiligen Mutter Gottes. Sie nannten das Tor »Unser lieben Frau Tor« und gelobten jeden Samstag eine Messe zu lesen, wenn die Gottesmutter ihnen hülfe. Bald kündigte sich frohe Botschaft an. Von der anderen Rheinseite fand eine hohle Kanonenkugel den Weg in die Stadt. Sie enthielt einen Brief

mit der Nachricht, die Stadt würde in Kürze befreit. Schnell herrschte mit Hilfe solch hohler Kugeln ein reger Informationsaustausch mit draußen …

Am 1. Mai lief der Waffenstillstand zwischen Burgund und Frankreich aus. Der Umstand erhöhte die Sorgen des Téméraires. Entgegen seinem sonstigen Naturell suchte König Ludwig dieses Mal keine Lösung auf dem Verhandlungsweg, sondern ging in die Offensive. Er warf Truppen in die Freigrafschaft Burgund und ließ zur gleichen Zeit Kriegsschiffe im Ärmelkanal kreuzen, um König Edward von einer Invasion abzuhalten. Auf sein Geheiß überzogen Soldaten die Picardie, Artois und das Hennegau mit Kämpfen. Zwischen dem 1. und 18. Mai stürmten französische Heerscharen eine Reihe befestigter Städte wie Roye, Ancre und Montdidier. Nur eine Falschmeldung über die Landung Edwards in der Normandie ließ Ludwig den erfolgreichen Feldzug abblasen. Dem Irrtum jammerte er noch lange nach …

Der zwischen König Edward und Herzog Karl vereinbarte Angriffszeitpunkt gegen Frankreich kam näher. Der Bruder der englischen Königin, Graf Antony Rivers, kam eigens ins Lager vor Neuss, um den Burgunder zu bitten, die Belagerung dafür zu beenden. »Es geht hier um meine Ehre«, lehnte der Herzog schroff ab. Er sah vorher, wie schwer es würde, das Versprechen zu halten, seinen Schwager mit 10.0000 Mann zu empfangen. Zeitgleich schickte König Edward einen Wappenherold mit einem Fehdebrief zu König Ludwig und forderte ihn auf, sein Land an ihn als legitimen Erben der Karpetinger zurückzugeben. König Ludwig lehnte das natürlich ab, entlohnte den Mann großzügig und legte Edward schriftlich in epischer Breite die Gründe für seine Ablehnung dar. In Flandern witterten die Flamen endlich Morgenluft und verweigerten dem Herzog weiteres Gehorsam sowie zusätzliches Geld und Waffen. Herzogin Margarete wandte sich mit einem Schreiben an ihren Gatten und mahnte ihn, die Schraube der Abgaben nicht weiter anzuziehen. In Gent bekam sie nämlich hautnah mit, wie die stolzen Städter darüber dachten. Beim nächsten Levée kam es zu einem kurzen Wortwechsel zwischen dem Herzog und Pieter: »Habt Ihr mein Weib wieder gegen mich aufgehetzt?«, fragte der Fürst giftig. Pieter konnte nur verdattert zurückfragen: »Was meint Ihr, mein Fürst?«

Als der Herzog seine erstaunten Augen sah, wusste er, dass er falsch gelegen hatte. Er winkte ungnädig ab und wandte sich anderen Dingen zu ...

Zur gleichen Zeit erhob sich, von König Ludwig angestachelt, der Lothringer Herzog René II. gegen Burgund und wechselte wieder einmal die Seite. Bei kühlem, regnerischem Wetter traf am 10. Mai in Karls Feldlager vor Neuss ein Bote mit dessen Fehdebrief ein. Der Gesandte war aschfahl im Gesicht. Er hatte Angst vor des Herzogs Wut. Er warf ihm trotzdem nach alter Sitte einen blutbefleckten Handschuh vor die Füße und verkündete den Krieg mit Feuer und Schwert. Herzog Karls berüchtigter Wutausbruch blieb aus. Karl war amüsiert und sah endlich die Chance, sich Lothringen vollständig einzuverleiben. »Ihr bringt eine frohe Botschaft«, wandte er sich an den Lothringer. »Sagt Eurem Herrn, dass ich bald selbst in Lothringen erscheinen werde.« Wie es die Etikette verlangte, mit Gold und einem prächtigen Gewand beschenkt, machte sich der Herold erleichtert von dannen. Den Herzog holten nun Geldprobleme ein. Zu groß war der Betrag, den sein Heer täglich verschlang. Ein weiterer Brief »*Mon beau Cousin*« wurde nach Kleve auf den Weg gebracht. Kleve reagierte ablehnend. Die Bürger wollten nicht weiter geschröpft werden. Wirte verweigerten sogar die Herausgabe von 2.000 Pferden. Herzog Karls Truppen hatten sie in Holt und Dinslaken zur Pflege zurückgelassen. Die Wirte wollten nun endlich Bezahlung sehen! Herzog Karl wurde unruhig: Das Reichsheer nahte, der Waffenstillstand mit Frankreich war abgelaufen, Lothringen hatte ihm den Krieg erklärt und nun auch noch die Ablehnung aus Kleve! Karl brauchte Geld und Rösser für die Entscheidung vor Neuss. Er beschloss, Pieter van der Weyden und seinen Sekretär Thibault Barradot zu Herzog Johann von Kleve zu schicken, um auf Geld und die Herausgabe der Pferde zu drängen. Er gab ihnen einen gesiegelten Brief mit auf den Weg. Desertionen aus seinem Heer waren mit der Zeit immer häufiger geworden, und so forderte er Herzog Johann darin auf, Kleve solle die Deserteure festsetzen oder töten. Ihm war zu Ohren gekommen, dass besonders die Amtsträger der Stadt Wesel seine

Forderungen boykottierten. Er drohte Johann offen mit einer Strafaktion gegen die Stadt. Als Erklärungen für seine momentanen Probleme führte er an, König Ludwig habe nach Ablauf des Friedensvertrags burgundische Grenzregionen angegriffen. Dies habe ihn gezwungen, Truppen und Material zurück in die Heimat zu schicken. Das fehle ihm nun vor Neuss. Am 11. Mai konnten die Neusser endlich das kaiserliche Entsatzheer bei Zons lagern sehen. Am 23. Mai rückte das kaiserliche Heer weiter vor. Sein Lager lag aber immer noch außerhalb der Reichweite der burgundischen Artillerie. Der apostolische Nuntius, Bischof von Forli, erschien in Karls Lager, um den Wunsch des Kaisers zu überbringen, eine Schlacht zwischen den beiden Heeren zu vermeiden. Herzog Karl bediente sich gegenüber dem Kirchenfürst auf fließendem Italienisch einer listigen Entschuldigung: »Ich führe keinen Krieg gegen das Deutsche Reich oder gar gegen den Kaiser. Ihr wisst, ich wünsche mir Friedrich als Schwiegervater meiner Tochter! Ich kämpfe als Reichsfürst und als guter Christ nur für die heilige Kirche. Es gilt, den Erzbischof von Köln zu verteidigen! Er wurde schließlich von seiner Heiligkeit selbst in sein Amt eingesetzt.« Der Nuntius hatte keine passende Antwort darauf ...

Der Herzog richtete sie nun, wenn auch nur zögerlich, gegen das deutsche Entsatzheer. Es kam zu kleineren Scharmützeln mit leichten Vorteilen für den Duc. Dabei schlugen zwei Kanonenkugeln in das Zelt des Kaisers und beschädigten einen kaiserlichen Reisewagen. Kaiser Friedrich scheute sich, trotz dieser Gefährdung seines Lebens, zum Generalangriff zu blasen. Nur der Bischof von Münster, der stets den Harnisch der Sutane vorzog, drängte darauf. Herzog Karl beurteilte seine Situation nicht blauäugig. Er musste nach Lage der Dinge Verhandlungen mit dem Kaiser suchen. Ihm ging es längst nur noch darum, sein Gesicht zu wahren und schnellstmöglich von dieser verfluchten Stadt fortzukommen. Er vermutete zu Recht, dem Kaiser käme das entgegen. Der päpstliche Legat Alexander Numai, Bischof von Forli, der Kurfürst von Brandenburg, Graf Alwig von Sulz und Dr. Georg Heßler führten die Verhandlung für den Kaiser. Guy de Brimeu war der Delegationsleiter des Herzogs. Am 28. Mai gelang ein erster Durchbruch. Ein Herold Friedrichs konnte den

Stadträten von Neuss die freudige Nachricht überbringen, man habe mit dem Duc einen zweitägigen Waffenstillstand vereinbart. Das wurde schon fast wie ein Frieden gefeiert.

Während dieser Waffenruhe kamen viele neugierige Kaiserliche in das Lager des Herzogs. Der empfing sie königlich. Alle Deutschen, die das Lager besuchten, erhielten ein prächtiges Geschenk. Er gab Silbergeschirr im Werte von über 5000 Silbermark weg! Was er damit erreichen wollte, gelang ihm. Bald sprachen wieder alle von seiner Macht, Größe und Freizügigkeit. Am 30. Mai kam der Legat des Papstes selbst in die Stadt, um den endgültigen Frieden zwischen Herzog Karl und dem Kaiser zu verkünden. Kaiser Friedrich war genauso erleichtert wie der Duc, und ihm war schnurzegal, dass er mit diesem Frieden gegen die Vereinbarung von Andernach verstieß. Neuss öffnete seine Tore. In Sankt Quirin wurde jubelnd ein Tedeum gesungen. In Anwesenheit des Kaisers und vieler Edelleute beider Seiten unterstellten sich die Neusser Papst und Kaiser und gelobten ewige Treue. Am 10. Juni verlagerte Herzog Karl sein Heer bereits an die Erft zurück. Noch einmal kam es zu kleineren Übergriffen. Die Neusser wollten burgundische Edelleute, die sich nach dem Friedensschluss noch in ihrer Stadt aufhielten, gefangen setzen. Außerdem bemächtigten sie sich burgundischer Schiffe mit einem Warenwert von über 100.000 Gulden. Kurze, heftige Gefechte flammten auf. Der Burgunderfürst wollte unbesiegt vom Platze gehen. Dem Kaiser war an einem friedlichen Schluss gelegen. Er vermittelte mit Erfolg. Der Duc gab den Reichsfürsten ganz nach seiner Art noch ein prächtiges Abschiedsbankett, dann zog er ab. Die Belagerung von Neuss wurde trotz des glimpflichen Abschlusses für den Burgunderfürsten zum »Meta«, der Wendemarke seines »Circus Maximus«.

31

Am 4. Juli ging König Edward in Calais an Land. Er war von Sandwich übergesetzt und hatte um die 13.000 Bewaffnete mit sich. Er übertraf mit der Mannstärke sein Versprechen an den Téméraire um einiges. Seine Truppe war vorzüglich ausgerüstet und fast alle hohen Herren Englands waren dabei, einschließlich Edwards Brüder, die Herzöge von Norfolk und Suffolk. Dem Duc wäre eine Landung der Engländer in der Normandie lieber gewesen. Dann hätten sich die gewaltigen Heerscharen auf französischem Boden ernähren müssen. Auch der beabsichtigte Schulterschluss mit dem bretonischen Herzog wäre leichter gefallen. Er kam den Vorstellungen seines Schwagers aber noch viel weniger entgegen. Er ließ seine Armee nach Luxemburg marschieren, um von da aus in Lothringen einzufallen, und machte sich nur mit kleiner Eskorte auf den Weg nach Calais. Er wollte seinen Schwager beschwichtigen, denn der zeigte sich mit seinem Verhalten gar nicht zufrieden. In Flandern machte der Herzog einen kurzen Zwischenstopp und hielt den Ständen eine Gardinenpredigt. »Eure mangelnde Hilfe ist schuld an unserer Schlappe vor Neuss«, klagte er sie an. Die sturen Flamen nahmen den Vorwurf wortlos entgegen. Die hohen Abgaben, die sie geleistet hatten, zählten also nicht! Am 14. Juli erreichte der Herzog mit nur 50 Mann Calais. König Edward geißelte seinen Wortbruch, der Duc hatte ihm schließlich Verstärkung von mindestens 10.000 Bewaffneten zugesagt. Die Begrüßung verlief sehr frostig. Herzogin Margarete hatte ihren Gatten nach Calais begleitet, um der Aussprache mit ihrem Bruder vermittelnd beizuwohnen. Seit Neuss schon standen des Herzogs Argumente fest, mit denen er Edward überzeugen wollte. Er beabsichtigte, Edward das Gefühl zu geben, seine Streitmacht wäre stark genug, allein mit Ludwig fertigzuwerden. »Ludwig kann höchstens die Normandie verteidigen. Schon den Zugang zur Champagne beherrscht mein Freund Graf Ludwig von Luxemburg. Ihr könnt über Saint-Quentin und Laon bis Reims vorrücken. Lasst Euch in Reims zum König salben. Die Mehrzahl von Ludwigs Vasallen wird zu Euch überlaufen«, beschwor er Edward. Herzogin Margarete trug viel dazu bei, ihren Bruder letztlich zu überzeugen.

Pieter hatte dem Herzog folgen müssen. Er hatte sich auf die Reise gefreut in der Hoffnung, einen Abstecher nach Brügge machen zu können. Aber die Arbeit, die das Fürstenpaar ihm abverlangte, ließ das nicht zu. Sein Gesicht war draußen im Feld härter und kantiger geworden. Er hatte sich angewöhnt, immer einen Degen zu tragen. Seine Umgangsformen entbehrten mittlerweile ein wenig der guten Schule. Er hatte lernen müssen, sich auch in groben Situationen durchzusetzen. Dabei sehnte er sich so sehr nach geregeltem Leben in festen Häusern, in einer befestigten Stadt mit geordneter Verwaltung, einem Rathaus, Kirchen, Hospitälern und Palästen. Er hatte das Lagerleben weidlich satt. Ihm fehlten die ordnende Hand der Hausfrau, das Lachen der Kinder und die Gespräche mit Freunden, Gespräche, die sich einmal nicht nur um Kriegskunst drehten. Er sehnte sich nach der Welt der schönen Künste, der Wissenschaften, nach den tausenden Lederrücken der Bücher in der herzoglichen Bibliothek. Doch die Unrast des Duc ließ die Erfüllung dieser Träume nicht zu …

Der englische König war von Karls Gedankenspielen bald angetan und erhielt auch von seinen Höflingen Zustimmung. Herzog Karl war erleichtert. Mit seinem Heer konnte er nun René von Lothringen bestrafen. Erst danach wollte er durch das Herzogtum Bar marschieren und sich mit Edwards Truppen zum Triumphzug auf Paris vereinen. Er dankte Herzogin Margarete für ihre Überzeugungskraft. Am 16. Juli setzten sich die beiden Herrscher an der Spitze des englischen Heeres in Bewegung und kampierten schon am 19. vor Saint-Omer. In Doullens nahmen sie nochmals eine dreitägige Truppenbesichtigung vor. Dann überschritt König Edward am 5. August bei Péronne die Somme, die Grenze zu Frankreich. Herzog Karl verließ seinen Schwager voll Tatendrang …

König Ludwig verspürte wieder Angst und suchte bei dem englischen Eindringling um Verhandlung nach. König Edward wurde unter den geschmeidigen Worten des Franzosen schwankend. Seine Schwester und sein Schwager waren nicht mehr bei ihm und konnten ihm den Rücken nicht stärken. Am 12. August schon signalisierte er Ludwig, einer unkriegerischen Übereinkunft nicht abgeneigt zu sein.

Der Franzose frohlockte. Er tat viel, um die Ernsthaftigkeit seiner Verhandlungsbereitschaft zu zeigen. Auch die diplomatische Etikette sollte stimmen. Herzog Karl hörte von dieser Entwicklung. Am 18. August warf er sich auf sein Pferd und ritt die 70 Kilometer nach Péronne zurück. Es kam zu einer rüden Auseinandersetzung mit seinem Schwager, doch der blieb stur. Der Herzog reiste unverrichteter Dinge wieder ab. Am 29. August trafen sich die beiden Könige in Pequigny bei Amiens. Sie schlossen sofort einen Waffenstillstand. König Edwards Versprechen an seinen Schwager waren vergessen. Das Friedensangebot des Franzosen war zu verlockend. Ludwig verpflichtete sich zur Zahlung einer Entschädigung und setzte erhebliche Jahresgelder an den Engländer aus. Geld für Frieden und Machterhalt war immer schon König Ludwigs Ding gewesen. Der fünfjährige Dauphin wurde obendrauf als Geste der Versöhnung mit Edwards Tochter Elisabeth verlobt. Auf der Brücke von Monterau trafen sich die beiden Regenten erneut. Die englische Armee stand am rechten Ufer der Somme, die französische am linken. Ludwig und Edward umarmten sich und schworen sich Frieden. Die Vereinbarung bedeutete das Ende des Hundertjährigen Krieges zwischen den beiden Ländern.

32

Während König Ludwig England still stellte und damit Burgund weiter schwächte, tat Bern das auf seine Art ebenfalls. Es verfolgte beharrlich das Ziel, Herzog Karls Anwerbung von Söldnern aus Italien zu stoppen, und nahm sogar einen Trupp Söldner in Aigle gefangen. Danach besetzte es den Ort und ließ einen Vogt mit Bewaffneten zurück. Am 7. September schlossen die Berner mit dem Bischof von Sitten und einem Teil des Oberwallis ein Bündnis gegen Burgund. So waren sie in der Lage, auch von dort aus Truppen aus Italien aufzuhalten. Herzog Karl sah sich in einer prekären Lage. Er musste sich mit Frankreich arrangieren. König Ludwig knüpfte zwar weiter Fäden für eine starke Koalition gegen ihn, vordergründig ging er jedoch auf eine friedliche Übereinkunft mit dem Téméraire ein. In scheinheiliger Vernebelung seiner wahren Absichten war ihm keiner gewachsen! Am 13. September schloss er in Luxemburg bei Soleuvre einen neunjährigen Frieden mit Burgund. König Ludwig bezog seine Bündnispartner sogar im Vertrag mit ein und versprach, die Eidgenossen nicht zu unterstützen, sollten sie ihre feindlichen Handlungen gegenüber dem Duc fortsetzen. Gegen die Abmachungen mit den Eidgenossen gestand er dem Herzog zu, die oberen Gebiete am Rhein wieder zu besetzen. Die Eidgenossen erhielten von diesem Vertrag erst viel später und selbst dann nur unvollständig Kenntnis.

Endlich gewährte der Herzog Pieter noch ein paar Tage in Brügge. Sie wurden nicht schön. Seine kleine Familie war noch kleiner geworden. Wenige Tage vor seiner Ankunft war seine Schwiegermutter Katharina nach plötzlichem Tod bestattet worden. Ihrer beider Elterngeneration war mit ihr dahingegangen. Auch die Begine Marguérite machte Sorgen. Sie war ein Pflegefall und lebte im Siechenhaus. Anna kümmerte sich täglich um sie und versuchte, ihr an ihrem Lebensabend die Liebe zurückzugeben, die sie den van der Weydens ihr Leben lang geschenkt hatte. Pieter war erleichtert, wie gut Anna mit der traurigen Situation fertig wurde. Sie war an der Verantwortung gewachsen, führte den Haushalt resolut und erzog mit fester, aber gütiger Hand die Kinder. Cornelis war ein richtiger kleiner Mann geworden und seiner Schwester ein braver Behüter. Pieter zeigte seiner Frau, wie sehr er ihre Tatkraft bewunderte, und versuchte, ihr in den wenigen Tage seine große Liebe zu zeigen. Er kümmerte sich ausschließlich um Frau und Kinder. Katharina und Cornelis wünschten sich schon länger einen Hund. Pieter kaufte mit Annas Billigung einen kleinen gelben Wollknäuel mit runden schwarzen Knopfaugen für sie. Die beiden waren überglücklich. »Er wird euch beschützen, bis ich wiederkomme«, erklärte Pieter ihnen, wobei seine Freude über ihr Strahlen mindestens so groß wie die ihre war. Anna lachte schallend auf. »Dann musst du aber lange fortbleiben. Das nächste Jahr über müssen wohl wir uns eher um den kleinen Kerl kümmern.« Sie wussten nicht, dass es ein Abschied für immer sein sollte …

Herzog Karl fühlte sich wie ein Adler auf einem hohen Wipfel, der nicht wusste, ob er zuerst hierhin oder dorthin fliegen sollte. Nach einigem Zögern entschied er sich seinem Gefühl folgend, nach Lothringen aufzubrechen. Auf seinen Befehl hin waren bald von überall Fußsoldaten zu den Sammelstellen unterwegs. Pieter traf während seiner gesamten Rückreise auf sie. Ohne einen Pfennig in der Tasche marschierten die Männer mit Quartierzetteln, die ihnen Amtsvorsteher in ihren Heimatorten ausstellt hatten, von Herberge zu Herberge zu den Treffpunkten. Alle Wirtshäuser auf Pieters Weg waren übervoll, und er musste sich oft mit wenig bescheiden. Wie glücklich war er, wenn er ein bequemes Bett ergattern und sich pflegen konnte.

Am 25. September übernahm der Duc in Pont-à-Mousson das Kommando über seine Truppen. Er verfügte dank der allgemeinen Truppenaushebung wieder über ein schlagkräftiges Heer. Seine Soldaten fielen vom Norden her wie Heuschrecken in Herzog Renés Territorium ein. Karls Halbbruder, der große Bastard, näherte sich von Süden mit italienischen Söldnern. Von unterwegs ernannte der Duc Adolph von Kleve-Ravenstein zum Generalsstatthalter der Niederlande. Er wollte die aufmüpfigen Ländereien unter loyaler Führung wissen, während er mit der Eroberung Lothringens doch noch einen geschlossenen burgundischen Länderkomplex schaffen würde. Am 25. Oktober stand er vor Nancy. Ende des Monats trafen der päpstliche Legat und Heßler im Burgunderlager ein und brachten am 17. November die von Herzog Karl schon im September angestrebten förmlichen Friedensverhandlungen mit dem Kaiser zum Abschluss. Herzog Karls geplante Eroberung Lothringens wurde in dem Abkommen überhaupt nicht erwähnt. Der Kaiser sanktionierte sie durch Stillschweigen! Andeutungen der Gesandten, der Kaiser würde dem Herzog auch im Streit gegen die Eidgenossen beistehen, stimmten den Fürsten noch zuversichtlicher. Mit der Eroberung Lothringens war sein Selbstgefühl sowieso wieder gewachsen. Er plante weit voraus und wollte das Kapitel des Ordens vom Goldenen Vlies im Mai 1476 in Maastricht abhalten und dort den Kaiser persönlich treffen. Er wollte einen letzten Versuch unternehmen, sich mit dem Kaiser zu einigen. Ansonsten hatte er fest vor, sich mit Hilfe der byzantinischen Kaiserkrone zum König zu erhöhen. Der Sohn des letzten Despoten von Morea, Thomas Palaeologus, hatte ihm die Übernahme des Rechts auf das östliche Kaisertum nochmals angeboten. Nach wie vor versuchte der Herzog, einen richtigen Krieg mit den Schweizern zu vermeiden. Er schickte Gesandte nach Neuenburg, um mit dem Text seines Friedensvertrages mit Frankreich den Eidgenossen Ludwigs Doppelspiel aufzuzeigen. Er lud sie ein, diesem Vertrag beizutreten. Bern zeigte sich vergrätzt über König Ludwigs Ränkespiel und gab sich verhandlungsbereit. Es verlangte jedoch, dass der Herzog auch die niedere Vereinigung und Herzog Sigmund in den Vertrag mit einschließen müsse. Der Duc konnte dem nicht zustimmen. Er beanspruchte das Elsass nach wie vor für sich. Die Verhandlungen wurden ergebnislos abgebrochen. Nur ein einmonatiger Waffenstillstand wurde verabredet. Beide Seiten gaben auch danach in ihrem Bemühen nicht nach, sich doch noch zu einigen. Am 29. November wurde in Neuenburg auch ein Waffenstillstand zwischen Burgund und der Niederen Vereinigung vorbereitet. Von Rochefort unterzeichnete das Abkommen für Burgund, doch Karl weigerte sich wenig später, es zu ratifizieren. Inzwischen hatte der Duc ganz Lothringen besetzt. Obwohl es Herzog René dank Frankreich gelang, noch Söldner als Verstärkung zu erhalten, konnte er der burgundischen Übermacht nicht standhalten und musste nach Frankreich fliehen. Herzog Karl hatte sein Zwischenziel erreicht! Er beschloss die Zeit der Waffenruhe zu nutzen, um sein Heer zu reorganisieren. Er hatte vor, es in einem Winterfeldzug über den Jura zu führen. So wie Hannibal erfolgreich über die Alpen zog, werde ich es über den Jura schaffen, war er fest überzeugt. Herzog René schwor König Ludwig Bündnistreue in der Hoffnung, der würde ihm aus der Patsche helfen. Doch der Franzosenkönig hielt sich an das Abkommen mit dem Duc. Am 30. November zog der Burgunderfürst hinter Triumphsignale schmetternden Trompetern durch das Stadttor La Craffe in Nancy ein. Sein golddurchwirkter Mantel, die Ordenskette vom Goldenen Vlies und ein Barett mit Goldkreuz und Edelsteinen schmückten den mächtigsten Fürsten des Abendlandes. Sein Gefolge bestand aus der Crème de la Crème: Seinem Halbbruder folgten Markgraf Philipp von Rötteln, die Grafen von Nassau, der Herzog von Kleve, Jean von Luxemburg, Campobasso und viele mehr. Überaus prächtig inszenierte er seine Herrschaftsübernahme. In der Stiftskirche St. Georges ließ er einen Dankgottesdienst abhalten. Um zwei Uhr nachts zog er mit einem Fackelzug in die große Halle des herzoglichen Schlosses. Er trug den prächtigen Mantel aus Trier mit dem Hermelinpelz und den Herzoghut in Kronenform. Zu seinem Thron führten sechs Stufen hinauf und selbst der päpstliche Legat musste zu seinen Füßen sitzen. Dem heimischen Adel legte er dar, Lothringen solle das Zentrum seines Königreichs werden. Ein Reich, das sich zwischen Frankreich und dem Deutschen Reich behaupten müsse. Nancy sollte die Hauptstadt werden. Es gelang ihm, die Mehrheit im Saal für sich einzunehmen. In den folgenden Wochen erwartete er Reaktionen aus Frankreich. Streit mit Ludwig wollte er um jeden Preis verhindern. Allein für die Sicherung Lothringens, aber auch für unausweichliche Kraftproben am Oberrhein und mit den Eidgenossen brauchte er eine sichere Waffenruhe mit Frankreich. Ein Brief Ludwigs nahm ihm fürs Erste die Sorgen. Gegen drei Herrschaften an der Somme versprach der König, Karls Anspruch auf Lothringen nicht streitig zu stellen. Der Herzog sah seinen Rücken frei, um die Probleme in den Pfandlanden und den Streit mit den Schweizern zu lösen …

Schon am 14. Oktober hatten Bern, Neuenburg und Freiburg Jakob von Savoyen den Krieg erklärt und waren ins Waadtland eingefallen. Murten, Avenches und Payerne ergaben sich ihrer Übermacht. Die Truppen der Eidgenössischen wüteten mit äußerster Rohheit, eroberten mehr als ein Dutzend Städte und über 40 Schlösser. Die Bewohner von Estavayer setzten auf ihre Stärke und verteidigten sich erbittert, aber vergeblich. Freiburger und Neuenburger plünderten die Stadt. Das Gemetzel war so brutal, dass der Berner Rat den Anführern später einen Verweis erteilte, weil sie ihre Truppen nicht unter Kontrolle gehabt hatten. Alle männlichen Verteidiger waren erschlagen worden. Frauen und Kinder flüchteten in überfüllten Booten über den See. Viele Boote kenterten und die Insassen ertranken. 100 Wagen voller Raubgut wurden nach Freiburg verbracht. Die Gräuel von Estavayer sprachen sich in der Waadt wie ein Lauffeuer herum. Die Bevölkerung erstarrte vor Angst. Die meisten Städte ergaben sich danach kampflos und waren froh, das nackte Leben ihrer Bürger zu retten. Ein Teil der feindlichen Streitmacht rückt nach Moudon vor, zum Hauptort der Waadt. Moudon, Oron, Romont, Rue, der ganze Osten ergab sich kampflos. Die Hauptstreitmacht der Berner rückte gegen Yverdon vor, welches savoyisch verwurzelt war. Auch dort wurden die Stadtschlüssel übergeben. Einige wenige Edelleute, die Savoyen besonders treu ergeben waren, begannen ein Gefecht, unterlagen jedoch schnell. Die Berner zündeten zur Bestrafung rund 200 Häuser an. Viele Bewohner flüchteten nach Orbe. Lausanne kaufte sich mit 2.000 Gulden von den Bernern frei. Auch die Genfer zahlten 26.000 Gulden an die Marodeure. Sie gaben als Anzahlung ihren kostbaren Kirchenschmuck her. Bern forderte im Siegestaumel die Walliser auf, ebenfalls loszuschlagen. Die schienen darauf nur gewartet zu haben. Sie griffen das befestigte Conthey an, blieben jedoch erfolglos. Der Bischof von Genf konnte mit seinen savoyischen Truppen die Stadt halten und auf das savoyische Hauptheer warten. Am 12. November traf Herzogin Yolanda vor Conthey ein. 10.000 Mann zu Fuß und 1.500 berittene Edelleute folgten ihr. Der Landsturm der Walliser mit rund 4.000 Bewaffneten war erst im Anmarsch und konnte nicht dagegenhalten. Am nächsten Morgen stießen die Savoyer über den Grenzfluss und schlugen nach kurzem Gefecht die Vorhut der Walliser in die Flucht. Zur gleichen Zeit rückte ein kleiner Trupp von ihnen über die linke Flanke nach Savièse vor und plünderte und brandschatzte die Dörfer. Sion lag offen vor ihnen, und sie drangen in die Stadt ein. Dann traf endlich der Walliser Landsturm ein. Ihm gelang es, die Feinde wieder aus der Stadt zu vertreiben. Savoyens Truppen mussten sich vor den Toren neu formieren. Die schlecht ausgerüsteten Walliser konnten ihnen jedoch auf Dauer nichts entgegensetzen. Zu deren Glück trafen 3.000 Freiwillige unter der Führung Berns auf dem Schlachtfeld ein und bedrohten die linke Flanke von Herzogin Yolandas Heerschar. Die musste sich unter dem neuen Druck nach Westen zurückziehen. Dort griffen die vereinten Eidgenossen sie frontal an und schlugen sie. In panikartiger Flucht musste Yolanda das Kampffeld räumen. Sie ließ ihren ganzen Tross zurück. Sechs Wagen mit Harnischen, Waffen und Rüstungen, einige Banner und 120 Streitpferde wurden von ihren Gegnern erbeutet. Über 1.000 Tote, darunter 300 Adelige, viele Gefangene machten das Desaster für Savoyen vollständig. In den nächsten Tagen kam das gesamte Unterwallis bis St. Maurice unter die Kontrolle der Eidgenossen. Herzog Karl konnte nicht ruhig zusehen, und selbst König Ludwig sah nicht gern, dass sich seine Schwester so blutig mit den Eidgenossen stritt. Yolanda wandte sich an ihren Schwager, den Herzog von Mailand, und bat ihn um Hilfe. Doch der verweigerte sich. So suchte sie nach dem starken Arm des Burgunderfürsten. Sie fand ihn schnell an ihrer Seite. Unbeachtet davon verhandelte der Duc weiter mit den Eidgenossen. Er kam wieder nicht mit ihnen überein. Er lehnte ein Vermittlungsangebot des Pfalzgrafen Friedrich ab, befleißigte sich aber gegenüber dem Grafen eines sehr freundschaftlichen Briefstils. Er nannte ihn mit nicht ganz lauterem Herzen seinen Bruder und sprach in großer Verbundenheit zu ihm. Er brauchte ihn! Heimlich grollte er ihm allerdings. Graf Friedrich hatte sich im Krieg gegen Lothringen nicht offen auf seine Seite gestellt! ...

Herzog Karl verließ am 11. Januar 1476 Nancy und wendete sich nicht wie von den Schweizern erwartet dem Elsass zu, sondern drehte ab und marschierte durch den winterlichen Jura Richtung Waadt. Schon am 13. Januar gab sein neuer, alter Verbündeter Savoyen den Anstoß für den nächsten burgundischen Waffengang. Jakob von Savoyen überraschte Bern mit einem Angriff auf das kleine Städtchen Yverdon. 1.300 Bewaffnete drangen in die Stadt ein. Die Berner Besatzungstruppen wurden im Schlaf überrumpelt. Sie konnten sich nur mit Mühe in die Burg retten. Sie behaupteten sie allerdings, bis Ersatztruppen eintrafen. Jakob musste fliehen. Der Burgunder beschloss, Jakob zu Hilfe zu eilen. Am 22. Januar erreichte er bereits Besançon. Erst Anfang Februar wurde in Bern registriert, dass er nicht durch das Elsass, sondern durch die Westschweiz angerückt war. Eilig wurde die Eidgenossenschaft alarmiert. Grandson und Yverdon bildeten nur eine Bernsche Insel in dem savoyischen Gebiet. Die Berner hatten dort, um Geld zu sparen, nur kleinere Besatzungen belassen. Der Rest war abgezogen worden und musste nun aufgefüllt werden. Da Bern in der Waadt zum größten Teil verhasst war, konnte es von den Einheimischen mit keiner Unterstützung rechnen. Es musste mit eigenen Truppen einrücken, um sich zu behaupten. Einzig der Markgraf von Neuenburg, Rudolf von Hochberg, wandte sich an Bern und bat um ein Schutzbündnis und einen Burgrechtsvertrag. Bern ging darauf ein. Herzog Karl kam derweilen mit seiner Streitmacht über den verschneiten Jougne-Pass heran. Prinz Jakob stürmte zur gleichen Zeit mit aufgefüllten Truppen in die Waadt und eroberte sie unter dem Freudengeschrei der Bevölkerung. Die Berner Besatzung von Yverdon flüchtete rechtzeitig ins Schloss Grandson und überließ Yverdon dem Savoyer Prinzen. Der Duc rückte mit 15.000 Mann weiter vor. Am 11. Februar flatterten seine Fahnen bereits über Orbe, nur 15 Kilometer von Grandson entfernt. Das Rückgrat seiner Truppen bildeten zahlreiche Bogenschützen. Außerdem verfügte er über hunderte neue Kanonen. Armbrustschützen, schwere

Reiterei und Soldaten mit Arkebusen ergänzten seine Truppen. Unterwegs erreichte ihn frohe Kunde: Sein Heerführer Pietro de Lignana besetzte mit italienischen Söldnern im Osten des Waadtlandes Romont. In Eilmärschen erreichte Karls Heer die von wenigen Bernern und Freiburgern besetzte Stadt Grandson.

Sie war nicht leicht einzunehmen, erkannte der Duc sofort. Sie lag erhöht an einem Moränenhügel über dem Westufer des Neuenburgersees, nahe der Mündung des Baches Grandsonnet. Direkt bei der Stadt stieg der Hang vom Seeufer aus steil an und bildete auf einer Höhe von 500 Metern über dem Meeresspiegel ein geschütztes Plateau, welches der Bach in einen südlichen und einen nördlichen Teil spaltete. Das Schloss stand auf einem kleinen Vorsprung über dem Seeufer und war dadurch noch mehr gesichert als die Stadt selbst. Die Residenz gehörte zu den mächtigsten Festungsanlagen der Gegend. Drei Rundtürme schützten ihre Ostseite, die Westseite flankierten zwei halbrunde Türme. Alle Türme waren durch Wehrgänge verbunden. Der Herzog würde seine ganze Feuerkraft aufbieten müssen, um diesen starken Verteidigungsring zu knacken. Seine Geschütze richteten schlimme Verwüstung an, aber sein erster Ansturm wurde abgewehrt. Am 21. Februar war der Angriff erfolgreich. Die Stadt musste sich ergeben. Selbst auf das Gotteshaus hatte der Téméraire keine Rücksicht genommen. Die Pfarrkirche Saint-Jean-Baptiste war unter dem Geschossregen in Trümmer gegangen. Dabei waren Chor und Kirchturm gerade erst umgestaltet worden. Gottes Haus zu zerstören, war ein schlimmes Omen! Etwas länger als die Stadt hielt die Festung stand. Einer kleinen Schar Berittener gelang sogar ein Ausbruch. Sie wollte Hilfe herbeiholen. Im tosenden Schneesturm, im Dunkel der Nacht führten die Männer von den Burgundern gänzlich unbemerkt eine unglaubliche Aktion durch. Ritter und Knechte sammelten sich auf dem spärlich erleuchteten Burghof. Pferde wieherten und schlugen heftig auf dem Pflaster des Hofes aus. Sie schüttelten ihre Häupter, bissen ins Zaumzeug, und Schaum stand vor ihren Mäulern. Stimmen schwirrten umher, und aufgeregte Befehle dröhnten durch den Wind, den nur die hohen Mauern etwas dämpften. Frierend rottete sich der Pulk zum Ausbruch zusammen. Dann tänzelten die Pferde nervös auf das Burgtor zu. Trensen rasselten, Schwerter knirschten in ihren Scheiden und Streitäxte schlugen mit den Stielen an die Satteltaschen. Spannung lag in der Luft und war zwischen Reitern und Pferden greifbar. Endlich explodierte die Nervosität in dem fulminanten Ausbruch. Die Berittenen sprengten stumm am Haus der Turmwache vorbei auf das geöffnete Burgtor zu. Das Tor fiel hinter ihnen sofort wieder zu. Die Reiter waren unbemerkt fort, und bald trat wieder nächtliche Stille ein. Die Männer erfüllten ihre Pflicht. Für die Burg aber, blieb ihr Wagemut vergebens. Sie fiel am 28. Februar, bevor Hilfe kam. Herzog Karl kannte wegen der verlorenen Zeit keine Gnade. Er befahl, trotz zugesicherten freien Geleits, die Besatzung, 412 Mann, durch willfährige Henker an den Bäumen des Hauptplatzes aufzuknüpfen. Andere ließ er im See ertränken.

In einem Schreiben an Herzogin Margarete verschwieg Pieter des Herzogs Grausamkeiten nicht. Er warf zum Schluss die Frage auf, ob der Duc wohl glaube, den Feldzug schneller gewinnen zu können, wenn er auf solche Weise Schrecken verbreite ...

Die Berner hatten die Zeit der Belagerung anderen Ortes genutzt, um ein frisches Heer aufzustellen. Sie wollten ihren Besatzungstruppen Hilfe bringen. Als sie die Horrormeldungen erreichten, stürmten sie Herzog Karl voll Wut entgegen. 18.000 Mann aus den Kontingenten von acht Orten und zahlreiche Verbündete richteten am 1. März in Bevaix eine Sammelstelle ein. Am 2. März standen die Soldaten bereits vor Grandson. Es fehlten nur noch die Straßburger und die österreichische Reiterei. Grandson hatte das Burgunderheer gar nicht aufnehmen können. Herzog Karls Truppen mussten deshalb vor der Stadt eine Wagenburg und Zeltstadt errichten. Das eisige Wetter mit Schneeregen und Frost machte Karls Soldaten sehr zu schaffen. Sie kauerten sich des Nachts unter ihren dünnen Decken Rücken an Rücken zusammen, um ja keine Körperwärme zu verschwenden. Besonders schlimm war es für die Wachen vor den Zelten. Der böige Wind trieb ihnen den feinen Pulverschnee immerfort in die Gesichter. Sie mussten die Augen zusammenkneifen und konnten noch weniger sehen, als die Schwärze der Nacht sowieso nur zuließ. Das Tosen des Sturmes und das Prasseln der Schneewehen überdeckten alle anderen Geräusche, auf die sie Acht geben sollten.

Herzog Karls Gesundheitszustand hatte sich verschlechtert. Sein hitziges Temperament wich immer öfter Depressionen, die nach stets stärkeren, krampflösenden Mitteln verlangten. Bisher hatten die Ärzte mit kühlen Getränken, Verbot von Wein und Verschreibung süßer Rosenkonfitüre seine Wutanfälle reduzieren müssen. Nun brauchte der Duc Muntermacher! Er ließ sich einen Bart wachsen und gelobte, ihn erst wieder abzunehmen, wenn seine Waffenehre nach dem unrühmlichen Ausgang der Belagerung von Neuss durch einen eindeutigen Sieg über die neuen Gegner wiederhergestellt sein würde. Dem Herzog war die Ansammlung feindlicher Streitkräfte bei Neuenburg nicht verborgen geblieben. Auf einem Erkundungsritt, der ihn bis vor die eidgenössischen Vorposten bei Boudry führte, hatte er die Richtigkeit der erhaltenen Meldungen selbst überprüft. Nach seiner Einschätzung galt es, den Engpass zwischen dem Mont Aubert und dem Neuenburgersee besonders zu sichern. Er nahm das halb verfallene Schloss Vaumarcus ein und versah es mit einer starken Besatzung. So sollte für den Feind die Hauptverbindung nach Neuenburg blockiert werden. Zusätzlich postierte er eine Feldwache auf dem Weg, der sich oberhalb der Burg von Saint Aubert in die Ebene von Concise schlängelte. Für die Eidgenossen sollte es auch dort kein Durchkommen geben. Karl ließ, in Erwartung einer Entscheidungsschlacht, im Freien vor dem Heer eine Messe lesen. Weißgewandete Priester beteten an einem Altar am Berghang und hielten den knienden Soldaten ein Elfenbeinkreuz und einen goldenen Opferstock entgegen. Weihrauchschwaden zogen über das Feld, und der Gesang der Männer ertönte in den Himmel empor. Mit dem Messkelch an den Lippen versprachen die Pfarrer den Sieg in der Schlacht und schlugen das Kreuz über den betenden Kämpfern. Es wurde eine scheußlich dunkle Nacht. Selbst die Kochfeuer blieben aus, denn Nahrungsmittel mussten gespart werden. Der Regen prasselte unablässig auf die Zelte. Es war unmöglich, wenigstens Feuerstellen an zu halten, alle Männer froren. Die Decken, in die sie sich einrollten, waren klamm. Da sie sowieso nicht schlafen konnten, saßen die Soldaten zusammen und redeten.

So kurz vor der Schlacht machten die Priester Nachtdienst. Sie hatten sich in ihren Zelten auf niedrige Schemel gekauert und fertigten lange Schlangen von Wartenden ab. Ein Unteroffizier kommentierte das spöttisch: »Solche Schlangen gibt es sonst nur vor den Zelten der Huren!«

Am Morgen des 2. März beschloss der Herzog, die Wagenburg mit seinem Heer zu verlassen und dem Feind entgegenzuziehen. Dafür verlegte er sein Lager in die Nähe von Concise nahe dem Fluss Arnon. Er übersah dabei, dass sich die Stelle in ungünstigem Gelände befand. Seine Gegner hatten den gleichen Zeitpunkt für ihren Aufbruch gewählt. Eine starke Abteilung Eidgenossen wandte sich bergwärts, vertrieb die burgundische Feldwache und brachte den Engpass von La Lance in ihre Gewalt. Der Nebel glitt langsam in gleichförmigen Wellen den Berg hinab. Als die Eidgenossen aus dem Wald heraustraten, sahen sie zu ihrer Überraschung auf dem flachen Gelände der Ebene das burgundische Heer im Anmarsch. Sie entschlossen sich sofort zum Kampf. Mindestens 9.000 Mann von ihnen waren bereits zur Stelle. Die Bannerträger stiegen von ihren Rössern und nahmen die Feldzeichen in die Hand. Alle zusammen strömten hinter ihnen die mit kahlen Reben bedeckten Hänge hinab. Die Schützen, die ihnen der Herzog entgegenwarf, konnten sie nicht aufhalten. In der Niederung angekommen knieten sich auch die Schweizer nach alter Sitte nieder und erflehten von Gott den Sieg. Dann schlossen sie zu einem engen Gevierthaufen auf und warteten auf den Angriff der Burgunder. Sie hatten in den vielen Schlachten gegen die Habsburger diese spezielle Kampftaktik herausgebildet. Besonders gegen schwere Reiterei und gepanzerte Kämpfer hatte sich die Igelwand, die sie mit ihren Langspießen durch Haufenbildung dem Feind entgegenstellten, hervorragend bewährt. Die festen Reihen der Piken bedrohten die Brust der Pferde. Piken, Zwischenraum und dann wieder Piken! Die burgundischen Pferde spielten aufmerksam mit den Ohren und wurden im Lärm der Salven der eigenen Truppen nervös und schreckhaft. Sie näherten sich nur unwillig der stählernen Gefahr. Wo sie ein Spieß durchdrang, spritzten Hirn, Lunge und Eingeweide. Sie wieherten vor Angst. Viele glitten im Matsch aus und verendeten röchelnd mit einer Pike in der Brust. Der Gevierthaufen stand als Bollwerk unverrückbar. Entmutigt rissen die ersten Reiter ihre Tiere in wilden Volten auf der Hinterhand herum und brachen nach links oder rechts aus der Kampffront aus. Sie schwenkten ab. Vom grausamen Vorgehen des Herzogs in Grandson hatten die Eidgenossen gelernt. Es war bei Todesstrafe verboten, Kriegsgefangene zu machen, um Lösegeld einzustreichen! Die gegnerische Streitmacht musste vernichtet werden. Die eigenen Soldaten sollten sich dabei von nichts ablenken lassen. Dieses Mal sollte alles anders werden. Die Hauptschwäche der Schweizer war ein fehlender Oberbefehl. Jeder Ort hatte seinen eigenen Führer. Nur die Versammlung der Hauptleute durfte über Strategie und Taktik entscheiden. Dabei verging viel Zeit. Es wurde Mittag. Der Morgennebel hatte sich vollends verzogen. Die Sicht war nun besser. Herzog Karls Truppen waren noch immer nicht gänzlich herangezogen. Mit den Soldaten, die ihm zu Gebote standen, griff er erneut an. Er ließ Geschütze auffahren und in die Haufen der Gegner feuern. Seine Bogenschützen überschütteten die Feinde mit einem Pfeilhagel. Ein Wald von Hellebarden und mehrere Reihen 18 Fuß langer Spieße machten jedoch das Geviert für die Burgunder zur unüberwindbaren Barriere. Um seinen Männern Zeit zu geben, sich nach dem erfolglosen Ansturm wieder zu formieren, stellte der Herzog seine Artillerie zur Unterstützung auf die rechte Seite, direkt an den Abhang des Plateaus von Corcelles. Er wollte von dort den Ausgang des Hohlwegs unter Feuer nehmen und so das Einströmen weiterer Eidgenossen verhindern. Sein Fußvolk hielt er zunächst hinter den Geschützen zurück. Nur die Reiterei unter Graf Louis de Chateauguyon schickte er die Hänge empor, um von dort aus die rechte Flanke des Feindes anzugreifen. Die Reiter trieben ihre Pferde an. Tonnen von Fleisch und Stahl preschten erneut auf den Gevierthaufen zu. Er stand dort bedrohlich, ein wehrhafter Igel. Brust- und Flankenpanzer der Pferde genügten wieder nicht gegen die Stiche der Piken. Die fein gehämmerten Silberharnische der Reiter wurden zudem von den Pfeilen der Schweizer Armbrustschützen durchschlagen, bevor die berittenen Kämpen ihre Schwerter überhaupt gebrauchen konnten. Gelang es wirklich einmal einem Ritter, bis zu den feindlichen Fußtruppen vorzudringen, rotteten sich mehrere Eidgenossen zusammen, stießen ihn mit ihren langen Speeren aus dem Sattel und fielen über ihn her. Wenn er dann plump und schwerfällig wie ein Maikäfer in der Rüstung auf dem Rücken lag, war es schnell um ihn geschehen. Durch Ritzen und Spalten trafen die Bauernsoldaten den Wehrlosen bis aufs Blut. Die Reihen der burgundischen Ritter in klirrendem Eisen, die anfänglich unüberwindlich schienen, bröckelten. Herzog Karls Glanz und Herrlichkeit schwanden dahin. Unglück traf auf Unglück. Des Herzogs Artillerie als Entsatz für die Reiter erhielt den Feuerbefehl nicht zur rechten Zeit und blieb ohne Wirkung. Der Téméraire musste sein Fußvolk ohne Unterstützung durch Feuerkraft auf die feindlichen Bollwerke zutreiben. Das übrig gebliebene Reitergeschwader stürmte schon mit weit weniger Todesverachtung gegen den Riesenigel an. Die Carres standen unerschütterlich. Als auch noch der Anführer der Reiterei mit seinem Pferd in der Mauer der Feinde stecken blieb und tödlich getroffen niedersank, flog der Reiterschwarm endgültig auseinander. Währenddessen erhielten die Eidgenossen noch Verstärkung. Ihre nach Vaumarcus dirigierten Truppen eilten durch den unverteidigten Hohlweg herbei. Alphörner verkündeten ihr Kommen. Die Berge warfen den Schall der Hörner zurück, und die Schweizer fuhren mit großem Getöse zwischen die entsetzten Burgunder. Der Gevierthaufen mit Piken und Hellebarden machte nun ebenfalls mobil und stürmte mit energischen Schritten dem Gegner entgegen. Die langen Spieße schwankten hoch in der Luft. Je näher sie den Burgundern kamen, umso tiefer wurden sie herabgesenkt. Bald richteten sie sich in der ersten Reihe waagerecht gegen den Feind. Die Burgunder empfingen die Bergbauern mit Salven aus ihren Luntenrohren. Schnell war das Schlachtfeld von Rauchwirbeln eingehüllt. Trompeten schmetterten darin unsichtbar, Alphörner tönten. Die burgundischen Musketiere schossen den Eidgenossen ihre geballte

Ladung in die Gesichter. Ihre Kugeln lichteten für den Moment die Reihen der Angreifer. Sterbende wurden jedoch sofort wieder von der zweiten und dritten Reihe der Heranstürmenden ersetzt. Dann taten deren Lanzen als Vergeltung ihren blutigen Dienst in den Reihen der Burgunder. Herzog Karl musste den Befehl zum Rückzug geben. Nur so lässt sich freies Gelände gewinnen und hinter dem Flüsschen Arnon, das seine Wagenburg schützte, Deckung finden, dachte er. Seine Soldaten sahen in seinem Vorhaben jedoch keinen Befreiungsschlag. Sie hatten längst die eigene Niederlage vor Augen. Panik brach aus. Zuerst waren es die Italiener, die die Beine in die Hand nahmen und die Flucht ergriffen. Sie trampelten bis in ein nahe gelegenes Sumpfgebiet und gingen erbärmlich darin unter. Der Herzog schäumte. Mit dem blanken Schwert hieb er auf die Fahnenflüchtigen ein, doch das Desaster war nicht mehr aufzuhalten. Völlig erschöpft wandte er sich schließlich selbst zur Flucht. Nur fünf seiner Getreuen begleiteten ihn. Nach scharfem Ritt erreichten sie das sechs Meilen entfernte Jougne im Jura. Dass überhaupt recht vielen burgundischen Soldaten die Flucht gelang, lag nur daran, dass die Eidgenossen über wenig Reiterei verfügten und ihnen nicht schnell genug folgen konnten. Auch Pieter hatte das Glück, unter den Geretteten zu sein. Die burgundischen Verluste waren verheerend. In Grandson gingen 400 Kisten mit Gold- und Silberstoffen, 400 seidene Zelte einschließlich des ganz mit Perlen und Gold bestickten Zeltes des Téméraire neben kostbarem Schmuck und Gerät verloren. Des Herzogs Prunkschwert, sein goldener Stuhl und der mit vielen Perlen garnierte Hut wurden genauso erbeutet wie das goldene Siegel und das mit Perlen und Rubinen geschmückte Reliquienkästchen. Das berühmte »Federlin«, »das Gürtelin«, der Hosenbandorden von seinem Schwager Edward kamen ebenso abhanden wie die Ordenskette vom Goldenen Vlies. Den Verlust des Siegels empfand der Herzog als besondere Schmach. In späteren Schreiben an seine Verbündeten erwähnte er immer wieder zerknirscht, er könne den Brief nicht siegeln, weil ihm der Stempel fehle. Silberne Kannen, Platten, Schalen und Becher fielen den Feinden in die Hände wie auch der Tausendblumenteppich. Manches wertvolle Stück wurde von den unerfahrenen Bauern gar nicht als solches erkannt und billig als Zinngeschirr weiterverkauft! Ein Knabe fand einen besonders wertvollen Diamanten, den Florentiner von 139,5 Karat. Er gab ihn für nur zehn Gulden fort, da er ihn für einen Glassplitter hielt. Mit 20.000 Gulden stand er bald im Beuteinventar des Hauses Savoyen. Der Herzog von Mailand bot später noch mehr dafür. Noch schlimmer war natürlich der enorme Verlust an Waffen. 419 Geschütze, 300 Tonnen Pulver, Spieße, Äxte, Bögen, Armbrüste, Büchsen und 800 Hakenbüchsen fielen an die Eidgenossen. In dem verlassenen Lager verbliebenen auch viele Buden der Marketender. Die Sieger fanden Speise, Trank und Spezereien. Es existierte bei den eidgenössischen Truppen zwar eine Beuteordnung, aber die Schweizer Heeresführung hatte nicht mit einer solchen Menge erbeuteter Güter gerechnet. So entwickelte sich noch auf dem Schlachtfeld ein undisziplinierter Beutehandel, der nicht unterbunden werden konnte. Trotz angedrohter Strafen wurde beiseitegeschafft und verhökert, was nicht niet- und nagelfest war. Der europäische Adel blickte mit Abscheu auf die primitiven eidgenössischen Bauern. Jean le Tourneur, Karls Valet de Chambre, berichtete später, wie sich der Duc nach der Niederlage verhalten habe:

»Nach dieser Schmach raste der Herzog mehrere Tage, er nahm keine Nahrung zu sich und trank nichts. Es gibt keinen Gott, brüllte er und stieß wütend das mit Edelsteinen besetzte Kruzifix von seiner Kommode.« Das Verständnis für den Duc ließ unter seinem Anhang immer mehr nach. »Wenn der Himmel jemanden dazu bestimmt hat, über andere zu herrschen, sollte der sich vor allem selbst beherrschen«, sagte einer seiner Höflinge zu den anderen. Auch Karls Leibarzt wurde nachdenklich: »Ich rate Euch, einen Amethyst am Leib zu tragen, je reiner, je besser. Das ist der Edelstein der Mäßigung. Er wird Eure aufgewühlte Seele beruhigen, mon Duc.« »Glaubt Ihr, mit Mäßigung kann man Kriege gewinnen?«, brüllte der Herzog aufgebracht zurück. »Im Übrigen sind solche Märchen über Edelsteine Altweibergeschichten«, setzte er verächtlich hinzu. Der Arzt erkannte, dass es besser war, weitere Ratschläge zurückzuhalten. Der Herzog verschwand aus dem Raum und knallte die Türe hinter sich zu. In der Folgezeit häuften sich bei ihm wieder manisch-depressive Zustände …

Pieter tat sich schwer, nach dem Desaster für die Hiobsbotschaft, die er für die Herzogin verfasst hatte, einen Boten zu finden.

33

Herzog Karl zog sich mit seinem geschlagenen Heer in den Nordwesten von Lausanne zurück. Dort auf dem »*Plain des Loups*«, dem Wolfsfeld, wollte er seine Armee neu formieren. Gegenüber seinen Verbündeten bemühte er sich um Schadensbegrenzung. Er erklärte die Schlacht von Grandson gegenüber Mailand und Savoyen als ein unbedeutendes Scharmützel und verhandelte mit Mailand sofort wieder um Waffen und Söldner. Dijon sollte Artillerie schicken, Luxemburg Truppen. Herzogin Yolanda stand zu ihm und der Prinz von Tarent traf in kürzester Zeit mit Bewaffneten aus Mailand im Lager ein. Am 17. März erhielt Protonotar Heßler die Anweisung des Kaisers, alles zu tun, um Frieden zwischen Herzog Karl und der Niederen Vereinigung zu vermitteln. Kaiser Friedrich wollte immer noch nicht, dass ein Krieg, in den auch sein Vetter Sigmund verwickelt war, das Verhältnis Österreichs und Burgunds belaste. So reiste Doktor Heßler zusammen mit Dr. Grawin Hessler, dem Probst von Xanten, am 6. April vom Oberrhein zum Duc und vermittelte ihm wider besseres Wissen ein geschöntes Bild der Lage. Er erweckte den Eindruck, Sigmund wäre genauso burgunderfreundlich wie der Kaiser. Der Herzog beging den Tag mit erlauchtem Publikum bei einer Messe. Guillaume de Rochefort verlas den ewigen Frieden, den der Herzog Ende letzten Jahres mit dem deutschen Kaiser vereinbart hatte. Dass dieser auch für Herzog Sigmund gälte und dass der, wie der Kaiser, die Absicht habe, mit Burgund gegen die Eidgenossen zu ziehen, wurde in der Kirche ebenfalls lautstark verkündet. Am 28. April unterzeichnete Herzog Karl im guten Glauben daran einen sechsmonatigen Waffenstillstand mit Sigmund. Heßler hatte die Vereinbarung ausgearbeitet, doch Herzog Sigmund wusste gar nichts davon! Heßler gab dem Téméraire das schriftliche Versprechen, Kaiser Friedrich werde ihm innerhalb von sechs bis acht Wochen zusammen mit dem Herzog von Sachsen, dem Kurfürst von Brandenburg und weiteren deutschen Fürsten gegen die Eidgenossenschaft zu Hilfe kommen. Auch Mailand sollte der Allianz beitreten. Für die Verkündung dieses Bündnisses wurde der 29. September oder der 11. November 1477 in Aachen oder Maastricht vereinbart. Karl verpflichtete sich im Gegenzug, an diesem Tage mit seiner Tochter anzureisen, um deren Hochzeit mit Maximilian beizuwohnen. Nach der Niederlage von Grandson tat dem Burgunder so viel Aufmerksamkeit gut. Er nutzte in der Folgezeit geschickt den propagandistischen Wert der kaiserlichen Erklärungen, hatte aber wieder stark gegen aufkommende Schwermut anzukämpfen. Um den 9. Mai waren die Reorganisationsmaßnahmen abgeschlossen. Die Artillerie war wieder aufgefüllt. Neuartige Bombarden waren dabei. Sie waren so schwer, dass 30 Pferde sie ziehen mussten. Frische Truppen waren eingegliedert, und der Herzog hatte eine genaue Marschordnung für sie aufgestellt. Die Armee war in vier Corps eingeteilt. Dem ersten Corps stand Julio d'Acquaviva, Herzog von Atry, vor. Der Prinz von Tarent sollte das zweite Corps befehligen. Ihm stellte der Herzog mit Troylo de Rossano und Antonio de Legnano zwei erfahrene Condottieri zur Seite. Das dritte Corps wurde unter Graf Marle gestellt und das vierte unter den Grafen von Romont. Ein Reservecorps blieb zunächst ohne besondere Führung. Zwischen Morges und Lausanne ließ der Duc seine Armee antreten und ritt ihre Reihen ab. Er befahl einzelne gefechtsmäßige Übungen und ließ Kompanien und Schwadronen vorbeidefilieren. Das Bild war beeindruckend. Ausländische Beobachter schätzten das neue Heer voll Bewunderung auf über 20.000 Mann. Der Herzog war in ihren Augen schon wieder der größte Fürst des Abendlandes. Die Eidgenossen reagierten auf so viel Provokation zunächst nur mit einer politischen Geste: Ihre Tagsatzung beschloss in Luzern, Gefangenen kein Pardon zu geben. Herzog Karl nahm das gelassen hin und erließ einen entsprechenden Gegenbefehl.

34

Am 11. Mai zog Karl gegen Murten. Acht Tage kampierte er zehn Kilometer entfernt von der Stadt auf der Hochebene von Morrens. Von dort aus wollte er Richtung Bern ziehen. Es gab dafür zwei Wege, auf denen sein Heer mit Tross und Geschützen vordringen konnte. Entweder über Payerne-Murten oder über Romont-Freiburg. Beide Städte waren durch Berner Garnisonen geschützt. Nach einem Zusammenstoß seiner Vorhut mit einem Trupp der Besatzung von Murten bei Avechnes entschied sich der Duc für den Weg über Murten. Am 4. Juni nahm er die Straße über Echalles durch das Broyetal. Am 9. Juni traf er in Murten ein. Sein Heer hatte sich langsam und vorsichtig vorwärts bewegt. Murten war schließlich nur 70 Kilometer von Lausanne entfernt. Unter der Schutzherrschaft Savoyens hatte sich die Stadt zu dem stolzen Mittelpunkt einer Herrschaft entwickelt, die das gesamte Gebiet südlich und westlich des Murtensees umfasste. Ihre aus Holz gebauten Häuser waren zwar 1416 durch eine Feuersbrunst zerstört worden, aber die gewaltigen Befestigungsanlagen hatten unversehrt überstanden und boten den Bewohnern immer noch Schutz. Bern hatte Murten unlängst dem Grafen von Romont entrissen und zu ihrem westlichsten Bollwerk ausgebaut. Das sollte nach Herzog Karls Wille nicht so bleiben. Am 10. Juni begann er die Stadt einzuschließen. Da sein Heer nur in Etappen eintraf, dauerte es zwei Tage, bis sie vollends umzingelt war und ein Belagerungsring stand. Ein erster Sturmangriff misslang. Die Ringmauer der Stadt hatte eine Höhe von achteinhalb Metern und besaß im ganzen Rund einen Wehrgang, der nur von zwei Stadttoren unterbrochen war. Am Südwestrand erhob sich auf einem Vorsprung das Schloss auf fünfeckigem Grundriss erbaut. Vom massiven viereckigen Bergfried schauten die Verteidiger nach dem gescheiterten Versuch lachend auf die Belagerer herab. Deren Gefühle wurden zusehends gemischter. Sie fühlten sich an Grandson erinnert. Die Niederlage stak noch in ihren Knochen. Herzog Karl kam ins Grübeln, ob er die Einnahme Murtens wirklich erzwingen sollte. Die Straße nach Bern ging südlich an der Stadt vorbei, eine Einnahme war also nicht unbedingt notwendig. Letztlich erschien es ihm jedoch zu riskant, so viele feindliche Bewaffnete in seinem Rücken zu belassen.

Murten beherbergte immerhin über 2.000 Gegner. Der Überläufer, Adrian von Bubenberg, der noch kurz zuvor von Herzog Karl Pension bezogen hatte, hatte sie, nachdem er fahnenflüchtig geworden war, in die Stadt geführt. Der Burgunderherzog plante einen neuen Versuch, die Stadt zu bezwingen. Er errichtete sein Hauptquartier im Bois Domingue, einer exponierten Anhöhe in der Ebene. Drei Corps lagerte er vor der Stadt, zwei beließ er vorerst als Reserve bei seinem Hauptquartier. In nordöstlicher Richtung gen Bern, von woher er den Anmarsch feindlicher Entsatztruppen befürchtete, ließ er ein mit Geschützen bestücktes Hindernis errichten. Vorsichtshalber schickte er auch noch Voraustrupps Richtung Bern, um Brückenköpfe über die Flüsse Sense und Aare zu bilden. Diese Aktion hatte fatale Folgen: Die Eidgenossen, die Murten nicht als eidgenössischen Besitz gesehen und sich deshalb bis zuletzt Bern als Hilfe verweigert hatten, änderten nun ihre Einstellung und schickten Hilfstruppen. Mit Karls Einmarsch auf echtes Berner Gebiet war der Beistandsvertrag in Kraft getreten! Die Berner schlugen mit dieser Verstärkung Karls Vorstoß blutig zurück. Der Duc verlegte nun seine Anstrengungen wieder auf Murten selbst. Er ließ seine Leute bis zur Erschöpfung Laufgräben ausheben und brachte seine Artillerie in Stellung. Seine schweren Geschütze richteten große Verwüstung an. Doch die Verteidiger gaben nicht auf und antworteten sogar mit heftigen Ausfällen. Sie hatten Grund, auf baldige Hilfe zu hoffen, denn der Berner Stadtschreiber Thüring Fricker hatte ihnen den Beschluss des kleinen Rates mitgeteilt, am 22. Juni, dem Tag der 10.000 Ritter, mit Entsatz zur Stelle zu sein. Dieser Tag war von Bern mit Bedacht gewählt worden.

An ihm starben nach der Legende 10.000 christliche Ritter den Märtyrertod. Die Eidgenossen vertrauten in Gläubigkeit darauf, diese Heiligen würden ihnen und ihrer Sache zur Seite stehen. Am 21. Juni trat für den Herzog ein nächster Unglücksfall ein. Auf Befehl seines Vaters, des Königs Ferdinand von Neapel, verließ Friedrich von Tarent mit seinen Männern das burgundische Feldlager. Prinz Friedrichs Vater war Karls Hinhaltetaktik müde geworden. Zu lange hatte er vergeblich darauf gehofft, seinen Sohn mit Karls Tochter Maria vermählt zu sehen. Karls Kampfstärke wurde empfindlich geschwächt. Die Entsatztruppen der Eingeschlossenen strömten mit Macht herbei. Sie brachten starke Verbündete mit. Neben den Männern des Grafen von Greyerz und des Herzogs René von Lothringen waren Söldner der Städte Straßburg, Colmar, Schlettstadt, Rottweil und solche aus dem Schwarzwald dabei. Die größte Hilfe für die Eidgenossen war aber die lothringische Kavallerie. Die Eidgenossenschaft verfügte nämlich noch immer über fast keine Reiterei. 2.000 Züricher trafen nach einem Gewaltmarsch von drei Tagen erst in der Nacht auf den 22. in Ulmiz ein. Mit über 25.000 Mann war man nun wesentlich stärker als das burgundische Heer. Dafür verfügten die Truppen Karls allerdings immer noch über bessere Bewaffnung, und der Herzog ließ sie hemmungslos nutzen. Bald war die Luft vom Getöse der Geschütze erfüllt. Schnell waren die Wehrtürme der Stadt zerstört. Die Belagerten leisteten kräftig Widerstand. Sie wussten nach Grandson genau, eine Eroberung der Stadt würden sie nicht überleben. Adrian von Bubenberg war bei der Gegenwehr ein tüchtiger Anführer. Er hatte einen Vorteil auf seiner Seite: Nach dem Sieg von Grandson waren viele der erbeuteten Kanonen nach Murten gebracht worden, und mit ihnen schossen seine Männer zurück. Für die Burgunder wurde die Belagerung schon deshalb ein verlustreiches Unterfangen und die Entsatztruppen des Feindes nahten!

In den Wäldern östlich von Murten sammelten sich die Eidgenossen und verbanden sich mit den lothringischen Reitern unter dem Kommando von Hans von Hallwyl und Hans Waldmann. Burgundische Aufklärer nahmen das Herannahen des Feindes zwar wahr, aber Karl schlug ihre Warnungen in den Wind. So blieb dem Feind sogar das Überraschungsmoment. Um die Mittagszeit des 22. versammelten sich die Alliierten und begannen in Schlachtordnung den Vormarsch durch den Birchenwald, der den Galmwald und den Murtenwald verband. Der Boden war nass und tief, denn es hatte die ganze Nacht anhaltender Regen gewütet. Erst mit ihrem Aufbruch hatte er aufgehört, und die Sonne war herausgekommen. Die gläubigen Eidgenossen sahen darin ein gutes Omen. Die Gebirgler hatten ausgezeichnete Kenntnisse des Terrains und waren gegenüber den burgundischen Truppen im Vorteile, weil sie die Hänge herabkamen und immer wieder Deckung im Gestrüpp fanden. Sie stürmten unbeirrt bis zur Ebene. Erst dort trafen sie auf die drei Ordonnanzkompanien und die Artillerie der Burgunder. Die empfing sie mit lauter Kanonade. Die lothringische Reiterei stieß durch den dichten Pulverdampf vor, musste aber immer wieder auf die Vorhut warten, die entlang der Straße nur mühsam vorankam. Die burgundische Feuerkraft lag zu hoch, nur wenige ihrer Reiter wurden getroffen. Es gelang der eidgenössischen Vorhut aber auch nicht, den Grünhag, eine mächtige Palisade der Burgunder, zu durchbrechen. Die verteidigten ihn verbissen und ihre eigene Reiterei wagte trotz der Überzahl der Gegner immer wieder Attacken. Herzog Karls Berittene suchten den Entscheidungskampf. Mutige Männer standen in den Steigbügeln und rückten im Trab vor. Die Pferde konnten auf dem schweren Geläuf nur traben und nicht galoppieren, wollten sie den rutschigen Schlamm heil überstehen. Immer wieder beherzigte der ein oder andere Reiter dieses Gebot im Überschwang der Gefühle nicht. Dann glitt die Hufe ab, das Pferd scheute und baute sich in dem trügerischen Kot auf den Hinterhufen auf. Sein Herr rutschte nach hinten und fiel in den Schlamm. Dort wurde er leichte Beute der Piken und Beile, mit denen die Eidgenossen seinen Harnisch knackten. Unter Dietrich von der Halden gelang den Schweizern eine Umgehungsaktion. Dietrichs Männer waren aus der ersten Angriffswelle rechts ausgebrochen und fielen nun der burgundischen Artillerie, durch den tiefen Burggraben anstürmend, in den Rücken. Das burgundische Fußvolk musste dem Druck der Angreifer weichen. Nur noch die Reiterei versuchte, die Schlacht für den Herzog zu retten. Im Basislager der Burgunder wurde endlich Alarm geschlagen.

4.000 weitere Fußsoldaten konnte Troylo noch einmal sammeln. Doch der Gewalthaufen der Eidgenossen hatte den Grünhag bei Cressier überrannt, als die Burgunder eintrafen. Panik brach aus, und sie feuerten ihre Büchsen viel zu früh ab. Die schweizerische Nachhut war inzwischen vollends aufgezogen. Unter Führung von Caspar von Hertenstein füllten sie die durch Kugeln und Pfeile ausgedünnten Reihen wieder auf. 15.000 Mann konnten nun auch über das burgundische Lager herfallen. Auch die lothringische Reiterei ritt nun gegen die burgundischen Stellungen auf dem Bodemünzi. Bald war Karls Armee völlig kopflos und ergab sich ihrem Schicksal ohne weitere Gegenwehr. Die Vorhut der Schweizer ging derweilen südlich von Murten gegen das zweite Corps der Lombarden-Söldner los und drängte es unaufhaltsam in den See. Die Söldner versuchten, sich schwimmend zu retten. Gegen sie unternahm die Garnison der Stadt einen Ausfall und tötete von zwei Schiffen aus alle Flüchtenden. Selbst Herzog Karls Bogenschützen aus England konnten nicht verhindern, dass der Widerstand überall zusammenbrach. Die burgundischen Hauptleute Grimberghe und Georges de Rosimboz sowie der Herzog von Somerset blieben tot auf dem Feld. Karl sah keinen anderen Weg, als den Rest seiner Truppen zu sammeln und einen möglichst geordneten Rückzug anzutreten. Es waren insbesondere die Berittenen des ersten und dritten Corps, die ihm dafür blieben. Die Niederlage von Murten war endgültig besiegelt und noch grausamer als die von Grandson. Über 10.000 Burgunder waren getötet, und die Eidgenossen stießen weit in die vom Herzogtum Savoyen beherrschte Waadt vor. Die besiegten Burgunder zogen mit leeren Mägen, zerfetzten Uniformen und gesenkten Häuptern im Eilschritt , marsch, marsch, davon. Die stahlblauen Seen gurgelten hämisch, die Wasserfälle rauschten zu ihrem Spott und die hohen Fichten pfiffen ihnen im Wind ein garstiges Lied. Das Wetter war umgeschlagen. Es schneite. Ein eisiger Wind blies Tag und Nacht. Die Vorräte konnten nicht aufgefüllt werden. Die Männer dürsteten und hungerten. Gegen den Durst schmolzen sie Schnee in ihren Händen und ließen das eiskalte Wasser in die Kehle tropfen. Danach froren sie noch mehr. Die Menschen am Wegesrand hatten nur Häme für sie.

Pieter blieben nur schlimme Nachrichten für die burgundische Herzogin:

Hoch wohl geborene Herzogin, meine gnädigste Gebieterin Margarete, Meine Dienstwilligkeit zuvor! Leider kann ich nichts Gutes vermelden. Alles, was in den letzten Wochen geschah, gereichte Eurem Gemahl zu großem Nachteil. Er hat nun auch vor Murten eine Schlacht verloren, genauso wie einen Großteil seines Heeres samt Ausrüstung. Dies ist in der Reihenfolge Hericourt, Grandson und Murten nunmehr das dritte bedeutende verlorene Gefecht gegen die rohen Bauern der Schweiz. Gott scheint sich von unserem gnädigsten Herrn abzuwenden, obwohl der doch so fromm und gottesfürchtig ist. Seine Weggefährten werden bereits unruhig: Guillaume de Rochefort kam nach dem Ausgang der Schlacht gar zu der Überzeugung, des Herzogs Politik sei nicht mehr zu trauen. Er verließ den Hof. Wir erfuhren es am 27. Juli von einem mailändischen Gesandten. Euer Gemahl schäumte vor Wut und erklärte ihn im Nachhinein für vogelfrei. Inzwischen konfiszierte er all seine Güter. Lupo, der portugiesische Leibarzt Eures Gemahls, überwand seine Angst und sprach zu ihm deutliche Worte: »Wenn Ihr Eure wilden Rachepläne nicht verwerft, werdet Ihr bald tot sein, denn diese Pläne bedeuten den sicheren Tod. Folgt dem Rat der alten Lateiner: »Melior est canis vivus leone mortuo!« *– Besser ein lebendiger Hund als ein toter Löwe! Womit ich nicht sagen will, dass Ihr ein Hund seid, Majestät.*
Unsern Herrn scherte seine Mahnung nicht. Er wies ihn unwirsch aus dem Raum. Dies diene Euch für heute als Nachricht! Nun denn, ich habe Euch untadelig und aufrichtig berichtet und hoffe, weder Euch noch Euren Gatten damit in Zorn zu versetzen.
Ich darf mich Eurer fürstlichen Gnaden als meiner gnädigen Herrin in aller untertänigen Dienstbarkeit empfehlen,
Pieter van der Weyden, Sekretär und Hofbibliothekar

Wegen der großen Wirrungen war es auch den Verwaltungsbeamten verboten, Briefe in die Heimat aufzugeben. Pieter bedauerte, dass er die letzte Möglichkeit, an Anna zu schreiben, hatte verstreichen lassen.

Der Burgunderfürst war mit seinen Berittenen die ganze Nacht durch Sturm und Schneeregen gegen Süden geritten. Am Morgen des 23. Juni erreichten sie Morges. Der Duc zog sich in das Gotteshaus zurück und haderte mit dem Herrn. »Warum hast du mich verlassen?«, fragte er vorwurfsvoll. Anfang Juli erreichte er Salins im Hochburgund. Am 8. Juli hielt er vor den Ständen eine Rede. Die ließen sich überreden und versprachen, die Landesgrenzen nun auf eigene Kosten zu verteidigen. Der Herzog gestand im Gegenzug zu, jede Möglichkeit zu nutzen, um Frieden zu schließen. Auch er sah nach der Niederlage keinen anderen Weg, als bei den Eidgenossen um einen versöhnlichen Frieden nachzusuchen. Von Seiten Habsburgs bemühte er den Protonotar Heßler. Die Initiativen hatten keinen Erfolg. Des Herzogs Gegner waren sich unschlüssig, wie es weitergehen sollte. Bern drängte darauf, den Duc bis zum bittern Ende anzugreifen. Die Mehrheit der Eidgenossen gab sich mit der enormen Kriegsbeute zufrieden und zog in die Heimat zurück. Ein Teil von ihnen marschierte marodierend durch das Waadtland bis fast vor Lausanne.

In dieser Krise fiel Mailand von Burgund ab. Herzogin Yolanda musste sich noch im Juli unter harten Bedingungen den Siegern unterwerfen. Ihr Bruder Ludwig hatte sie vorgegeben. Er wollte Savoyen trotz allem für seinen Neffen Philibert erhalten wissen. Herzog Karl wusste, dass Yolanda sich nun von ihm abwenden musste und beschloss eine Gegenmaßnahme. Er erteilte Oliver de la Marche den Auftrag, sie und ihre Kinder zu entführen. Er wollte sie unter seine Kontrolle bringen. Auf einer Reise der Regentin von Gex nach Genf fand der unrühmliche Überfall bei Grand Saconnex statt. Yolandas Hofmeister Geoffroy de Rivarol gelang jedoch mit dem Erbprinzen Philibert und seinem kleineren Bruder Jacques-Louis die Flucht nach Genf. Yolanda und die übrigen Kinder konnte de la Marche über den Jura zu seinem Herrn bringen. Herzog Karl war außer sich vor so viel Stümperei. Über diese Schandtat kam das gesamte savoyische Land in Aufruhr. Auf alles, was burgundische Farben trug, wurde nun Jagd gemacht. Der Schwager der Herzogin, der Bischof von Genf, nutzte den Vorfall geschickt, um Savoyen gegenüber den Eidgenossen nicht als Täter, sondern als Opfer darzustellen. Er erreichte dadurch nach dem harten Friedensschluss doch noch einige Zugeständnisse. Selbst der Befehl des Papstes, alles zu tun, um Burgund Lothringen, Sigmund und die Eidgenossen auszusöhnen, fruchtete nicht. Für ihn reiste Heßler im Auftrage des Kaisers extra nach Rom und brachte ihn im September ins Krisengebiet. Die Eidgenossen waren zu keinem Sonderfrieden mit Herzog Karl bereit. Sie wünschten allgemeine Friedensverhandlungen in der Region. Zur Bekräftigung ihrer Einstellung nahmen sie René von Lothringen in die Niedere Vereinigung auf. Ihm drohte nämlich inzwischen Gefahr. Herzog Karl hatte wieder ein Großteil Lothringens unter seiner Gewalt gebracht. Wenn er in dem geschwächten Zustand schon nicht gegen die Eidgenossen vorgehen konnte, wollte er wenigstens die Aufsicht über Lothringen behaupten. Von dort aus rüstete er wieder auf und forderte von seinen Kernlanden dafür Hilfe.

Herzogin Margarete berief Mitte September noch einmal die flämischen Dickköpfe ins Palais ten Walle in Gent ein. Die Stände weigerten sich jedoch, Karl weitere Hilfe zu leisten. Keine Soldaten, keinen Gulden mehr! Bisher war trotz einzelner Steuerrevolten die öffentliche Ordnung in Flandern noch nicht zusammengebrochen. Auch Verwaltung und Rechtsprechung funktionierten noch. Der Herzog hatte dafür ja Margarete, Adolf von Kleve-Ravenstein, den Kanzler Hugonet, Guy de Brimeu-Humbercourt und andere erfahrene Räte extra zurückgelassen. Sie hatten immer wieder in keineswegs populärer, aber wirksamer Weise für Nachschub an Geld und Truppen gesorgt. Nun wussten auch sie sich keinen Rat mehr. Die schwer arbeitenden flämischen Bauern hatten noch am längsten Sympathie für die Politik ihres Herrn gezeigt. Sie hatten sich heimlich darüber gefreut, wie der mit den aufgeblasenen Städtern umgesprungen war. Bald war jedoch auch ihnen zu viel Geld für die immer hungrige Kriegskasse abgerungen worden und ihre Söhne waren als Soldaten weggestorben. Es gab auch unter ihresgleichen keine Unterstützung mehr für den Fürsten.

35

Ende September verfügte der Duc wieder über nahezu 10.000 Bewaffnete, die sich auf der Flucht befunden hatten und nun von überall eingetroffen waren. Er verließ am 25. September mit ihnen sein Feldlager in La Rivière. Über Besançon, Vesoul, Joinville, Bulgneville und Neufchateau marschierte er auf Toul zu, um der von Herzog René eingeschlossenen Stadt Nancy Entsatz zu bringen. Von dort hörte man Gräuelgeschichten. Die Eingeschlossenen aßen vor Verzweiflung schon Hunde und Katzen und schlachteten ihre Schlachtrösser. Als sich Nancy am 10. Oktober ergab, stand der Herzog noch zwei Tagesmärsche entfernt im Gelände. Er wartete auf eine Vereinigung mit den Truppen von Campobasso. Mit den dann über 15.000 Soldaten wusste er sich dem Lothringer überlegen. Er durfte kein weiteres Risiko eingehen. Herzog René gelang es, einer Entscheidungsschlacht auszuweichen. Er ließ eine Besatzung von 2000 Mann in Nancy zurück und machte sich auf den Weg, bei den Eidgenossen Söldner anzuwerben. Am 22. Oktober schloss sich ein Belagerungsring der Burgunder um die savoyische Hauptstadt.

Trotzig trieb Herzog Karl die Heiratspläne für seine Tochter voran. Der Bischof von Metz und Georg Heßler reisten auf seine Bitte hin im November zu Maria nach Gent, um ihre Zustimmung für eine Hochzeit mit Maximilian einzuholen. Von Herzog Johann von Kleve erbat er freies und sicheres Geleit für die beiden und wurde von ihm ein weiteres Mal nicht enttäuscht. Am 26. November erklärte Maria vor Heßler und dem Bischof ihre Zustimmung zur Ehe. Sie gab ihnen ein Schreiben für den Prinzen mit:

Erlauchter Prinz, viel geliebter Vetter!
Wir empfehlen uns Ihnen bestens. Durch Ihren Gesandten haben wir Ihren liebenswürdigen Brief erhalten, zusammen mit den hübschen Juwelen, die Sie uns zudachten. Wir danken Ihnen von ganzem Herzen. Gerne und voll und ganz werden wir den Anordnungen unseres Herrn Vaters Folge leisten, soweit er sie im Hinblick auf unsere Person erließ.
Viel geliebter Vetter, der heilige Geist bewahre Sie in seiner Huld.
Wir erwarten Sie mit Freuden.
Geschrieben zu Gent, am 26. November, Ihre Cousine Maria.

Dem Schreiben fügte sie einen prächtigen Diamanten als Beweis für ihr Versprechen bei.

Ganz ohne Zukunftsängste war der Burgunderfürst jedoch nicht. Noch vor Ende des Jahres vertraute er Herzog Johann I. von Kleve und dessen Bruder Adolf, schon ein wenig in Todesahnung, die Vormundschaft seiner Tochter Maria an.

Erzherzog Maximilian reagierte bald auf Marias Schreiben und schickte seiner Braut ein Bildnis von sich sowie einige erlesene Schmuckstücke. Maria, ganz folgsame Tochter, tat alles, um das Eheversprechen zu zementieren. Sie ließ sich ebenfalls porträtieren und sandte das Bildnis zusammen mit folgenden Zeilen an ihren künftigen Gemahl:

Erlauchter Prinz, viel geliebter Vetter!
Wir haben die Geschenke erhalten, die Euer Wohlwollen uns zukommen ließ, und fürwahr, es sind die schönsten, die wir je gesehen haben. Wir danken Euch von Herzen und wünschen Gottes Segen auf Euch herab. Wir werden sie so sorgsam wie unseren eigenen Augapfel hüten!
Geschrieben zu Gent,
Ihre Cousine Maria.

Am 12. Dezember 1476 starb Friedrich der Pfalzgraf.

Herzog Karl erhielt die Nachricht vom Ableben seines mächtigen Verbündeten nicht, und so fehlte beim Begräbnis des Pfälzers eine burgundische Abordnung. Ohne dass der Herzog es wusste, hatte sich seine Lage durch den Wegfall dieses treuen Verbündeten nochmals verschlechtert. Um den 29. Dezember war Karls Vetter, König Alfons V. von Portugal, als letzter vergeblicher Friedensstifter in Karls Lager. Der Herzog versuchte, ihn lediglich als Verbündeten zu gewinnen, und so reiste der König am letzten Tag des Jahres enttäuscht ab. Herzog René traf mit seinem Werben um Schweizer Waffenhilfe auf Zögern. Ein Beschluss der Tagsatzung für einen neuerlichen Kriegseintritt stand noch aus. Erst mit von König Ludwig zugesagten 40.000 Gulden gelang es René, fast 10.000 Söldner auszuheben. Mitte Dezember sammelten sie sich in Basel und schifften sich ein. Bald zogen sie mordend und brennend durch das Elsass. Dort rekrutierten Hermann von Eptingen und Wilhelm von Rappoltstein nochmals rund 8.000 Mann. Der Winter wurde beinhart und im Burgunderlager stiegen die Ausfälle von Tag zu Tag. Hunderte desertierten. Die meisten Zurückgebliebenen wurden krank und waren nicht mehr waffentauglich. Am 3. Januar 1477 stand René mit seinen zusammengekauften Truppen bereits in Lunéville nur noch 30 Kilometer vor Nancy! Bei den Burgundern kam Unruhe auf. Ein Kriegsrat wurde einberufen, die Truppe inspiziert. Höchstens 3.000 Männer erwiesen sich als wirklich einsatzfähig. Bastard Anton übernahm es schweren Herzens, seinen Bruder um ein Gespräch zu bitten. Er schilderte ihm die Lage, empfahl, sich nach Pont-à-Mousson zurückzuziehen, um von dort aus den Kriegsschatz, der in Luxemburg lagerte, zu nutzen, das Heer zu reorganisieren. Bei dem Vorschlag seines Bruders kam der Duc in Rage: »Wenn ich nur noch von Feiglingen umgeben bin, werde ich eben allein kämpfen«, schrie er ihn an. Anton war erschüttert von so viel Uneinsichtigkeit. Zu guter Letzt versprach er dem Bruder Treue bis in den Tod. »Einen Sieg können wir nur mit höherer Hilfe erringen«, resignierte er. Nach Antons Besuch verbot der Téméraire seinem Valet de Chambre, überhaupt noch irgendjemanden vorzulassen, den er nicht selbst herzitiert hätte. In der Nacht auf den Sonntag erlebte der Duc einen weiteren Tiefschlag: Der

Compte de Campobasso stahl sich in finsterer Nacht mit seinem Sohn und 180 Bewaffneten aus dem herzoglichen Lager und lief zum Feind über. Er verriet Herzog René Karls desolate Situation, alle Standorte der burgundischen Truppen und die ihm bekannten Pläne des Burgunders. Er zog mit seinen Männern nach Condé an der Mosel, um den Weg nach Luxemburg zu blockieren. Er wusste, dass der Duc dort für neue Truppen mehr als 450.000 Ècu vorhielt. Die durften nicht in seine Hände kommen! Die Deutschen unter Renés Soldaten waren über den schändlichen Verrat des Italieners empört. Sie weigerten sich, mit ihm zu kooperieren. Campobasso verteidigte seine Fahnenflucht zwar vehement damit, der Duc habe ihm allzu viele Ungerechtigkeiten zuteilwerden lassen, aber er konnte die Edelleute von seiner Ehrenhaftigkeit nicht überzeugen. Sie hielten sich fern von ihm und mieden ihn wie einen Aussätzigen. Selbst Herzog René blieb zurückhaltend. Er brauchte aber die Kampfkraft des Italieners und war deshalb trotz allem sehr höflich zu ihm. Trotz der geringeren Anzahl gesunder Soldaten in Karls Heer fürchtete er dessen militärisches Genie. Herzog Karl kniete am späten Abend einsam auf den Steinfliesen vor dem Altar. Er verrichtete das Stundengebet zur Vesper und wollte sich für den denkwürdigen nächsten Tag sammeln, der die Entscheidung auf dem Schlachtfeld bringen sollte. Der Duc bemerkte den hochgewachsenen Mann, der sich ihm näherte, erst sehr spät, denn der trat leise und rücksichtsvoll auf, um seinen Herrn bei der inneren Einkehr nicht zu stören. Doch dann schien es ihm an der Zeit, sich bemerkbar zu machen. Ein leichtes Hüsteln ließ den Herzog aus seinen Gedanken aufschrecken. Er wandte sich zu dem Mann um. Es war Graf von Chimay. Mit ungnädiger Miene fragte ihn der Herzog nach seinem Begehren. Der Graf kam sofort zur Sache: »Überdenkt, mein Duc, das Missverhältnis unserer Kräfte. Ihr dürft das Schicksal nicht zu sehr herausfordern. Seht doch die erdrückende Übermacht des Feindes und übt euch in Geduld. Wie oft hat König Ludwig mit Zaudern und Verhandeln gesiegt!« Doch mit Herzog Karl war nicht zu reden. Für ihn zählte nur, schnellstmöglich Rache zu nehmen. Er schlug den Rat seines Freundes einfach in den Wind. Der wandte sich traurig ab. »Wie kann dem belesenen Karl dieses unvernünftige Verhalten nur passieren?«, fragte er sich. Die Geschichtsschreiber hatten doch vielfach aufgeschrieben, dass es mehr als töricht war, hungrige Soldaten gegen satte ins Feld zu führen. Sie wurden zu allen Zeiten selbst von zahlenmäßig unterlegenen Truppen geschlagen. Bevor sich Karl zur Nachtruhe legte, wählte er aus seiner Schatulle einen ausgesucht schönen Diamanten. Er wollte ihn sich über die Nacht auf den Leib legen. Er erhoffte sich davon nach den metaphysischen Regeln Hilfe dabei, seine übermächtigen Feinde doch zu überwinden. Auch wenn er an Metaphysik nicht glauben konnte, wollte er keine Möglichkeit der Unterstützung auslassen. Vielleicht half Metaphysik ja doch!

Am frühen Sonntagmorgen sammelten sich die Alliierten an einem Weiher bei Sankt Nicolas und brachen Richtung Nancy auf. Sie marschierten in zwei Kolonnen. Die eine stand unter der Führung von Seigneur d'Abstain und den Gouverneuren von Sourbourg, die andere unter Heerführern aus Bern und Luzern. Die eine Kolonne zog den Flusslauf hinab, die andere den Weg nach Neufville entlang. Herzog Karl erkannte den Ernst der Lage sofort und ließ seine Truppen zwischen seinem Lager und dem Feind Aufstellung nehmen und ritt auf seinem Rappen »*Moreau*« für eine letzte Moralpredigt vor seine Soldaten: »Ich werde den Hundsfotts die Schlacht liefern, und wenn ich alleine kämpfen muss. Erinnert euch an Oktavian. Der war von Pompejus völlig geschlagen und ist dann doch noch Herr der gesamten Welt geworden! Im Übrigen weiß jeder von uns, dass Leben endlich ist. Irgendwann werden wir alle vom weißen Laken bedeckt werden. Was lässt euch also zögern zum Teufel? Ich werde die Eidgenossen vom Erdboden hinwegfegen, so wie das Christentum es mit den Heiden tat. ›*Igni et ferro!*‹ Mit Feuer und Eisen! ›*Fortes fortuna adiuvat!*‹ Den Mutigen hilft das Glück.« Herzog Karl war ein brillanter Redner, und es gelang ihm nochmals, seine Männer in Bann zu ziehen. Ein Zauderer murmelte jedoch in seinen Bart: »Seine Worte sind noch schlimmer als seine Taten!« Als der Herzog seinen Helm anzog, fiel die Helmzierde, ein großer, goldener Löwe, herab. Er stand für die Größe Burgunds. Welch schreckliches Omen! Den Herzog kümmerte es nicht. Er brachte seine schwachen Truppen in Stellung. Er blieb auf einem Plateau im Südosten von Nancy, das zwischen den in die Meurthe mündenden Flüsschen Madeleine und Jarville lag. Sein Condottiere, Jacobo Galeotto, bezog mit der Vorhut am linken Flügel den Hügelrücken mit Blick auf Tomblaine. Karls schwache Nachhut musste den rechten Flügel bilden und am Wald von Saurupt Aufstellung nehmen. Von dort aus sollten sie das Vorrücken der Lothringer überblicken und mit den Geschützen Sperrfeuer legen. Doch Karl hatte die Rechnung ohne seine Gegner gemacht. Die beschlossen, die Taktik von Murten zu wiederholen. Als die Herannahenden das todbringende Feuer der burgundischen Artillerie traf, wichen sie in höheres Gelände aus. Sie umgingen zwischen Bäumen und Büschen den Riegel der Geschütze. Erst bei den Wäldern von Saurupt schwenkten sie ein und standen nun im Rücken der Burgunder. Herzog René war ihr Anführer und weithin zu sehen. Er kämpfte auf seinem Grauschimmel »*La Dame*«. Über seiner Rüstung trug er einen goldenen Tuchmantel mit weißem Lothringerkreuz darauf. Jean de Baude ritt neben ihm und trug das große Banner der Mutter Gottes vor sich her und trieb die Truppen damit vorwärts. »*Ave Maria*« stand darauf. Die Heilige Jungfrau sollte Lothringen beschützen. »Die Heilige Jungfrau ist mit euch«, beschwor er sie mit jedem Schritt seines Pferdes. Der Duc durchschaute den Plan der Angreifer, setzte seine berüchtigten Bogenschützen gegen sie an und orderte zwei Flügel Fußsoldaten für den Nahkampf. Unter der Leitung von Galeotto und Josse de Lalaing drangen sie mit dem Schlachtruf »*Vive Bourgogne*« vor. Als Erstes trafen sie auf Franzosen, die unter der Wucht ihres Ansturms zurückwichen. Doch dann schlossen Schweizer Bewaffnete auf und übertönten mit ihren Hörnern das burgundische Kriegsgeschrei. Sie rückten mit langen Spießen und den schweren Beilen als feste Wand unaufhaltsam vor. Burgundische Reiterei versuchte sie zu stoppen. Doch ihre Pferde wurden durch das Dröhnen der Hörner so erschreckt, dass sich die Reiter nicht mehr halten konnten. Die Rösser scheuten und sprengten mit ausschlagenden Hufen zwischen die eigenen Fußsoldaten. Was sie von denen übrig ließen, erledigten die feindlichen Piken und Spieße. Bald blieb den Burgundern nur noch die Flucht. Herzog Karl registrierte mitten auf dem Schlachtfeld die einsetzende Rückwärtsbewegung. »Wer sind die Männer, die da auf uns zustürmen?«, fragte er einen Begleiter. »Gnädiger Herr, habt Ihr nicht mehr die Hörner von Murten und Grandson im Ohr? Es sind unsere Leute, sie flüchten vor der Übermacht und dem Getöse der Eidgenossen.« Der Duc sah deprimiert um sich. »Wir sind also umzingelt. Ich bitte Euch, helft mir, mein Leben zu retten.« »Wir können Euch nur die Flucht anbieten, edler Fürst.« Galeotto, der den Feind am Fluss etwas länger hingehalten hatte, aber sich schließlich auch geschlagen geben musste, sprengte voran zur Furt. Er wollte Richtung Metz fliehen. Der Duc folgte ihm nicht, sondern ritt mit einigen wenigen Getreuen Richtung Saint Jean. So gelang es ihm nicht, aus dem Wald von Piken, Hellebarden und Lanzen auszubrechen. Die Hellebarde eines Ritters namens Claude de Beauzemont traf ihn als erste. Mitten auf einer Wiese, Saint Jean schon vor Augen, hauchte der kühne Karl sein Leben aus. Ein kleiner Teil der burgundischen Fußsoldaten und Reiter erreichte die Brücke von Bussière. Die Männer wollten nach Thionville und von dort nach Luxemburg entkommen. An der Brücke hatte sich jedoch der Verräter Campobasso verbarrikadiert und versperrte ihnen den Fluchtweg. Nur wenige entkamen durch eine nahe Furt. Diejenigen, welche die Untiefe nicht fanden, ertranken mit ihren schweren Rüstungen im reißenden Wasser. Andere Flüchtige versuchten, in die höher gelegenen Wälder zu entkommen. Dort trafen sie auf eine Überzahl von Eidgenossen und wurden gnadenlos niedergemetzelt. »Dem Feind kein Pardon!«

Pieters Weg hatte sich am Morgen von dem der Waffen tragenden Höflinge getrennt. Er blieb im Lager zurück und war behilflich, schriftliche Befehle aufzusetzen und Verwaltungsaufgaben zu verrichten. Ihm ging es nicht gut. Er hatte vor Sorgen keinen Schlaf gefunden. Albträume quälten ihn. Er hatte darin zuhauf Tote und Verwundete gesehen. Wenn er einen Freund zu erkennen glaubte, war er aus dem Halbschlaf aufgeschreckt. Dann hatte er sogar den Herzog gesehen, wie er auf seinem Schlachtross der Truppe voraussprengte. Der Duc verschwand, so schnell wie er gekommen war, in den Nebelschwaden, und es schien ihm, als würde sein stolzes Bild zerbröckeln. Seine düsteren Gedanken verfolgten Pieter nach dem Erwachen weiter. Herzog Karls Heer und sein Schicksal würde auch über seine Zukunft entscheiden, das wusste er. Was er über die Anzahl der Feinde und deren Ausrüstung hörte, machte ihm Angst. Herzog Karls Soldaten waren gehörig in der Unterzahl, und immer noch strömten Eidgenossen herbei. Burgunds Männer waren zudem ausgehungert, erschöpft und schlimme Krankheiten plagten sie. Der körperliche Zustand der Schweizer und deren Ausrüstung waren hingegen vom Besten. Bald blieb Pieter keine Zeit mehr für trübe Gedanken. Er ging voll und ganz in seiner Arbeit auf und kam nicht mehr nach, die vielen Befehle für die Meldereiter zu schreiben. Immer mehr Verwundete wurden ins Lager gekarrt. Ihr Gestöhne und Wehgeschrei war kaum noch zu ertragen. Wurden für sie anfänglich noch neue Soldaten als Entsatz nach vorne geworfen, so ebbte das bald ab. Das Entsatzlager war leer! Panik erfasste Pieter und die wenigen anderen Zurückgebliebenen. Die Feinde fielen über das Lager her. Sie wüteten und kannten selbst für Karls Verwaltungsbeamten kein Pardon. Es blieb nur noch die wilde Flucht. Pieter gehörte zu den wenigen, die noch so viel Verantwortungsbewusstsein zeigten, die wichtigen Schriftstücke zusammenzuklauben und mit sich zu nehmen. Die Verzögerung führte dazu, dass er in einen Sog fliehender Fußsoldaten geriet. Er fand nicht einmal mehr den Weg zu einem Pferd und wurde von der Menge einfach mitgerissen. Dem Lauftempo der geübten Soldaten war er nicht gewachsen. Er wurde gedrückt, gestoßen, getreten und fiel immer weiter zurück. Bald werden mich die Gegner überrennen, dachte er und stachelte sich mit dieser Vorstellung zu einer letzten Kraftanstrengung an. Er warf sein schweres Bündel von sich. Bald rasselten seine Lungen und starke Seitenstiche quälten ihn. Sein letztes Aufbäumen war umsonst gewesen. Er fiel weiter zurück. Todesschreie der Eingeholten und Triumphgeheule der Verfolger kamen näher und zeigten ihm, was ihm bevorstand. Er wollte nicht wie ein Stück Vieh von hinten abgestochen werden und beschloss, sich umzudrehen. Er wollte dem Feind in die Augen sehen. Als der heranstürmte, ging Pieters Hand automatisch zum Degen. Das nahm ihm die letzte Chance, verschont zu werden. Ein kräftiger, junger Bauer stand plötzlich vor ihm. Der stach mit wilder Wut nach dem Kerl, der ihm mit dem Degen den Weg verwehrte. Pieter hatte der Wucht seines Spießes nichts entgegenzusetzen. Nur zweimal gelang es ihm, den Stich zu parieren, dann fiel er tödlich getroffen in den Morast. Ein schnauzbärtiger Söldner mit einer blutigen Streitaxt trat als Nächster seinen Leichnam endgültig in den Boden. Pieters letzte Gedanken waren in Brügge. Annas Geschimpfe über seinen Degen hämmerte in seinen Ohren. Dann stampften Massen harter Stiefel achtlos über ihn hinweg. Das Abschlachten dauerte bis zwei Uhr nachts. Dann rührte sich nichts mehr auf dem Kampffeld. Nach den drei großen Niederlagen hieß es im Spottgesang der Sieger: »*Bei Grandson das Gut, bei Murten der Mut, bei Nancy das Blut!*« Der große Herzog hatte teuer bezahlt! Nun begann die Suche nach ihm. Herzog René wollte wissen, ob der Duc getötet, verwundet, gefangen oder entkommen war. Er sandte Boten nach Metz, um zu erfragen, ob der Burgunderfürst vielleicht auf der Flucht vorbeigekommen sei. Das wurde zu seiner Erleichterung verneint. »Wenn er lebend entkommen ist, werde ich niemals Frieden finden«, sprach René zu seinen Getreuen. »Monsieur, ein Gefangener will gesehen haben, dass der Duc auf einem Anger nahe Saint Jean gestellt wurde. Die Deutschen haben dort alle Männer niedergemacht und keine Gefangenen genommen, sagt man. Beruhigt Euch also, der Burgunder ist tot!« René war immer noch nicht überzeugt. Montagabend brachte Campobasso einen gefangenen Pagen namens Jean-Baptiste vor den Lothringer. Der beschwor, gesehen zu haben, wie Herzog Karl inmitten seiner Capitaines erschlagen vom Pferd gefallen war. Er erinnerte sogar den Ort und bot sich dorthin als Führer an. Dienstagmorgen machte sich mit ihm ein Suchtrupp auf den Weg. Bald entdeckte man den Leichnam nackt und entstellt im Schlamm des Teiches, auf dessen Eisdecke so hart gekämpft worden war. Die plündernden Soldaten hatten auch den Herzog nicht verschont. Sein Körper war zusätzlich noch von Hunden und Wölfen angefressen worden. Eine Seite seines Kopfes war in die geborstene Eisscholle des Tümpels eingefroren. Herzog Karl lag zwischen mehreren anderen Toten. Seine sterbliche Hülle wies drei tödliche Wunden auf: Eine mitten auf dem Kopf, eine

Hellebarde hatte ihn bis zu den Zähnen gespalten, eine zweite durch eine Pike, sie hatte den Oberschenkel aufgerissen, und eine dritte mitten im Leib. Der Körper wurde geborgen und ins Haus des Bürgers George Marc nach Nancy gebracht und aufgebahrt. Der Tisch dafür wurde mit weißen Tüchern abgedeckt. Man reinigte den Leichnam mit Wein und heißem Wasser. Als der Herzog so in seiner Nacktheit dalag, wirkte er klein. Sein Kopf ruhte auf einem Seidenkissen. Ein Kruzifix und Weihwasser standen neben ihm. Viele kamen und beteten für ihn, die meisten taten es jedoch nicht. Sie waren froh, den tot zu sehen, der so viel Leid über sie gebracht hatte. Bald darauf wurde der Herzog in das Haus von Monsieur Hugnes verbracht. Dort verblieb er drei Tage, erst dann war er zu Herzog Renés Überzeugung eindeutig identifiziert. Erkennungsmerkmale waren gesucht worden und Karls Leibarzt Pluto, der Kaplan und sein Valet de Chambre, die unter den wenigen Gefangenen waren, mussten sie mit Eid bezeugen. Der Herzog wurde an seinen eingeschlagenen Zähnen, den überlangen Fingernägeln und an Narben einer bei Monthery erhaltenen Verwundung identifiziert. Nach dieser Gewissheit suchte Herzog René den Toten zum ersten Male selbst auf. Respektvoll entblößte er sein Haupt, als er eintrat. Seine Erleichterung war ihm deutlich anzumerken, als man vor ihm nochmals den Toten als den Burgunderfürst bestätigte. Noch am gleichen Tag ließ René in der Stadt ausrufen, alle Bürger sollten Wachskerzen zur Hand haben, um dem Téméraire die letzte Ehre zu erweisen. Dann wurde sein Körper in die Kirche Saint Georges gebracht, die gänzlich mit schwarzem Tuch verhängt worden war. Vier lothringische Herzöge trugen den Sarg bis vor den Sebastiansaltar, wo eine Gruft für ihn ausgehoben war.

Herzog René hatte die Abbés von Lunéville, Clerlieu und Belprey eigens kommen lassen. Am Tag zuvor hatten sie die Vigilien gesprochen. Nun sangen sie sechs Stunden bis mittags. Dann wurde der Duc beigesetzt. Herzog René trat als Erster in das Gotteshaus. Als die Totenwachen ihn sahen, fielen sie auf die Knie und riefen aus: »Oh weh, warum hat er sich nicht abraten lassen, nach Lothringen zu kommen, um diesen schrecklichen Krieg zu führen? Seht, Herzog René, es ist wirklich der Duc de

Bourgogne. Er starb an einem Lanzenstich in einen der Schenkel, einem Degenstich in den Leib und einem Hieb mit der Hellebarde auf die Stirn. Sein Schädel war geöffnet wie der Deckel eines Zinntopfs!« Bei der Trauerfeier für Karl war keiner seiner nächsten Verwandten zugegen. Herzog René sorgte jedoch für einen würdigen Verlauf der Bestattung. In langen Reihen defilierten die Sieger an dem Leichnam vorbei, bevor man den Sarg verschloss und in die Gruft absenkte. In Lothringen läuteten die Glocken, und in Flandern feierte man hinter verschlossenen Türen Bankette, war man doch endlich den Blutsauger los. Bänkelsänger hatten mit einem Mal keine Angst mehr, über den großen Herzog Lästerliches zu dichten:

Vor dem Ende hatte er allzu viel erwartet. Gegen seine Angreifer war er zu wenig geschützt. Man gab ihm das Schlechte zurück, was er den Leuten brachte. Er wäre besser umgekehrt. Er hätte sich besser früher zurückgezogen. Sein Abenteuer hat ihn eingeholt. Schon lange wurde das vorhergesagt. Ein Kredit über zehn Jahre wurde binnen Stundenfrist zurückgefordert!

Maria von Burgund brachte man die Nachricht vom Tod des Vaters sehr rücksichtsvoll bei. Ihre Hofdame Frau von Halewyn übernahm es, und dann sprach noch der Kanzler unter vier Augen mit ihr. Die Tochter trug den Schicksalsschlag gefasst, ganz im Stil des Ordens vom Goldenen Vlies: »*Noblesse oblige!*« Herzogin Margarete ersparte sich nach Karls Tod die traurige Pflicht, die Aliénor de Poitiers als Chefhofdame in ihrem Benimmbuch allen Damen des Adels abverlangte. Sie verweilte keine sechs Wochen in der Farbe der Trauer auf einem schwarzen Tuch neben dem Bett, sondern trat ihrer Stieftochter schon viel früher helfend zur Seite. Am 25. Januar 1477 endlich konnte Maria in Gent für einen Trauergottesdienst sorgen, der in seinem pompösen Aufwand den Ansprüchen ihres Vaters entsprach. Das aufkommende Murren der Genter war nicht zu überhören. Die sahen in dem Tod des Herzogs kein nationales Unglück! Sie hofften vielmehr, dass die hohen Steuern und Abgaben ein Ende nähmen. Der Franzosenkönig Ludwig drängte nun mit Macht darauf, dass Maria seinen siebenjährigen Sohn ehliche. Die Prinzessin fühlte sich aber, im Sinne des Vaters, nach Wien verbunden. Auch die Stimmung am burgundischen Hof war gegen den König. Madame van Halewyn fand die richtigen Worte: »Was Burgund braucht, ist kein Kind, sondern einen Mann. Kinder kommen dann von selbst!« Ludwig rückte erbost mit seinen Truppen in die südlichen Provinzen Burgunds vor. Er wollte das Stammland mit der Begründung vereinnahmen, das Lehen gelte nur für männliche Erbfolgen! Kanzler Hugonet legte in Marias Auftrag Verwahrung gegen diese ungesetzliche Invasion ein. Der Kanzler konnte mit Mühe und Not einen Waffenstillstand erreichen. Die Stadt Arras musste dafür als Preis hergegeben werden. Inzwischen hatten die französischen Truppen fast ganz Burgund und die Picardie eingenommen. Gegenwehr ergab sich kaum. Maria konnte dem König nichts entgegensetzen. Sie wollte aber wenigstens die restlichen Gebiete sichern. Besonders die mächtigen flandrischen Städte brauchte sie. Noch Ende Januar rief sie die Generalstaaten ein. Sie war sich bewusst, dass man ihr das Recht einer Comtesse von Flandern wohl nur gegen Zugeständnisse einräumen würde. Am 11. Februar unterzeichnete sie notgedrungen in St. Jorishof einen Vertrag mit einem langen Katalog von Privilegien. Dafür erhielt sie die Anerkennung als »*Princesa générale*«. Am 16. Februar schon zeigte sie sich in ihrer neuen Würde bei einem festlichen Einzug in die Stadt Gent. Dort wurde sie noch einmal offiziell vereidigt. In der Kirche St. Jean wurde ihr der Eid Wort für Wort vorgelesen, den sie als Gräfin von Flandern schwören musste:

Ich schwöre eine gute Gräfin von Flandern zu sein, die Rechte der Kirche zu wahren, die Privilegien, Freiheiten, Bräuche und Rechte des Landes zu achten. Ich schwöre außerdem, alle den Bürgern von Gent seit 1450 auferlegten Lasten zu annullieren, die Witwen und Waisen zu schützen und alles zu tun, was eine gute Gräfin zu tun gehalten ist. Dazu verhelfen mir Gott und alle Heiligen.

»Ich schwöre es«, sagte Maria mit fester Stimme, worauf die Glocken der Kirche zur Bekräftigung dreimal läuteten und Flandern die neue Herrscherin endgültig anerkannte. Nun war es an den flämischen Stadträten, es ihrer Herzogin gleichzutun:

Wir schwören unserer hier anwesenden rechtmäßigen Herrin, der Gräfin von Flandern, ihr Eigentum und die Grenzen des Landes Flandern zu verteidigen und alles zu tun, was gute Untertanen ihr schuldig sind.

So schien alles langsam wieder ins Lot zu kommen. Herzogin Maria hatte bewiesen, dass sie viel vom Mut ihres Vaters geerbt hatte. Maria und Karl waren Äpfel vom gleichen Stamm. Die Heirat nach Habsburg sollte möglichst bald noch mehr Sicherheit bringen.

Wie ganz anders gestaltete sich das Schicksal von Anna van der Weyden und ihren Kindern. Über Monate blieb ein Zeichen von Pieter aus. Mit der Zeit wuchs die Gewissheit, dass er wie sein Herr bei Nancy das Leben gelassen hatte.
    Die bekannt gewordenen Grausamkeiten der Entscheidungsschlacht ließen keine andere Mutmaßung zu. Mit dieser Gewissheit fuhr ein jäher Schmerz durch Annas Brust. Von ihren Kindern hielt sie ihn noch fern. Ihre wenigen verbliebenen Freunde, Mijnheer de Smeet in Brügge und Mijnheer van Beuten in Antwerpen, waren ihr wertvolle Stütze und Trost. Mutig bot die junge Wittfrau ihrem bösen Schicksal die Stirn. Sie kannte nur noch ein Ziel: Das Kontor für ihren Sohn Cornelis zu erhalten! In diesem Bestreben wurde sie bald die beste der wenigen Brügger Handelsfrauen. Bald warben viele gestandene Männer um sie. Doch keiner kam Pieter gleich, wie er unverrücklich in ihrer Erinnerung stand. Sie blieb mit ihren Kindern allein. Wenn sie einmal, besonders in den einsamen Nächten, Sehnsucht nach Zärtlichkeit überkam, zündete sie ihre Nachtkerze an, griff in die Lade neben ihrem Bett und las Pieters letzten Brief, der sie erst lange nach der Entscheidungsschlacht erreicht hatte. Sie kannte inzwischen Wort für Wort auswendig:

Mein Leben,
je kalter und nasser die Tage und Nächte hier in den feindlichen Landen werden, umso mehr vermisse ich Deine Wärme und Nähe. Siegen ist unseres Herzogs einziges Ziel. Jeder Blick zurück, aber auch nach vorn, lässt das Gegenteil erwarten. Ich bin dieses Krieges so satt und hungrig auf unser kleines Familienglück in der Heimat. Wenn es einen gütigen Gott gibt, dann belässt er es nicht bei meinen sehnsüchtigen Träumen, sondern beschert mir alsbald die gesunde Heimkehr zu Euch. Dann werde ich, hierauf mein heiliges Versprechen, nie mehr von Dir gehen. Kein Befehl, und käme er von noch so weit oben, könnte mich daran hindern! Nur der sehnliche Wunsch, bald bei Euch zu sein, alles mit Euch zu teilen, lässt mich dieses Leben noch weiter leben. Du und die Kinder, ihr seid mein Ein und Alles auf dieser aus den Fugen geratenen Welt.
In Liebe Pieter.